D1666728

Novo Argumente
für den Fortschritt
121 — 1/2016

Novo

Editorial

Scheinbar wird so viel debattiert wie nie. Jeden Abend geht es in Talkshows um die Frage, wie mit der AfD umzugehen ist, oder um eine Obergrenze für Flüchtlinge. Auf Facebook, Twitter und zahllosen Blogs wird jedes Detail ausgeleuchtet. Und doch werden selten wirkliche Argumente ausgetauscht. Die heutige Debattenkultur zeigt vor allem, wie gespalten unsere Gesellschaft ist. So geht es bei der Auseinandersetzung mit der erstarkten „Alternative für Deutschland" kaum darum, inhaltliche Argumente gegen die Positionen der Partei zu formulieren. Man sorgt sich vielmehr darum, dass die AfD eine aggressive Stimmung schüre und „einfache Lösungen" anbiete. Das Stimmungsbild zu beeinflussen ist aber nun einmal der Auftrag jeder Partei. Auch so funktioniert die öffentliche Meinungsbildung in einer parlamentarischen Demokratie. Statt die Positionen der AfD sachlich Punkt für Punkt auseinander zu nehmen, übt man sich im Kopfschütteln über ihre Anhänger – und versucht sie auszugrenzen. Symptomatisch war die Weigerung der SPD-Ministerpräsidentin von Rheinland-Pfalz, Malu Dreyer, im Wahlkampf mit dem AfD-Kandidaten zu diskutieren. Die Folge ist, dass die gesellschaftlichen Lager immer weiter auseinander driften. Den etablierten Parteien fehlt die Verbindung zur Basis und sie reagieren irritiert und defensiv auf Gruppierungen, die Volkes Stimme für sich reklamieren. Sinn einer Debattenkultur kann aber nur sein, um die besten Argumente für die Zukunft zu ringen und sich dabei eben auch an jenen zu reiben, mit denen man nicht an einem Tisch sitzen möchte. An diesem Diskurs sollte jeder teilhaben dürfen. Wer an eine bessere Zukunft für alle glaubt, muss auch mit allen reden. Und muss ohne Denkverbote argumentieren dürfen. Dies ist die Aufgabe von Novo. Wir wünschen viel Spaß bei der Auseinandersetzung.

Ihre Novo-Redaktion

Meinungsfreiheit

Meinungsfreiheit für wen?

Redefreiheit gilt entweder für jeden oder sie gilt für keinen. Kaum jemand verteidigt heute noch dieses Prinzip

In den vergangenen Monaten war viel von Meinungsfreiheit die Rede. Der Satiriker Jan Böhmermann verlas ein beleidigendes Gedicht über den türkischen Regierungschef Erdogan. Erdogan klagte deswegen und die Bundesregierung erlaubte die Ermittlungen. Dies wurde als Eingriff in die Meinungsfreiheit kritisiert. Die Solidaritätsadressen an Böhmermann waren umfassend. Sogar Springer-Verlag-Chef Matthias Döpfner unterstützte ihn und wurde inzwischen auch von Erdogan verklagt. Zurecht wurde betont, dass man als Satiriker einen fremden Regierungschef als „Ziegenficker" bezeichnen dürfen muss. Wenige Wochen später wurde der Gründer der rechtspopulistischen Pegida-Bewegung, Lutz Bachmann, von einem Gericht verurteilt, weil er auf seinem Facebook-Account Flüchtlinge verunglimpft hatte. Zwar muss man sich mit ihm nicht solidarisch erklären, aber sollte man ihm nicht das gleiche Recht auf Meinungsfreiheit zugestehen? Beide hatten Ausländer beleidigt. Der eine wird dafür als Märtyrer gefeiert, die Verurteilung des anderen stellt kaum jemand in Frage. Meinungsfreiheit ist aber nicht teilbar. Es ist ein Recht, kein Privileg. Meinungsfreiheit ist nicht nur für die Guten da, sondern für alle. Dass Meinungen heute nicht gleich sind, zeigt die Schieflage in der Debatte um die Meinungsfreiheit. Offenbar traut man dem Publikum nicht zu, selbst zwischen gut und schlecht unterscheiden zu können. Stattdessen will man es mit den richtigen Botschaften beschallen und es vor den falschen beschützen. Damit allerdings wird Meinungsfreiheit zur Farce. Sie umfasst nicht nur die Freiheit zu sagen, was man möchte, sondern auch selbst zu entscheiden, was man hören will. Nur wer alle Meinungen hören darf, kann sich eine eigene Meinung bilden.

KOLJA ZYDATISS

Von „Wir sind das Volk" zu „Ihr seid der Pöbel"

**Die gesellschaftlichen Eliten wollen das Volk
vor „falschen" Einflüssen schützen. Doch
die Angst vor dem freien Wort ist geschichtsblind
und bewirkt oft das Gegenteil von dem,
was erreicht werden soll**

Der Durchschnittsdeutsche ist 43 Jahre alt, 1 Meter 78 groß und wiegt 83,4 Kilogramm. Besonders intelligent ist er wohl nicht. Das legen zumindest jüngste Maßnahmen zu seinem geistigen Schutze nahe. So rügte der Deutsche Werberat kürzlich das Unternehmen „City Paintball Hamburg" für ein Plakat, das eine leichtbekleidete Frau und den Slogan „Bock auf Ballern" zeigte. Für die 15-köpfige Jury, die sich aus Experten der Werbebranche zusammensetzt, war die Aktion sexistisch und gewaltverharmlosend. Besonders störte sie, dass die Werbung suggeriere, man könne beim Paintball auf Personen ohne Schutzkleidung schießen.[1]

Die Entscheidungen des Werberates haben, wie es sich für eine freiheitliche Demokratie gehört, keine rechtlichen Konsequenzen. Anders sieht es bei Plänen der SPD aus. Sie möchte 2016 zum „Jahr für die Frauen" machen. Geplant ist unter anderem ein Verbot „geschlechterdiskriminierender Werbung", das für ein „modernes Geschlechterbild" sorgen soll.[2] Ein Gesetzesentwurf von Bundesjustizminister Maas wird in Kürze in die Ressortabstimmung gehen.[3] Egal, ob es um unverbindliche Abmahnungen oder offene Zensur geht, Ausgangspunkt ist immer die Vorstellung, dass der „Durchschnittsbürger" durch den Sexappeal dümmlicher Werbebotschaften ausgesprochen leicht dazu gebracht werden kann, hart erkämpfte Fortschritte in der Gleichberechtigung der Geschlechter wieder über Bord zu werfen. Im Gegensatz zu jenen staatstragenden und selbstredend „aufgeklärten"

---

[1] Tagesspiegel: „Deutscher Werberat rügt sechs Unternehmen", 16.02.2016.
[2] Focus: „Pläne für 2016: SPD will sexistische Werbung verbieten", 16.01.2016.
[3] Zeit online: „Justizminister will sexistische Werbung verbieten", 09.04.2016.

Angehörigen der Mittelschicht, die Politik, Verbände und Nichtregierungs-organisationen bevölkern und solcherlei Forderungen maßgeblich zu verantworten haben, gilt er als außerstande, Werbeinhalte zu reflektieren und vernünftig einzuordnen. Sein Geist wird wohl für eine Knetmasse gehalten, die ständig droht, durch schädliche Einflüsse verformt zu werden.

Nicht nur der Werbung werden quasi mystische Kräfte zugeschrieben. Auch fremdenfeindliche, rassistische und reaktionäre Äußerungen werden für so anziehend gehalten, dass sie den Bürgern um jeden Preis vorenthalten werden müssen. In den letzten Monaten erlebten wir die staatlich verfügte Abschaltung des rechtsextremen Internetportals Altermedia. Auch gegen sogenannte „Hasskommentare" in den sozialen Medien wollen die Behörden stärker vorgehen. Selbst der traditionell eher als Verteidiger des freien Wortes bekannte Facebook-Konzern ist eingeknickt und will in Deutschland als volksverhetzend eingestufte Beiträge künftig löschen. Ein Schritt, dem nicht nur die Nazipropaganda, sondern auch deren wirksamstes Gegenmittel, die inhaltliche Entkräftung, zum Opfer fällt.

Argumentfreie Empörungskultur

Zu diesen offiziellen Zensurmaßnahmen kommt eine informelle Empörungskultur. Ein aktuelles Beispiel sind die Reaktionen auf ein von der CDU-Politikerin Erika Steinbach bei Twitter gepostetes Bild, das unter der Überschrift „Deutschland 2030" ein von dunkelhäutigen Menschen umringtes blondes Kind zeigte. Wie die Novo-Autorin Sabine Beppler-Spahl anmerkt, bemühten sich Steinbachs Kritiker kaum, der vermutlich intendierten Botschaft, dass unsere Kultur durch Einwanderung bedroht wird, inhaltliche Argumente entgegenzusetzen. Vielmehr ging es darum, dass sie „so etwas einfach nicht sagen darf". Die Gegenkampagne richtete sich nicht nur gegen die Politikerin. Sie richtete sich vor allem gegen die Öffentlichkeit. Was nicht verboten werden kann, muss zumindest in Bausch und Bogen verdammt werden, ehe die anstößige Meinung vom tumben Volk übernommen wird.[4]

Bei Steinbach ist das rückwärtsgerichtete und ängstliche Ressentiment gegen Fremde offensichtlich. Doch für die gesellschaftlichen Eliten sind auch weniger eindeutige Äußerungen geeignet, die leicht erregbaren Volksmassen aufzuwiegeln. Letztes Jahr hyperventilierte das linksliberale Bremer

---

[4] Sabine Beppler-Spahl: „Steinbach-Tweet: Empörungskultur ist Meinungszensur", Novo online, 29.02.2016.

Bürgertum, als sich der erzkonservative Pfarrer Olaf Latzel in teils derber Sprache gegen multikonfessionelle Gebetshäuser und die Teilnahme von Christen an islamischen Festen aussprach.[5] Ähnlich war die Reaktion in Großbritannien, als der Premier David Cameron die Bewohner des Flüchtlingscamps von Calais als einen „Haufen Migranten" („a bunch of migrants") bezeichnete.[6]

Um zu verhindern, dass Wasser auf die falschen Mühlen gerät, vollführt das gesellschaftliche Establishment abenteuerliche Verrenkungen. So lud der SWR Vertreter der AfD aus TV-Debatten aus, als Winfried Kretschmann und Malu Dreyer, die Ministerpräsidenten von Baden-Württemberg und Rheinland-Pfalz, mit einem Boykott drohten. Aus Angst, die Bevölkerung zu beunruhigen, verschwieg die Kölner Polizei zunächst die Übergriffe in der Silvesternacht. Die öffentlich-rechtlichen Medien berichteten erst nach einigen Tagen. In Schweden, wo solche Gruppenbelästigungen schon mindestens seit 2014 geschehen, verhielten sich die Behörden ähnlich.

Dabei entsteht das Gegenteil des gewünschten Effekts. Die AfD argumentiert gerne, dass sie vom Establishment ausgegrenzt und von den Medien ignoriert wird. Der Ausschluss aus den Talkrunden bestätigt all jene, die die Presse unseres Landes fest in den Händen systemtreuer Manipulanten wähnen. Der Verdacht, dass offizielle Stellen nicht die ganze Wahrheit sagen, potenziert die Wut und Empörung über Ereignisse wie die in Köln. All das untergräbt die öffentliche Unterstützung einer liberalen Einwanderungspolitik und treibt Wähler in die Arme der Rechtspopulisten.

Nicht nur deshalb ist das neue zensorische Klima bedenklich. Staatliches Durchgreifen und die informelle Empörungskultur verhindern ehrliche Debatten über die Herausforderungen unserer Gesellschaft. Der Zuspruch für die neuen populistischen Bewegungen resultiert aus einer allgemeinen Unzufriedenheit. Wenn die öffentliche (oder gesellschaftsfähige) Meinung und die private „echte" Meinung immer weiter auseinanderklaffen, staut sich Wut im Verborgenen an. Eine bessere Antwort auf die kritischen Fragen von AfD und Co. wäre eine offene, schonungslose Diskussionskultur. Denn, so verflacht die Lösungsansätze der Rechtspopulisten auch sind, die Sorgen ihrer Anhänger sind nicht einfach aus dem Nichts entstanden. In Sachsen-Anhalt, wo die AfD bei der jüngsten Landtagswahl fast ein Viertel der Stimmen erhielt, lag die Arbeitslosenquote viele Jahre bei 20 Prozent. Ist es wirklich verwunderlich, dass sich Menschen, die für sich keine ökonomischen Perspektiven sehen, vom politisch-medialen Mainstream abwenden und

---

[5] Siehe hierzu: Kolja Zydatiss: „Das Gebot der Harmonie", Novo online, 24.02.2015.
[6] Luke Gittos: „What a bunch of political point-scorers", Spiked, 01.02.2016.

Einwanderer vor allem als Bedrohung ihrer ohnehin unsicheren wirtschaftlichen Lage betrachten?

Zensur verurteilt die
Gesellschaft

Für Thomas Paine, einen der großen Theoretiker und Aktivisten der Aufklärung des 18. Jahrhunderts, war Zensur immer mehr ein Urteil über die Gesellschaft als über den Autor. Neben dem bereits angesprochenen misanthropischen Menschenbild verdeutlicht der aktuelle Umgang mit der Meinungsfreiheit, wie fremd den tonangebenden gesellschaftlichen Kreisen „normale" Menschen geworden sind. Anstelle offener Debatten über Ideale, Werte und politische Visionen tritt ein technokratischer Politikstil. Durch Lenkung von Diskursen sollen die als dumm und irgendwie bedrohlich empfundenen Massen vor vermeintlichen „Rattenfängern" geschützt und erwünschte Ergebnisse (z.B. ein „modernes Geschlechterbild") erzeugt werden. Auf die Idee, den Bürgern auf Augenhöhe zu begegnen, und auf inhaltlicher Ebene für seine Überzeugungen zu streiten, kommt das Establishment nicht.

Ferner reflektieren die neuen zensorischen Tendenzen den allgemeinen therapeutischen Drift unserer Gesellschaft. Vor allem die politische Linke hat sich weitestgehend von der Möglichkeit abgewandt, die Welt materiell und strukturell zu verändern. Der Fokus liegt nun auf Bewusstseinsveränderung. Doch meist ist es nicht das durch „falsche" Sprache vermeintlich verdorbene geistige Innenleben der Bürger, das verändert werden muss, sondern die reale Welt „da draußen". Der wahre Skandal sind die miserablen Lebensbedingungen im Flüchtlingscamp von Calais, nicht die Worte des britischen Premiers. Jahrzehntelange rechtliche Diskriminierung und die darauffolgende offiziell propagierte „Multikulti"-Ideologie haben den Muslimen in Deutschland weitaus mehr geschadet als die abfälligen Kommentare eines konservativen Pfarrers. Sprachveränderung sollte nicht mit gesellschaftlicher Veränderung gleichgesetzt werden. Wie der britische Kommentator Nick Cohen anmerkt, rückt erstere vor allem dann in den Fokus, wenn letztere für unmöglich gehalten wird.[7]

Der aktuellen Abwertung der Meinungsfreiheit muss entschieden entgegengetreten werden. Der zensorische Zeitgeist erstickt offene Debatten, leistet Rechtspopulismus und Verschwörungsdenken Vorschub und befördert einen technokratisch-therapeutischen Politikstil. Ein Blick in die jüngste Vergangenheit zeigt, dass er auf einem Menschenbild beruht, das wenig mit der Realität zu tun hat. Vor kaum 27 Jahren waren es Bürger aus

---

[7] Nick Cohen: „The PC revolution devours ist own", Nick Cohens Blog, 28.03.2015.

allen Gesellschaftsschichten, die im heute verfemten „Dunkeldeutschland"
für Demokratie und eine offene, menschenwürdige Gesellschaftsordnung
kämpften. Unter erheblichem persönlichem Risiko stritten die „kleinen
Leute" in der DDR für jene Werte, die ihnen heute von der staatstragenden
Mittelschicht abgesprochen werden. Und nicht nur dort. Entgegen der verbreiteten Mystifizierung von Medieneinflüssen hatte jahrzehntelange Pro-
pagandabeschallung aus den Bürgern des Ostblocks keine begeisterten
Anhänger des real existierenden Sozialismus gemacht. Ebenso wenig dürften die heutige Werbeindustrie aus uns allen ferngesteuerte Konsumtrottel
machen oder vereinzelte konservative, rechte oder rechtsradikale Wort-
meldungen die gesellschaftlichen Fortschritte der letzten Jahrzehnte zu-
rückdrehen.

Statt auf staatliche Zensur und inhaltsleere Empörungsrituale sollten
wir auf eine Kultur der Kontroverse setzten. Denn mit dem freien Wort
würde auch der Mensch rehabilitiert. Und der bedrohliche, geistig korrum-
pierbare Pöbel könnte als das gesehen werden, was er wirklich ist: ein den-
kender, kritischer, vernunftbegabter Demos.

BRENDAN O'NEILL

Die Freiheit, zu hassen

Hass zeugt nicht von charakterliche Größe und klug ist er auch nicht. Aber er sollte nie zu einem Verbrechen erklärt werden

Die Verfolgung und Zensur von Hass ist eine der größten Bedrohungen der Meinungsfreiheit im 21. Jahrhundert. Vom verhätschelten Uni-Campus, auf dem Studentenausschüsse vermeintlich hassschürende Sprache untersagen, bis zur öffentlichen Sphäre, wo Gesetze gegen „Hassrede" uns vorschreiben, was wir über Rasse, Religion oder Sexualität sagen dürfen: Verschiedene Denkweisen wurden als „Hass" gebrandmarkt oder zum Verstummen gebracht. Es ist nicht gerade leicht, diesem Krieg gegen Hass entgegenzutreten. Wer möchte schon als Befürworter von Hass gelten? Aber es muss getan werden. Denn durch die Kontrolle und Bestrafung von Hassreden greifen der Staat und andere Menschen in den Bereich der Ideen und sogar in jenen der Emotionen ein.

Alles, was an diesem Vorgehen gegen „Hass" falsch ist, kann man auf dem Campus beobachten. „Kritische" Studenten lassen sich immer neue Rechtfertigungen einfallen, warum sie mal Jagd auf vulgäre Pop-Songs, mal auf „transphobe" Feministen machen. Angeblich geht es darum, „sichere Räume" (engl. safe spaces) für die Studentenschaft zu schaffen, wo sich diese wohlfühlen können. Eines ihrer Kernargumente lautet, dass der Campus mit einem Schutzschild vor „Hassrede" bewahrt werden soll, also vor Personen, deren unbeliebte Ansichten „Hass gegenüber bestimmten Gruppen" schüren könnten. Dabei scheint es ihnen nie in den Sinn gekommen zu sein, dass schon der Gedanke, es sei legitim, ein *Gefühl* auf dem Campus zu verbieten, geradezu der Kern des Begriffs „Gedankenpolizei" ist.

Dieses Verhalten der Campus-Zensoren zeigt das grundlegende Problem hinter den Maßnahmen gegen die „Hassrede": Die offen vertretenen Ansichten mancher Leute werden als „Hass" gebrandmarkt, der ausradiert werden müsse. So beschneidet der Studentenverband im britischen Derby die Rechte von Abort67, eine Pro-Life-Organisation, die der Verband aufgrund ihrer Anti-Abtreibungshaltung als Hassgruppe einordnet. Anti-islamistische Redner wurden des Campus verwiesen, weil sie Menschen „aufhetzen könnten" –

vermutlich Islamisten. Islamisten selbst wurden zensiert, weil sie, wie es eine LGBT-Studentenorganisation ausdrückt, „Hass predigen". Studenten haben versucht, solche Feministen nicht mehr öffentlich in der Uni auftreten zu lassen, die Transsexuelle nicht als echte Frauen anerkennen wollen, was den Studenten zufolge „Hass" gegen Trans-Menschen schüren könnte.

Alle Fälle haben gemein, dass verschiedene Äußerungen echter, leidenschaftlicher moralischer Überzeugungen einzelner Individuen als „Hass" stigmatisiert wurden. Nur jemand mit dem moralischen Kompass eines Kleinkinds könnte Abort67 als Hassgruppe deklarieren. Sie ist einfach nur strikt gegen Schwangerschaftsabbrüche (wozu ich im Übrigen eine andere Meinung habe). Islamkritiker hassen Muslime nicht, sie widersprechen nur vehement dem politischen Islam. Die Feministin Germaine Greer „hasst" Transmenschen nicht. Sie ist lediglich der Ansicht, Weiblichkeit könne nicht mit Medikamenten über Nacht erlangt werden. Selbst einige der vom Campus gejagten Islamisten vertreten nur streng religiöse Ansichten gegen Homosexualität und die Gleichberechtigung von Frauen. Das sind *moralische* Überzeugungen, auch wenn man sie entschieden ablehnen mag.

Hassprediger
sind immer die anderen

Was für den einen eine Hasspredigt ist, ist für den anderen eine zutiefst empfundene Überzeugung. Die zynische Umdeutung von moralischen Auffassungen, die studentische Zensoren nicht mögen, als „Hass" spiegelt gesamtgesellschaftliche Entwicklungen wider. Überall in Europa wurden in den letzten Jahren Gesetze gegen „Hassrede" oder „Volksverhetzung" genutzt, um Geistliche wegen ihrer Haltung zur Homosexualität, Tierrechts-Aktivisten für ihre Kritik an der islamisch begründeten rituellen Tötung von Tieren oder Fußballfans wegen des Singens derber Schmählieder zu bestrafen. Man kann den Ansichten dieser Leute zustimmen oder auch nicht, aber wir können doch sicher ihre Aufrichtigkeit anerkennen.

Unliebsame moralische Meinungen alle in den Topf des Hasses zu werfen erzeugt eine neue Form der Häresie. Im modernen Sprachgebrauch spielt der Begriff „Hassrede" bereits die gleiche Rolle wie einst „Häresie". Er beschreibt Meinungen, die offizielle Stellen oder selbsternannte Vertreter zerbrechlicher Minderheiten zu bösartigen und unaussprechlichen Haltungen erklärt haben. In unseren postmoralischen Zeiten ist es riskant zu sagen, dass einige Meinungen besser sind als andere. Darum können die selbsternannten Hüter der öffentlichen Ordnung Menschen nicht als bösartig verurteilen. Also werden diese Menschen einfach der Hassrede bezichtigt und mit allen zur Verfügung stehenden legalen Mitteln unter Druck gesetzt. Es ist eine listige Form der Zensur, welche die subjektive Gefühlslage der Rezipienten – ihren Eindruck, unterschätzt zu werden – über das Recht der öffentlichen, freien Meinungsäußerung stellt.

Am Campusleben lässt sich noch ein weiteres Problem mit dem Krieg gegen den Hass erkennen: Dass es falsch ist, selbst jene Meinungen zu zensieren, welche die meisten von uns als tatsächlich hasserfüllt betrachten. Denn wenn es falsch ist, unbeliebte moralische Haltungen des Hasses zu bezichtigen, so ist es ebenso falsch, echten Hass zu zensieren. Studentische Vertretungen verbannen rechtsextreme Gruppierungen und richten kontinuierlich wachsende sichere Räume ein, wo gewisse rassistische oder homosexuellenfeindliche Haltungen nicht geäußert werden dürfen. Es hört sich nach einer anständigen Sache an, üble Ansichten aus der Öffentlichkeit zu verbannen, ist aber tatsächlich der denkbar schlechteste Umgang mit vorurteilsbelasteten Ideologien.

Zensur
schürt Hass

Zensur greift schreckliche Anschauungen nicht an, geschweige denn, dass sie sie besiegt. Zensur schiebt sie vielmehr nur an den Rand. Sie ermöglicht hasserfüllten Ideologien im Verborgenen ohne Widerstand zu wachsen, während sie uns der Möglichkeit und des Rechts beraubt, solche Ideologien zu sehen, sie zu identifizieren und ihnen entgegenzutreten. Die Zensur bestärkt die Hasserfüllten und überzeugt sie, dass ihre Gedanken wirklich herausfordernd sein müssen, wenn sie die Gesellschaft so sehr beunruhigen. Sie schwächt die Vernünftigen und entlastet uns von der menschlichen Pflicht, für das aufzustehen, was wir für richtig halten. Auch in diesem Bereich spiegelt das Campusleben das wider, was in der Gesamtgesellschaft geschehen ist, nämlich die Ausbreitung von Gesetzen gegen „Hassrede".

Die Verfolgung der „Hassrede" ist schlecht für uns alle. Für die, die schlicht und ergreifend kontroverse Haltungen vertreten und als Hassprediger abgestempelt werden, genauso wie für die, die wirklich hasserfüllten Ideologien entgegentreten möchten und die das nicht mehr effektiv tun können. Sie ist auch schlecht für die Minderheiten, die angeblich geschützt werden sollen und deshalb wie unmündige Kinder zu ihrem eigenen Wohl in moralische Quarantäne gesteckt werden, während Studentenführer oder Beamte bereitstehen, ihre zerbrechlichen Seelen zu schützen. Im Endeffekt müssen wir alle das Recht haben zu hassen. Hass ist ein Gefühl. Wenn eine Gesellschaft Gefühle kontrolliert, ist sie nicht frei. Sie ist dann so sehr vom

Autoritarismus durchdrängt, dass selbsternannte Moralwächter sogar glauben, sie dürften uns sagen, was wir zu *fühlen* haben. Der Krieg gegen die Hassrede bedeutet nicht nur ein Ende der Meinungsfreiheit, sondern ein Ende der grundlegenden Gedankenfreiheit.

Akute Aufklärungs-
unverträglichkeit

**Die von den europäischen Aufklärern
hart erkämpften Freiheiten gelten im Hörsaal
oft wenig. Der Politikwissenschaftler
HERFRIED MÜNKLER über Meinungsfreiheit
an deutschen Universitäten**

MICHAEL WIEDERSTEIN: *Herr Münkler, Wilhelm von Humboldt
ließ sich 1792 wie folgt vernehmen: „Der wahre Zweck des
Menschen (…) ist die höchste und proportionierlichste Bildung
seiner Kräfte zu einem Ganzen. Zu dieser Bildung ist Freiheit die erste und unerlässliche Bedingung." Welche Freiheit
ist hier gemeint?*

HERFRIED MÜNKLER: Es handelt sich hier um die aufklärerische Vorstellung, dass die Freiheit des vernünftigen Argumentierens ein
Element des Fortschritts bei der Selbstzivilisierung der Menschheit
sei. Darin zeigt sich ein großes Vertrauen in den individuellen „Zwang
zur Vernunft", der mit einer Ausweitung der Meinungs- und Meinungsäußerungsfreiheit im Preußen des achtzehnten Jahrhunderts
einhergeht. Mit dieser Freiheit ist nicht politische Partizipation
gemeint, sondern die damals spektakuläre Idee, dass sich Individuen in Diskussionen frei austauschen sollten – um der Wahrheit
diskursiv näher zu kommen, sprich: sich zu bilden.

*Meinungsäußerungsfreiheit nicht um ihrer selbst willen,
sondern zur Zivilisierung der Menschheit durch Bildung.*

So in etwa, ja. Von Immanuel Kant bis zum 1792 noch recht jungen
Humboldt zog dieses Ideal in Preußen immer weitere Kreise. Es
gipfelte schließlich in einer Alternative zu Umsturz und Revolution
in Frankreich: Dort fand die Revolution nicht mehr in den Köpfen
und im Saale statt, sondern auf der Straße.

*In Frankreich wurden „Revolutionsfeinde" nicht zum intellek-
tuellen Tischgespräch gebeten, sondern eingesperrt oder*

*ermordet – neu gewonnene Freiheiten verkehrten sich in
Terror. Welchen Einfluss hatte das auf Humboldts Position?*

Humboldt setzte diesem Treiben die Idee eines selbstreformerischen Prozesses durch die Freiheit des Räsonierens entgegen. Es ging dabei um die Öffentlichwerdung des Arguments, also um „Publizität als einziges Palladium der Freiheit", wie Kant das nennt. Sprich: Das Recht, Argumente und Kritik öffentlich darlegen zu dürfen, ohne mit Sanktionen rechnen zu müssen. Humboldts Idee: Wer sich mit den Argumenten des Gegners ernsthaft beschäftigt, wird dadurch selbst stärker – sogar dann, wenn er dabei die eigene Position aufgeben muss.

*Allerdings: Das aufklärerische Ideal gefiel nicht allen –
vor allem nicht den Kirchen.*

Wahrheiten, die nicht mehr feststehen, sondern ausdiskutiert werden, sind für Institutionen, die sich der Wahrheitsverkündigung verschrieben haben, eine Gefahr. Für die Kirchen oder den Adel war das eine bedrohliche Konkurrenzveranstaltung! Deren Prinzip war damals wie heute: Einer spricht, die anderen hören zu. Das erwies sich als mit dem dialogischen Prinzip aufklärerischer Wahrheitssuche inkompatibel.

*Wann und wie hat der Kampf der Argumente
seinen Durchbruch erlebt?*

Einer der wichtigsten Momente ist, als diese aufklärerische Argumentation, wie Karl Marx das genannt hat, „die Massen ergreift", wo somit das Ganze in Flugblattform und mit der Aufforderung, nicht mehr nur zu räsonieren, sondern tätig zu werden, fruchtbar gemacht wird. Marx spricht von einem Bündnis zwischen Philosophie und Proletariat, wobei das Proletariat die Kraft sein soll, die der Philosophie den Weg freiräumt. Etwas bescheidener: Den ersten Großerfolg feiert die Aufklärung, als sie politisch-praktisch wird. Es sind die politischen Kontroversen, in denen der Adressatenkreis der argumentierenden Schriften immer größer wird, etwa in der Dreyfus-Affäre um 1894 in Frankreich, die der Aufklärung und der Meinungsäußerungsfreiheit schließlich den großen Durchbruch in breiten Bevölkerungsschichten bescheren.

Eine bedeutende Rolle spielen also die Medien.
Ein ermutigender Gedanke für Journalisten.

Da möchte ich relativieren: Es gibt zwar dank Freiheit und aktiver Bildungspolitik immer größere Bevölkerungskreise, die lesen und schreiben können, die sich informieren wollen und auch Geld für Zeitungen auszugeben bereit sind. Andererseits wird, um diese Kreise immer besser zu bedienen, auch der Anteil des Argumentierens und Aufklärens in den Medien ständig kleiner. Ich spreche von den Printerzeugnissen, die sich im späten 19. Jahrhundert mehr und mehr von den „Intelligenzblättern", wie sie sich damals oft selbst nannten, ablösten und ganz bewusst auf weitere Leserkreise fokussierten – und zwar nicht, um diese freier oder gebildeter zu machen, sondern um sie zu unterhalten und – auch – ihnen das Geld aus der Tasche zu ziehen: den Boulevardmedien. Dieses Phänomen dauert bis in unsere Zeit, ist inzwischen aber auf die audiovisuellen Medien und das Internet ausgeweitet worden.

Das bedeutet, dass die Eingangsthese – die Aufklärung wirkt
dank anhaltender Publizität fort – nicht uneingeschränkt
haltbar ist. Stichwort: Netzöffentlichkeit und Verschwörungs-
theorien.

Doch, denn die Freiheit ist ja weiterhin gegeben. Eine Zensur findet nicht statt. Durch die Ausdifferenzierung des Medienmarktes ist es aber tatsächlich so, dass die meisten Publikationen, und das gilt ganz besonders für die Ergüsse im Netz, heute nicht mehr der Meinungsfreiheit im Sinne der Aufklärung dienen, sondern der Agitation in entgegengesetzter Richtung. Die bildungsbürgerliche Liberalität zieht sich also an die publizistischen Orte zurück, an denen klug und interessiert miteinander argumentiert wird, anstatt dass man einander bloß bestätigt, unterhält oder beschimpft. Ganz anders die Plattformen für Verschwörungstheorien: Sie kommen daher im Gestus der Aufklärung, sind aber tatsächlich eine Art Religionsersatz, insofern sie die Kontingenz, die nach der Vertreibung der göttlichen Sinnstiftung zurückgeblieben ist, tilgen, indem sie beinahe ausschließlich von sinisteren Machenschaften erzählen. Ein Religionsersatz also, der aufs Satanische beschränkt ist.

Wie steht es ums anspruchsvolle Räsonieren, um kluges und komplexes Argumentieren an der Universität?

Na ja. (Überlegt) Wir haben ja bisher vor allem über Humboldts Ideal gesprochen, das vornehmlich in der alten Philosophischen Fakultät Geltung hatte und eigentlich auch weiterhin haben soll. Die Medizinische, Juristische und Theologische Fakultät hatten als Ausbildungsfakultäten mit diesem Ideal seit jeher nicht allzu viel am Hut. Humboldts Ideal ist – mit Blick auf den gesamten Universitätsbetrieb – höchstens eine Teilposition, gelegentlich gar eine randständige Position. In dem Moment, da etwa die Philosophische Fakultät so etwas wie Staatsexamina eingeführt hat, also Prüfungen, bei denen ein Staatsvertreter anwesend ist, um zu kontrollieren, ob der Prüfling hinterher ein anständiger Lehrer werden kann, wird Bildung zur Ausbildung. Die Universität muss sich heute auch jenseits staatlicher Belange zunehmend die Frage gefallen lassen, welchen Nutzen sie der Gesellschaft, oder besser: der Ökonomie, bietet – und das ist das Gegenteil des Humboldt'schen Ideals. Das ist keine Kritik, sondern eine wertfreie Feststellung.

Welche Folgen hat das für den akademischen Betrieb?

An der Universität beobachten wir derzeit einen ähnlichen Vorgang wie den, den ich eben im Hinblick auf die Medien beschrieben habe. Die Universität ist heute keine Institution von und für ein Prozent der Gesellschaftsmitglieder mehr – zu Humboldts Zeiten waren es noch weniger –, sondern soll, zumindest in Deutschland, künftig 30 bis 40 Prozent eines Jahrgangs aufnehmen und ausbilden. Sagen wir es offen: Die Nachfragesituation hat sich dramatisch verändert, die Universität wird zur Zertifizierungsanstalt. Es kommt nicht mehr in erster Linie darauf an, Bildung zu vermitteln oder zu erwerben. Die politische Vorgabe lautet, den Studenten rasch und in möglichst großer Zahl Abschlüsse zu vermitteln. Das machen wir, und gelegentlich mischen wir dabei auch noch ein wenig Bildung darunter.

Humboldt hatte also Recht, wenn er alle naselang vor politischer Einmischung an der Universität warnte?

Der Staat ist hier bloß der „Knüppel" der Gesellschaft oder des Steuerzahlers. Das bedeutet nicht, dass an Universitäten keine Denkräume nach Humboldt'schem Vorbild mehr existierten, aber sie werden weniger. Viele Professoren verschaffen sich deshalb parallel ein Standbein als „Public Intellectual", schlüpfen also, frei nach Marx, in die „Löwenhaut" des öffentlichen Intellektuellen – und stellen so ihre eigenen Ideen zur öffentlichen Diskussion. Daran sieht man die zunehmende Trennung von Bildungs-, Wissenschafts- und Meinungsfreiheit.

Wer an Einordnung und Debatte interessiert ist, trägt beides nicht mehr an der Universität aus, sondern „flüchtet" in eine Art intellektuelle Halböffentlichkeit? Das ist sowohl eine intellektuelle wie bildungspolitische Katastrophe.

Halten wir fest: Die Wissenschaftsfreiheit an der Universität ist gewährleistet, letztere war freilich auch nie ein Ort, an dem starke Meinungen den Takt angeben sollten – sondern starke Argumente. Allerdings: Immer weniger gefragt ist tatsächlich die Beurteilung und Bewertung des Lehrenden gegenüber den vermittelten wissenschaftlichen Erkenntnissen. Nennen wir das den exemplarischen Gebrauch der Urteilskraft im Hinblick auf praktische Fragen. Aber das ist riskant, und deswegen beschränken sich viele auf das Darreichen von Informationen und neuerdings auch so, dass dabei sämtliche „anerkannten" Minderheiten irgendwie Berücksichtigung finden – egal, ob sie nun im Kontext relevant sind oder nicht. Wer diesem Zeitgeist nicht genügt, läuft Gefahr, von den eigenen Studenten an den Pranger gestellt zu werden.

Sie sagen: Von Staats wegen sind alle relevanten Freiheiten geschützt und gewährleistet, es sind gesellschaftliche Strömungen, die diese Freiheiten nun zu beschneiden suchen.

Durchaus. Sehen Sie, ich äußere mich im Seminar oder in der Vorlesung auch persönlich zu politischen Entscheiden, zu geopolitischen Problemen oder zu bedenklichen politischen Bewegungen – etwa Pegida. Ich weiß aber, dass ich mich in diesem Moment aus meiner professoralen Rolle herausbewege und zum „Public Intellectual" werde, der für sich andere Maßstäbe und Regeln des Argumentierens gelten lässt. Ich mache das gestisch und mimisch deutlich. Die meisten meiner Studenten schätzen das. Sie sind auch imstande, die damit verbundene Ironie und den gelegentlichen Sarkasmus zu erkennen. Aber ich stelle sehr wohl fest, dass es immer mehr gibt, die diese Rollenteilung nicht begreifen – oder sie kategorisch ablehnen. Sie wollen in ihrem Korrektheitsbedürfnis bzw. in dem, was sie selbst als politisch korrekt definieren, bestätigt werden. Kritik in welcher Form auch immer ist ihre Sache nicht. Sie suchen Geborgenheit.

Konkreter?

Jeder von uns – egal, ob Professor oder nicht – muss in unterschiedlichen Kontexten unterschiedliche Rollen einzunehmen bereit sein. Es gibt den Herfried Münkler in Fachpublikationen, den Herfried Münkler im Hörsaal, den Herfried Münkler in der Süddeutschen und den Herfried Münkler beim Feierabendwein. Natürlich wirken die verschiedenen Rollen aber auch aufeinander ein – und im Hörsaal reicht vielleicht auch einmal ein Münkler dem anderen die Hand. Wichtig ist, dass ich weiß, welche Stärken und Schwächen die einzelnen Rollen haben. Wichtig ist auch, dass ich weiß, in welcher Rolle ich mich gerade befinde. Und dass ich weiß, dass der Feierabendwein-Münkler im Hörsaal nur selten oder nie etwas verloren hat. (Lacht) Zum Schluss müssen aber auch meine Studenten wissen, oder verstehen wollen, wer da gerade vor ihnen steht, sie müssen also über eine Hermeneutik des Zuhörens und Intervenierens verfügen – sonst kommt es zu Missverständnissen. Political Correctness blockiert die Ausbildung solcher Hermeneutiken.

2015 machten einige Ihrer Studenten von sich reden, als sie einen Onlineblog mit dem Titel „MünklerWatch" aufschalteten und die von Ihnen sogenannten „Rollenwechsel" in Vorlesungen transkribierten und kommentierten. Man warf Ihnen „Sexismus" und „Eurozentrismus" vor.

Und zwar nicht im Plenum der Vorlesung oder in der Sprechstunde, sondern aus der Anonymität des Internets heraus. Das mussten sie freilich, um behaupten zu können, es seien Studenten der Sozialwissenschaften, was sie vermutlich nicht waren. Immerhin: Ein einzelner medienwirksamer Rassismusvorwurf – und sei er noch so unbegründet – reicht, um ganze akademische Karrieren zu zerstören.

Ihre akademische Karriere ist allerdings weiterhin intakt – obwohl Ihnen auch dieser Vorwurf gemacht wurde. Was genau ist vorgefallen?

Dass mein Ruf keinen ernsthaften Schaden nahm, lag wohl daran, dass ich mich zu wehren wusste. Aber der Reihe nach: Der Rassismusvorwurf stand deshalb im Raum, weil im von mir vorgestellten Kanon der politischen Theorie bis zum 19. Jahrhundert – es handelte sich um eine Einführung in die politische Ideengeschichte – keine Autoren und Theoretiker schwarzer Hautfarbe vorkamen. Der konkrete Kampf entzündete sich an der Kanonfrage, und die war politisch immer hart umkämpft: Wie sieht der wissenschaftliche Kanon aus? Oder besser: Wie hat der Kanon auszusehen? Oder prägnanter, wie „MünklerWatch" insinuierend fragte: Warum habe ich in meiner Kanon-Vorlesung keine Schwarzen vorgestellt?

Weil Sie Rassist sein müssen!

Weil es keine gab! Oder präziser: Weil es keine gab, die im Rahmen des Umfangs und der Zeit dieser 14-teiligen Vorlesung zum Thema „Politische Theorien und politische Ideengeschichte" hätten angemessen vorgestellt werden können, ohne andere, für den Kanon bedeutendere Autorinnen und Autoren aussparen zu müssen. Bei einer Vorlesung über zehn Semester, so habe ich damals erklärt, ließen sich sicher einige finden. Dasselbe gilt übrigens für die Frauen, deren Abwesenheit im Kanon der Vorlesung bis zum 19. Jahrhundert mir den Vorwurf des Sexismus eingebracht hat. Die Liste ließe sich fortsetzen. So oder so: Wer den Kanon verändern will, indem er andere denunziert, bringt den akademischen Betrieb in Gefahr.

Nach mehreren Jahrhunderten Universitätsgeschichte taucht also, wenn ich Sie richtig verstehe, ein neuer Typus Student auf – es gibt ihn dem Vernehmen nach an der Humboldt-Universität, es gibt ihn in Oxford, es gibt ihn vor allem in den USA –, der keine Autoritäten mehr kennt oder akzeptiert, auch keine wissenschaftlichen?

Korrekt. In den USA ist diese Art der aggressiven „Political Correctness" längst ein ernsthaftes Problem, da sie nicht nur den direkten Lehrbetrieb stört, sondern auch das Zusammenleben auf dem Campus.

Ihr Kollege Carlo Strenger von der Universität Tel Aviv fasst diese neue Haltung in Teilen der Akademie wie folgt zusammen:

„Wann immer eine Theorie, Tatsachenbehauptung oder normative Aussage Objektivität für sich beansprucht, sei dies nichts als ein Versuch, die eigene Position im Machtgefüge zu festigen. (…) Das Prinzip der universalen Kritik wurde durch das Prinzip des universalen Respekts ersetzt."

Und aggressiv gegen jene gewendet, die dieses vorgebliche Toleranz- und Respektprinzip nicht teilen, weil es tatsächlich eine Strategie der Intoleranz darstellt. Ich habe die Leute von „MünklerWatch" ja zur öffentlichen Diskussion über den Kanon der Vorlesung aufgefordert. Sie haben sich der Diskussion nicht gestellt.

Strenger schlägt vor, den Diffamierungen mit „politisch korrektem" Motiv mit „zivilisierter Verachtung" zu begegnen. Sie haben in Berlin auf den Umstand hingewiesen, dass Sie mit anonymen Diffamierern nicht diskutieren könnten, Sie haben außerdem die Leute hinter „MünklerWatch" als – Zitat – „erbärmliche Feiglinge" bezeichnet. Ist das Ihre Gegenstrategie?

Das ist zuallererst eine bloße Feststellung: Wer seine Weigerung, Gesicht zu zeigen, damit begründet, dies könne seine Karriere gefährden, ist, denke ich, so ganz korrekt bezeichnet. Eher strategischen Charakter hatte meine kreative Gegenbehauptung: Ich stellte die These in den Raum, ich könnte „MünklerWatch" ja selbst ins Leben gerufen haben, um mediale Aufmerksamkeit zu generieren. Meine Vorlesung in Berlin sollte die bekannteste in ganz Deutschland sein und meine Vortrags- und Schreibhonorare nach oben treiben. Einerseits impliziert das die Tatsache, dass ich unter Marktgesichtspunkten von all der Aufmerksamkeit profitiere – was übrigens stimmt. Andererseits spiele ich mit Ironie, im Gegensatz zur Botschaft von „MünklerWatch". Und schließlich habe ich so die Anonymität als Waffe gegen die Anonymen genutzt. Und niemand kann diese These widerlegen – solange „MünklerWatch" anonym bleibt. (Lacht)

In diesem Falle müsste man Ihnen aber auch Faulheit unterstellen, denn auf „MünklerWatch" findet sich seit Sommer 2015 kein neuer Eintrag mehr. Waren Ihnen die Honorare also irgendwann hoch genug?

Wir scherzen, das ist gut. Es gibt viele, die haben diesbezüglich aber gar nichts zu lachen. Sie leiden unter einem anonymen Gesinnungsterror, der, ich will es noch einmal wiederholen, nicht von irgendwelchen Institutionen ausgeht, sondern von kleinen Gruppen, mit zum Teil grundverschiedenen politischen Motiven, aber stets unter dem Banner der Meinungsfreiheit gegen die Meinungsfreiheit. Hier sind Menschen am Werk, die den Skandal provozieren und die damit entstehende mediale Präsenz nutzen, als Instrument der Einflussnahme, zur Erlangung von „Herrschaft" im Diskurs. Denn die Leute hinter „MünklerWatch" haben natürlich keine institutionelle Macht, die sie nutzen könnten und die von den klassischen Liberalen immer als die Hauptwurzel allen Übels ausgemacht worden ist. Deshalb versuchen sie es über einen anderen Weg: über den öffentlichen Skandal. Der aus der Anonymität heraus angezettelte Skandal ist eine Strategie zur Kompensation von Wahrnehmungsmangel und Einflussdefizit.

Wie genau funktioniert das?

Das ist einfacher als je zuvor: Sie gebärden sich öffentlich als Opfer. Irgendein Journalist wird dann schon aufmerksam, bestenfalls ein reichweitenstarker. Mein Imperativ, und damit komme ich noch einmal auf Ihre Frage nach meinen Gegenstrategien zurück, ist: Misstraue allen, die von sich behaupten, „Opfer" zu sein. Denn gegenwärtig ist die Opferpose die mächtigste Waffe zur Immunisierung der eigenen Position gegen Argumente. Wer ein Opfer ist, hat eo ipso recht. Wer aus der Anonymität heraus agiert, muss nicht einmal zeigen, dass er ein Opfer ist, er muss es nur behaupten.

Wie ist es möglich, dass sich anerkannte Koryphäen, die sich natürlich immer auch irren können, von reputationsarmen Nonames öffentlich an den Rand drängen lassen?

Wir leben in einer Gesellschaft, die in hohem Maße auf Sensation fixiert ist. Deshalb die „Inszenierung von Skandalen": Denunzianten konkurrieren um die knappe Ressource Aufmerksamkeit – und wer möglichst laut an der Pforte von angesehenen Institutionen oder am Stuhl einer wie auch immer gearteten Koryphäe rüttelt oder sägt, der erhält sie eben, die Aufmerksamkeit, und zwar oft auch unter völliger Ausklammerung der zugrunde liegenden Tatsachen. Diese Aufmerksamkeitsökonomie wird durch ein steigendes gesellschaftliches Bedürfnis nach Denk- und Sprechregelungen mit ordnender Verbindlichkeit gespeist. Und seit dem dramatischen Bedeutungsverlust der Religionen sind es nicht mehr die Leute von der Kanzel, die über moralische Regeln befinden, sondern selbsternannte Seelsorger, die ihre Führung anbieten. Momentan, ganz aktuell sind es passenderweise auch keine sogenannt „linken" Kreise, die mich diffamieren, sondern dezidiert „rechte".

Gegen welche vermeintlichen Sprach-, Denk- und Kanon-
gebote haben Sie diesmal verstoßen?

Ich habe in der aktuellen deutschen Flüchtlingsfrage öffentlich darauf hingewiesen, dass es falsch ist, ganze Gruppen von Menschen öffentlich über einen Kamm zu scheren oder die Unschuldsvermutung für Flüchtlinge „nach Köln" medial in Frage zu stellen. Die Folge: In E-Mails wird mir nun vorgeworfen, ich sei ein Vertreter der „Political Correctness". Ich bekomme E-Mails, in denen ich als „Volksverräter" bezeichnet werde oder mir gar mit physischen Angriffen gedroht wird. Das sind massive Repressionen, die das Niveau vom letzten Jahr in jeder Hinsicht noch einmal unterbieten. Natürlich wieder anonym, meistens jedenfalls. Natürlich invektiveinschüchternd, also in Form der „Hate Speech", immer. Das ist nicht mehr „bloß" Gesinnungsterror im Netz – das ist schlicht Terror. Und der Nachweis dafür, dass dezidierte „politische Inkorrektheit" keineswegs das aufklärerische Antidot zu den beklagenswerten Auswüchsen einiger „politisch Korrekter" ist, sondern bloß dumpfe Gegenagitation von derselben Qualität.

Das Interview führte Michael Wiederstein, stellvertretender Chef- und leitender Kulturredaktor des Schweizer Monat.

MICK HUME

Ein Hoch auf die Häretiker

Oft haben Querköpfe die entscheidenden Schlachten für die Meinungsfreiheit geschlagen. Gegner der herrschenden Meinungen und Glaubenssätze verdienen unseren Respekt

Meinungsfreiheit wird heutzutage im Westen deutlich weniger durch brutale Zensur bedroht als durch eine konformistische Kultur des „Das darf man doch nicht sagen!". Diejenigen, die die strikten Sprachregelungen durchbrechen und sich jenseits der engen Grenzen der akzeptierten Meinung bewegen, können sich nicht nur auf reine Kritik gefasst machen, sondern sehen sich unverblümten Forderungen ausgesetzt, durch entsprechende Stellen zum Schweigen gebracht zu werden. Man denke zum Beispiel an Tim Hunt, Nobelpreisträger in Biochemie, der vor etwa einem Jahr für einen dummen Witz über weibliche Wissenschaftlerinnen aus seinem Job geekelt wurde. Anstößige Ideen fallen einer Art säkularem Blasphemie-Vorwurf zum Opfer, während diejenigen, die sie äußern, als Häretiker verschrien werden. Man verweigert ihnen pauschal die Diskussion und würde sie am liebsten mundtot machen oder gar bestrafen.

In meinem aktuellen Buch „Trigger Warning" kommt diesen als Häretiker Gebrandmarkten eine neue Rolle zu: Sie sind Helden, Prügelknaben und Cause Célèbre in der Geschichte des Krieges für Meinungsfreiheit. In den größten Schlachten ging es um nicht weniger als die Freiheit, von der akzeptierten Meinung jener Zeiten abweichen zu dürfen und Dinge infrage zu stellen, die als unantastbar galten. Es waren Schlachten um das Recht, anstößig und ausfällig sein zu dürfen. Die Art, die Regeln und die Umstände dieses Kampfes für Meinungsfreiheit haben sich im Laufe der Zeit nicht geändert. Was sich änderte, war lediglich, was dem jeweiligen Zeitgeist entsprechend als Häresie bezeichnet wurde.

Als Häresie bezeichnet man gemeinhin einen Glauben, der der orthodoxen religiösen Meinung diametral entgegengesetzt ist. Oder, um es mit nicht-religiösem Vokabular auszudrücken, eine Meinung, die den herrschenden Überzeugungen umfassend widerspricht. Der Ursprung des Wortes „Häresie" aus dem Altgriechischen gibt bereits einen Hinweis auf die

Wortbedeutung: Eine frühe christliche Führungsfigur bezeichnete seine eigene Meinung einst als „orthodox", das ist das griechische Wort für „rechtgläubig". Die Ansichten seiner Gegner stellte er seiner Meinung gegenüber und bezeichnete diese als „hairesis", was für „Wahl", also entsprechend einen „gewählten Glauben" steht. Die sicherste Möglichkeit also, als Häretiker gebrandmarkt zu werden, bestand schon immer darin, eine intellektuelle Wahl zu treffen. Oder, anders formuliert, in dem Wunsch, sich für etwas zu entscheiden, an das man selbst glaubt, auch wenn es der herrschenden Meinung widerspricht. Gibt es einen besseren Grund, sich für Meinungsfreiheit einzusetzen?

Von den alten Griechen bis zur Renaissance

Sokrates, der größte Philosoph der griechischen Antike, warf die Frage auf, ob es ein Recht geben könne, Häretiker sein zu dürfen. Redefreiheit bzw. „parrhesia", wie es die Griechen bezeichneten, hatte im antiken Griechenland eine andere Bedeutung als heute. Die athenische Demokratie fußte auf der Idee, dass alle freien, männlichen Bürger gleichwertig seien. Entsprechend bezeichnete Redefreiheit, dass jeder Äußerung, unabhängig vom Redner, der gleiche Wert beigemessen werden solle. Es ging bei der Forderung nach Redefreiheit in der Antike also nicht um die Freiheit von einer erdrückenden Staatsmacht, wie später bei dem Kampf um Redefreiheit in Großbritannien und Amerika. Doch auch schon damals, in der noch „unverfälschten" Demokratie Athens, wurde Sokrates der Prozess gemacht, mit der Begründung, er habe es mit der Redefreiheit „zu weit" getrieben, bis er im Alter von 70 Jahren zum Tode verurteilt wurde.

Sokrates stellte alles in Frage, oft zum Unmut seiner Mitbürger, insbesondere, weil er auch Athens heilige Traditionen nicht unangetastet ließ. Die Anklage an ihn lautete schließlich, er glaube nicht an die Götter, an die die Stadt glaubte – schlicht: Häresie. Genauso wenig wie an die heilige Tradition des Götterglaubens hielt sich Sokrates an die Athenische Tradition „Aidos": Respekt, Bescheidenheit oder Scham. Er war, im wahrsten Sinne des Wortes, völlig schamlos, als er sich vor seinen Anklägern entblößte, um seinen eigenen Worten, dass man alles offenlegen müsse, Nachdruck zu verleihen. Der nunmehr nackte Philosoph machte ebenfalls keinen Hehl daraus, dass er weiterhin verbotene Fragen stellen würde, sollte das Gericht ihn freisprechen.

Der Prozess und die Hinrichtung von Sokrates sind ein erschreckendes Beispiel dafür, dass sogar in einer Gesellschaft von Gleichen, die sich zum freien Meinungsaustausch bekannte, viele vor diesem zentralen Prinzip zurückschrecken, sobald sie mit der Redefreiheit eines Andersgläubigen in all seiner Nackt- und Rohheit konfrontiert werden. Eine Expertenstudie formuliert das nüchtern und in aller Kürze sinngemäß folgendermaßen: „Sobald Sokrates ‚parrhesia' praktizierte, in genau der Weise, wie es die Athener verstanden, nämlich als wagemutiges Bekenntnis in schamloser Deutlichkeit zu dem, an das er selbst glaubte, verurteilten ihn die Athener zum Tode. Ich frage mich, wie viel erschreckender eine solch ‚rohe' Form der Redefreiheit erst für die Befürworter selbiger in unserer kleinmütigen Gesellschaft von heute sein muss?"

Gemeinsam mit vielem anderen, was in der Antike entdeckt und erfunden wurde, von der Wissenschaft bis zu Kanalrohrsystemen, verschwand das Konzept der Redefreiheit in der Dunkelheit des europäischen Mittelalters, bevor es dann in der Moderne quasi neu erfunden wurde. Vor dem Zeitalter der Moderne war die Idee von Redefreiheit in europäischen Gesellschaften als häretisch verschrien. Im mittelalterlichen England etwa wurden Staatsangelegenheiten nur vom König und seinen Höflingen diskutiert, unter Umständen sogar in Normannisch. Glaubensfragen durften hingegen nur durch die Priesterschaft ausgelegt und besprochen werden, natürlich in Latein. Alles andere konnte als Hochverrat oder Häresie mit dem Tod bestraft werden.

Im Jahr 2015 jährte sich die Unterzeichnung der Magna Carta zum 800sten Mal. Für die in ihr festgeschriebene Idee einer Begrenzung der uneingeschränkten Macht der Krone sollte die Magna Carta durchaus als Prototyp einer Art „verfassten Freiheit" gefeiert werden. Allerdings findet Meinungsfreiheit in der Magna Carta noch keine Erwähnung, was auch kaum verwunderlich ist. Ein Konzept der Meinungsfreiheit hätte in den feudalen Strukturen Englands im Jahr 1215 für die große Masse der Bauern ohnehin keine Bedeutung gehabt. Redefreiheit als Möglichkeit, offen eine bestimmte Meinung zu vertreten, an der öffentlichen Debatte teilzunehmen und Kritik an Autoritäten zu üben, konnte in Europa erst Fuß fassen, als sich die Menschheit deutlich weiter entwickelt hatte, die Rechte des Individuums bedeutsam wurden und das Volk zunehmend die absolute Macht von Krone und Kirche in Frage stellte.

Im Zeitalter der Aufklärung wurde die Redefreiheit in der britischen und in westlichen Gesellschaften schließlich zur Stimme des selbstbestimmten Individuums. Die Machthaber setzten jedoch alles daran, ihr allgemeines Monopol auf die Wahrheit zu behalten. Als 1476 von William Caxton die erste Druckmaschine in England erfunden wurde, führten die englischen Monarchen ein System der Lizenzierung ein, wonach kein Druckwerk mehr ohne die Erlaubnis des „Court of Star Chamber", einem von König Eduard II. eingesetzten Gerichtshof, legal publiziert werden durfte.

Jedwede Kritik an der Krone oder der Kirche konnte einem als Hochverrat, Volksverhetzung oder Gotteslästerung ausgelegt werden.

**Häresie im
17. Jahrhundert**

Im Jahr 1637 wurden William Prynne, einem puritanischen Autor, die Ohren abgeschnitten, weil er häretische Flugblätter verfasste, in denen er die Religionspolitik von König Karl I. attackierte. Außerdem wurden ihm auf beide Wangen die Buchstaben „S L" für „seditious libeller" gebrannt: Volksverhetzer. Im Jahr 1663 wurde John Twyn in Tyburn (heute: Marble Arch), London, auf Befehl des gerade wieder eingesetzten Königs Karl II. gehängt, ausgenommen und geviertelt. Der Vorwurf lautete: Hochverrat. Sein Vergehen bestand darin, ein „aufwieglerisches, verderbliches und schändliches Buch" gedruckt – nicht verfasst (!) – zu haben, in dem das Recht des Volkes zum Aufbegehren gegen Unrecht als legitim verteidigt wurde.

Bis zum Anbruch der Moderne blieb Intoleranz ein Grundwert westlicher Kultur. Noch im Jahr 1691 prahlte der französische katholische Theologe Jacques-Bénigne Bossuet: „Ich habe das Recht, dich zu verfolgen, weil ich recht habe und du nicht." Man hatte sich schlicht keine eigene Meinung zu bilden und jene häretischen Ideen von einer „Redefreiheit" waren nicht zu tolerieren. Trotzdem kam es im 17. Jahrhundert, in der Frühphase der Aufklärung, auch dazu, dass vor dem Hintergrund der wachsenden Überzeugung von der Freiheit des Individuums Redefreiheit nicht nur als notwendiges Übel, sondern gar als erstrebenswert betrachtet wurde. Diese Entwicklung brach sich im Vorfeld der Englischen Revolution in Form brennender politischer Konflikte zwischen König, Kirche und Parlament seine Bahn. Dieses Feuer sollte sich in der Folgezeit weiter über den Atlantik ausbreiten.

Im Laufe der vergangenen 400 Jahre haben religiöse, politische und sexuelle Häretiker für das Recht gekämpft, gegen die Regeln ihrer Zeit zu verstoßen. Die erste Welle der modernen Kämpfe für Redefreiheit in England wurde von religiösen Häretikern geführt, die eine Abspaltung von der römischen Kirche anstrebten. Die Puritaner verlangten eine Bibel in ihrer eigenen Muttersprache. Die Strafe für Häresie dieser Art bestand darin, Buch und Buchdrucker auf dem Scheiterhaufen zu verbrennen. William Tyndale druckte 1526 eine englische Version des neuen Testaments in Deutschland und schmuggelte sie nach England. Zehn Jahre später wurde er für diese häretische Tat stranguliert und verbrannt. Nur drei Jahre nach seiner Hinrichtung ließ Heinrich VIII., der sich inzwischen von Rom lossagte und die Anglikanische Kirche gegründet hatte, eine englische Variante der Bibel – the „Great Bibel" – zu, deren Text auf der Arbeit Tyndales basierte: Die Gotteslästerung von gestern war zur Orthodoxie von heute geworden. Die Rolle, die jene religiösen Häretiker im Kampf für Redefreiheit gespielt haben, sollte man stets im Hinterkopf behalten, insbesondere weil Religion häufig als bloßes Instrument der Unterdrückung angesehen wird. Die Auflehnung der religiösen Häretiker gegen die überkritische Macht einer zentralen Autorität verschmolz nämlich schon bald mit der lautstarken politischen Forderung nach Pressefreiheit.

Als schließlich der Englische Bürgerkrieg zwischen König und Parlament ausbrach, veröffentlichte John Milton 1644 sein Plädoyer – die Areopagitica – für die Abschaffung der Buchdrucklizenzen, in der er das Parlament aufforderte: „Von allen Freiheiten gebt mir zuerst die Freiheit, nach Maßgabe meines eigenen Gewissens frei zu wissen, zu sprechen und zu streiten". Milton stritt allerdings ebenso unerbittlich dafür, Publizisten von blasphemischen Texten zu bestrafen. Ebenso war er dagegen, die Freiheit, „frei zu sprechen und zu streiten", den verteufelten, Papst-treuen Katholiken und den Ungläubigen ebenfalls zuzusprechen. Toleranz gestaltete sich in der Anwendungspraxis offensichtlich schon immer als schwierig.

Die Unruhen der Englischen Revolution, die 1649 zum Sturz und der Hinrichtung des Königs führten und die bestehende „Weltordnung" auf den Kopf stellten, brachten erstmals neue Stimmen von „unten" in die öffentliche Debatte ein. Die radikale Bewegung der Levellers formulierte ihre eigene Forderung nach umfassenden Veränderungen in der Gesellschaft, unter anderem im Zusammenhang mit Meinungs- und Pressefreiheit. John Lilburne, ein Anführer der Levellers, forderte ein Ende der staatlichen Presselizenzen: „Denn was ist noch tabu gegenüber einem Volk, das nur nach Belieben der Lizenzgeber spricht und schreibt?"

1660 wurde die englische Monarchie wiederhergestellt und mit ihr die Lizenzierung der gedruckten Presse durch die Krone. Als jedoch die Glorreiche Revolution 1689 den autokratischen Katholiken König Jakob II. durch den Protestanten Wilhelm III. von Oranien ersetzte, verabschiedete das Parlament die Bill of Rights. Sie verankerte, unter anderem, die Meinungsfreiheit und die Freiheit zur Diskussion im Gesetz, zumindest für die Parlamentsabgeordneten. 1695 schließlich wurde die Lizenzierung der Presse durch die Krone endlich abgeschafft. Der Kampf für Meinungsfreiheit jedoch hatte gerade erst begonnen.

Ebenfalls zur Zeit der Glorreichen Revolution erschien John Lockes häretischer „Brief über die Toleranz" (eigentlich eine private Korrespondenz an einen Freund, der ihn jedoch prompt publizierte). Dieser Brief begründete die Auseinandersetzung mit Gewissensfreiheit, der Wegbereiterin für eine allgemeine Meinungsfreiheit. Lockes Botschaft war eine direkte

Kampfansage an die Intoleranz der alten Ordnung, die Glaubensgerichte eingesetzt und Gesetze gegen Gotteslästerung eingeführt hatten, um die Häretiker dazu zu zwingen, ihre Meinung zu ändern und sich dem herrschenden rechten Glauben anzuschließen. Nach Lockes Meinung war diese alte Ordnung grundsätzlich falsch sowie faktisch nutzlos. Stattdessen bestand er darauf, dass „die Pflege seines Seelenheils jedermann selbst obliege", da „der Glaube kein Glaube ist, wenn man nicht an ihn glaubt". Regierungen sollten sich auf „bürgerliche Interessen" konzentrieren, also „Leben, Freiheit, Gesundheit, Schmerzlosigkeit des Körpers und den Besitz äußerer Dinge wie Geld, Ländereien, Häuser, Einrichtungsgegenstände und dergleichen". In Glaubens- oder Gewissensfragen habe der Staat hingegen nicht zu intervenieren: „Gesetze sind nicht dafür da, um die Wahrhaftigkeit von Meinungen festzulegen, sondern um den Schutz und die Sicherheit des Gemeinwesens, sowie aller Menschen Besitztümer und Person, zu gewährleisten."

Heute, mehr als drei Jahrhunderte später, in einer Zeit, in der Regierungen zu denken scheinen, dass Gesetzgebung vor allem darin bestehe, jene „Wahrheit von Meinungen" herauszufinden und diejenigen unberücksichtigt zu lassen, die ihnen missfallen, kommt man nicht umhin festzustellen, dass unsere Machthabenden gut daran täten, diese Botschaft von Locke wieder aufzugreifen.

Meinungsfreiheit im 18. Jahrhundert

In den 1760er Jahren wurden die englischen Kriege um die Redefreiheit von einem meiner liebsten häretischen Helden, John Wilkes fortgeführt – einem eigenwilligen Journalisten, Drucker, Parlamentsabgeordneten, Oberbürgermeister von London und einem Pionier im Kampf für Freiheit und Demokratie. Zu einer Zeit, in der jedwede Kritik an der Krone und ihren Ministern immer noch als Volksverhetzung ausgelegt wurde und einen Aufenthalt im Gefängnis nach sich ziehen konnte, publizierte Wilkes die Zeitung The North Briton, die vor allem Skandale und Gerüchte verbreitete, zum Beispiel, indem sie den Hof und die ihm ergebenen Politiker lächerlich machte. So wurde beispielsweise angedeutet, dass die Mutter des Königs ein Verhältnis mit dem Premierminister habe. Auf seiner Titelseite erklärte er außerdem die Pressefreiheit zum „Geburtsrecht eines jeden Briten".

Dafür, dass er Material publizierte, das den Autoritäten als Häresie galt, wurde Wilkes wegen Volksverhetzung und Gotteslästerung verurteilt, für zwei Jahre im Tower von London gefangen gehalten, für vogelfrei erklärt, des Parlamentes verwiesen und, obwohl er vier Wahlen gewann, nicht wieder ins Parlament gelassen. Im Zuge seiner persönlichen Auseinandersetzungen beendete Wilkes quasi die übliche Befugnis der britischen Staatsmacht, willkürlich politische Gegner zu verhaften. Weiterhin etablierte er das Recht für die englischen Wähler, ihre Abgeordneten selbst zu bestimmen, und erkämpfte den Zeitungen die grundlegende Freiheit, über die politischen Machenschaften hinter verschlossenen Türen berichten zu dürfen.

Wilkes, ein Häretiker für den typischen „georgianischen Gentleman", ist ein frühes Beispiel für einen Volkshelden. Die Parole: „Wilkes and liberty!" – Wilkes und Freiheit – schallte allzeit durch die Straßen Londons, oft begleitet vom Klang eines Aufstands, der vordemokratischen Variante einer Äußerung des Volkswillens. Als der Kampf für das Recht, direkt aus dem Parlament berichten zu dürfen, 1771 seinen Höhepunkt erreichte und Wilkes' Verbündete kurz davor standen, im Tower inhaftiert zu werden, belagerten 50.000 Londoner das Parlament, um sie zu verteidigen, und waren sogar kurz davor, den damaligen Premierminister Lord North zu lynchen. Wie das Middlesex Journal berichtete, habe Lord North jedenfalls außerordentliche Angst verspürt.

Die Aufstände mit und um Wilkes versetzten die regierende Klasse Englands also in große Angst vor einer Bevölkerung, die nun Freiheit für sich und eine Unabhängigkeit der Presse forderte. Allerdings war die Figur im Mittelpunkt dieser Entwicklungen keinesfalls ein rechtschaffener Verfechter der Menschenrechte – John Wilkes war keine Angelina Jolie. Er war ein Schwerenöter, ein Trinker mit zahllosen Affären und ein Spieler, der oft und gern Kredite nahm. Seine Publikationen, die zum Cause Célèbre im Kampf für die Pressefreiheit wurden, waren eine Mixtur aus Verunglimpfungen, Skandalen und regelrechter Unflätigkeit. Zur gleichen Zeit, als Wilkes vom Unterhaus wegen Volksverhetzung angeklagt wurde, befand ihn das Oberhaus der obszönen Volksverhetzung schuldig, weil er pornografische Gedichte publiziert hatte.

Und trotzdem schafften es Wilkes, der Ketzer, und seine schändlichen Publikationen, einen Kurswechsel in der Politikgeschichte herbeizuführen und eine wichtige Lanze für die Pressefreiheit zu brechen. Für mich war John Wilkes, dieser Halunke und Pornografie-Publizist, eine weitaus stärkere moralische Kraft des Guten als jeder, der auf so selbstherrliche Weise den Versuch unternimmt, die Redefreiheit jedes einzelnen zu seinem „eigenen Besten" einzuschränken. Seine Geschichte ist eine Erinnerung daran, dass in der richtigen Welt da draußen Freiheit kein abstraktes Prinzip, sondern ein chaotisches und manchmal blutiges Geschäft ist und dass der hochsinnige Begriff der Freiheit auch für niedere Ziele bedeutungsvoll ist. Letzteres ändert nichts an der Notwendigkeit, die Redefreiheit zu verteidigen, völlig unabhängig davon, wie man spezifischen Inhalten gegenüberstehen mag und der Verpflichtung, für häretische Helden zu kämpfen, die sich für die Redefreiheit einsetzen, auch wenn sie keine völlig weiße Weste haben.

Die Ideen der Freiheit, deren Pioniere englische Radikale und Revolutionäre wie Milton, Wilkes und Tom Paine waren, inspirierten zu den Revolutionen, die Ende des 18. Jahrhunderts Frankreich und Amerika ergriffen. Um 1770 wurden jene politischen Häretiker, die das heilige Recht der englischen Krone anzugreifen wagten, über seine Kolonien zu herrschen, zu Führungsfiguren der amerikanischen Revolution. Der zweite amerikanische Präsident, John Adams, warf später die Überlegung auf, ob der amerikanische Unabhängigkeitskrieg, der 1775 begann, wirklich die richtige Revolution gewesen sei. Für Adams hatte diese Revolution bereits weit früher in den Herzen und im Geist der Menschen begonnen, die „durch die öffentliche Meinung aufgeklärt und informiert wurden", entfacht von Flugblättern und Zeitungen. Die Meinungsfreiheit bewies sich als Katalysator, der es einer ganzen Nation ermöglichte, sich zu befreien.

Wenig verwunderlich, dass nach dem Erreichen der Unabhängigkeit diese Freiheit im Ersten Zusatzartikel der neuen amerikanischen Verfassung von 1791 folgendermaßen verankert wurde: „Der Kongress soll kein Gesetz erlassen, das eine Einrichtung einer Religion zum Gegenstand hat oder deren freie Ausübung beschränkt, oder eines, das Rede- und Pressefreiheit oder das Recht des Volkes, sich friedlich zu versammeln und an die Regierung eine Petition zur Abstellung von Missständen zu richten, einschränkt." Allerdings zeigt die Geschichte, dass der Kampf für Redefreiheit, selbst in Amerika, nie vorbei ist. Nur wenige Jahre später, nachdem die Verfassung samt Erstem Zusatzartikel in Kraft getreten war, wurde er bei der Einführung eines Gesetzes, das die Kritik an der amerikanischen Regierung unter Strafe stellen sollte, effektiv umgangen.

Die Verpflichtung der amerikanischen Gründungsväter gegenüber der Redefreiheit war also nicht unbedingt so tiefgreifend und allumfassend wie man sich das gerne vorstellt. Thomas Jefferson und die anderen Gründungsväter orientierten sich stark an einer eingeschränkten Variante der Meinungsfreiheit, so wie sie das englische Gesetz vorsah. Sie hatten, so formulierte es ein kritischer Historiker, „eine ungezügelte Leidenschaft für eine gezügelte Redefreiheit". Die Frage, wie fest diese Zügel angezogen werden sollten, wurde schon bald relevant, als 1798 die „Alien and Sedition Acts" verabschiedet werden sollten. Der Sedition Act machte es zu einem Kapitalverbrechen – unter Androhung von Geldstrafe, Gefängnisaufenthalt und sogar Deportation –, Worte zu äußern oder zu schreiben, die den US-Präsidenten, die Regierung oder den Kongress „diffamieren", sie „in einem schlechten Licht dastehen lassen" oder auf irgendeine Art und Weise „den Hass gegen sie im guten amerikanischen Volk schüren" könnten. Kurz gesagt, es wurde zum Verbrechen, sich kritisch über die amerikanische Regierung zu äußern. Die repressiven alten englischen Gesetze der Volksverhetzung hatte man letztendlich also mit über den großen Teich genommen, ungeachtet des Ersten Zusatzartikels der Verfassung.

**Das
19. Jahrhundert**

Es war in jener Situation, als sie im Begriff standen, als aufwieglerisch gebrandmarkt – also in die Rolle eines Häretikers gedrängt – zu werden, dass die Angehörigen der Opposition zu Fundamentalisten des Ersten Zusatzartikels wurden. James Madison argumentierte nun, dass das amerikanische Regierungssystem sich vom britischen dahingehend unterscheide, dass es sich auf die Souveränität des Volkes stütze und nicht auf jene des Parlamentes. Entsprechend sei „ein anderes Maß an Pressefreiheit" erforderlich. Diese Freiheit müsse ausgeweitet werden, und zwar „nicht nur, indem auf ein Verbot der Pressefreiheit verzichtet würde, sondern auch in der Form, dass man im Nachhinein keine Strafe dafür fürchten müsse, seine Meinung geäußert oder geschrieben zu haben". Amerikaner müssten nicht nur das Recht dazu haben, frei ihre Meinung zu äußern und zu publizieren, sondern auch die Freiheit, als Konsequenz nicht von der Regierung bestraft zu werden. Schließlich lief der Sedition Act aus, Madison wurde 1809 zum vierten Präsident der Vereinigten Staaten gewählt, und die Redefreiheit machte einen kleinen, unsicheren Schritt nach vorn. Selbst im Herzen des Landes der Freien ist die öffentliche Meinungsfreiheit nie ein Recht gewesen, das man als selbstverständlich betrachten kann.

Damals, im Großbritannien des frühen 19. Jahrhunderts, wurden Meinungs- und Pressefreiheit zu zentralen Anliegen der Chartisten und anderen, die sich für ein demokratisches Regierungssystem und eine Vergrößerung des Einflusses der einzelnen Wählerstimmen stark machten. Obwohl die staatliche Lizenzierung der Presse offiziell abgeschafft worden war, führte die Regierung eine Stempelsteuer für häretische Zeitungen ein, um sie unerschwinglich für die arbeitende Bevölkerung zu machen. Diese Strafzahlungen wurden als Antwort auf das berüchtigte Peterloo-Massaker 1819 in Manchester, als die Kavallerie die Teilnehmer einer Großkundgebung für parlamentarische Reformen angriff (die boomende Stadt hatte bis dato keine Abgeordneten, die sie repräsentierte) und rund 15 Tote und 500 Verletzte zurückließ, noch weiter erhöht.

Die Regierung unter Lord Castlereagh erhöhte außerdem die Maximalstrafe für das Verfassen und Publizieren von „Gotteslästerung und Majestätsbeleidigung" gegen die religiösen und politischen Autoritäten auf 14 Jahre Aufenthalt in einer Strafkolonie. Ein anderes Gesetz weitete die Stempelsteuer auf Publikationen aus, die politische Meinungen äußerten. Verächtlich wurde sie deshalb auch als „Wissensteuer" bezeichnet. Viele Radikale weigerten sich, diese Steuer zu bezahlen und wurden deshalb, unter dem Vorwurf häretische Zeitungen entweder herauszugeben, zu schreiben oder einfach nur zu verkaufen, verhaftet. Diese Häretiker spielten eine entscheidende Rolle dabei, die „Mutter aller Parlamente" zu mehr Demokratie zu zwingen.

Den nächsten großen Schritt im Kampf um Redefreiheit markierte im 19. Jahrhundert die Publikation von John Stuart Mills „Über die Freiheit" 1859. Mill setzte sich kompromisslos für das Recht eines jeden Individuums auf Meinungsfreiheit als gesellschaftliches Gut ein, ebenso wie er auf die Wichtigkeit verwies, andersgläubige und häretische Stimmen zuzulassen, auch um die geltenden Wahrheiten und Werte der Gesellschaft auf die Probe zu stellen: „Wenn alle Menschen außer einem derselben Meinung wären und nur dieser Einzige eine entgegengesetzte hätte, dann wäre die ganze Menschheit nicht mehr berechtigt, diesen mundtot zu machen, als er, die Menschheit zum Schweigen bringen, wenn er die Macht hätte.(…) Aber das besondere Übel der Unterdrückung einer Meinungsäußerung liegt darin, dass es am menschlichen Geschlecht als solchem Raub begeht, an der Nachwelt so gut wie an den Mitlebenden, an denjenigen, die von dieser Meinung nichts wissen wollen, noch mehr als an denen, die sie vertreten. Denn wenn die Meinung richtig ist, so beraubt man sie der Gelegenheit, Irrtum gegen Wahrheit auszutauschen, ist sie dagegen falsch, dann verlieren sie eine fast ebenso große Wohltat: nämlich die deutlicherer Wahrnehmungen und den lebhafteren Eindruck des Richtigen, der durch den Widerstreit mit dem Irrtum entsteht."

Mills Botschaft war jedoch weit davon entfernt, universell anerkannt zu sein. Ebenfalls 1859 veröffentlichte Charles Darwin sein Meisterwerk über die Evolutionstheorie, „Über die Entstehung der Arten". Es verging wenig Zeit, bis dieses blasphemische Buch aus der Bibliothek des Trinity College, Cambridge, der Universität, an der Darwin studiert hatte, verbannt wurde.

Freie Rede
im 20. Jahrhundert

Man sollte meinen, im 20. Jahrhundert hätten die Jagd auf Häretiker und die Verurteilung von Gotteslästerern ihr Haltbarkeitsdatum im demokratischen Westen längst überschritten – weit gefehlt. Denn es gab neue Herausforderungen im Kampf um die Redefreiheit – nicht nur im Hinblick auf Nazi-Deutschland oder Stalins Sowjetunion. Im Amerikanischen Zeitalter wurden die Vereinigten Staaten zum bedeutenden Schlachtfeld der Kriege um Redefreiheit. Ein ums andere Mal fanden sich diejenigen, die die Gesellschaft zu verändern versuchten, in die Rolle eines Häretikers gedrängt und wurden, nur für ihre abweichende Meinung, einer Hexenjagd ausgesetzt.

Die revolutionären Syndikalisten der Industrial Workers of the World – besser bekannt als IWW oder Wobblies – beispielsweise, kämpften, sowohl politisch als auch physisch, vor dem Ersten Weltkrieg für die Einrichtung einer militanten Gewerkschaft für verarmte und arbeitslose amerikanische Arbeiter. Einige der erbittertsten Kämpfe der Wobblies wurden als „Kämpfe für die Redefreiheit" bekannt. Jedes Mal, wenn die lokalen Autoritäten Organisatoren der IWW ins Gefängnis warfen, einfach nur dafür, dass sie öffentlich um neue Mitglieder warben, schneite ihnen eine große Anzahl Wobblies ins Haus, um die Freilassung der Inhaftierten zu fordern und auf ihrem Recht auf Redefreiheit zu beharren. Die Redefreiheitskämpfe der Wobblies standen in der besten aller amerikanischen Traditionen, nämlich, geschriebenes Gesetz tatsächlich einzufordern. Wie es der linke Theaterkritiker Courtenay Lemon schrieb, waren es diese politischen Häretiker, die „die Feuer der Freiheit am Brennen gehalten haben. Sie sind die verstoßenen Jungfrauen der menschlichen Freiheit. Dass die Verteidigung der traditionellen Rechte, denen sich die Regierung eigentlich verpflichtet fühlen sollte, nun auf eine Organisation übergeht, die unzählige Male als ‚unpatriotisch' und ‚un-amerikanisch' denunziert wurde, ist nichts anderes als die übliche unerschöpfliche Ironie der Geschichte."

Zwischen den beiden Weltkriegen wurde der Oberste Gerichtshof zum Schauplatz einiger wichtiger Fälle, interessanterweise die ersten überhaupt, bei denen der Erste Zusatzartikel zum Gegenstand wurde, welche neue Maßstäbe im juristischen Kampf für Redefreiheit setzten. Manche dieser Fälle wurden gewonnen, manche verloren (Letzteres besonders während der „Roten Angst" nach dem Ersten Weltkrieg, als hart gegen Linke durchgegriffen wurde). Im Endeffekt waren die Fälle aber hilfreich, um die gesetzliche Definition von Redefreiheit unter dem Ersten Zusatzartikel auszuweiten. Außerdem war keiner dieser Rechtsfälle einfach nur eine juristische Angelegenheit. Bei den meisten ging es um politische Häretiker, die in Auseinandersetzungen der breiteren amerikanischen Gesellschaft verwickelt waren: Anti-Kriegs-Propagandisten, religiöse Pazifisten, Anarchisten, Antisemiten oder Kommunisten.

In der Ära des Kalten Kriegs, Jahre nach Ende des Zweiten Weltkriegs, versuchte man mit Unterstützung des Obersten Gerichtshofs die Redefreiheit mit einer eisigen Front antikommunistischer Gesetze zu erfrieren. Dann, in der befreienden Atmosphäre der 1960er Jahre, betrat die Diskussion um die Redefreiheit in Amerika mit zwei Fällen häretischer Meinungsäußerung von beiden Enden des politischen Spektrums weiteres Neuland. Im Fall der New York Times gegen L.B. Sullivan, den Polizeichef von Montgomery, entschied der Oberste Gerichtshof zu Gunsten der Zeitung. Sullivan hatte geklagt, weil er sich durch eine Anzeige schwarzer Bürgerrechtler in der New York Times verleumdet sah. In erster Instanz waren ihm durch ein Landesgericht zunächst 500.000 Dollar zugesprochen worden. Der Oberste Gerichtshof allerdings entschied jedoch, dass der Erste Zusatzartikel so zu deuten sei, dass es keinen Straftatbestand erfülle, Beamte zu kritisieren oder zu verunglimpfen, auch wenn die Kritik ungewollte Fehler enthalte, außer dies geschehe aus Arglist. In der Begründung zur Entscheidung hieß es: „Die Debatte um öffentliche Belange sollte unbefangen, stark und ganz offen sein", dies könne „ebenso vehemente, bissige und manchmal unerfreulich scharfe Attacken auf die Regierung oder Regierungsbeamte mit einschließen." Obwohl sie anerkannten, dass die Anzeige einige Fehler enthielt, erklärten die Richter, dass „in einer freien Debatte fehlerhafte Aussagen unvermeidbar sind und […]sie geschützt sein, wenn die Meinungsfreiheit jene ‚Luft zum Atmen' behalten soll, die sie zum Überleben braucht" Diese Entscheidung von 1964 beseitigte endlich die historische Bedrohung, wegen „Majestätsbeleidigung" verklagt zu werden, die über den Köpfen der amerikanischen Häretikern schwebte, die es wagten, Autoritäten zu kritisieren.

Fünf Jahre später, im Jahr 1969, half ein politischer Häretiker vom anderen Ende des politischen Spektrums dabei, die Grenzen der Meinungsfreiheit weiter zurückzudrängen. Im Fall Brandenburg vs. Ohio kippte der Oberste Gerichtshof die Verurteilung eines Anführers des Ku Klux Klans, der Juden und Schwarze bei einer Großkundgebung denunziert hatte. Die Richter entschieden, dass man nicht das Recht breche, wenn man eine hasserfüllte oder hetzerische Meinung zum Ausdruck bringe. Stattdessen solle, unter dem Ersten Zusatzartikel, jemand, der dies tue, beschützt werden, außer, seine Worte zielten darauf ab, „zu unmittelbarem gesetzwidrigem Verhalten zu animieren oder es hervorzurufen", und wenn überdies „eine hohe Wahrscheinlichkeit besteht, dass dieses Verhalten tatsächlich eintreten wird". Dem Ku Klux Klan nachdrücklich das Recht zuzuschreiben, weiterhin ungehindert Gift und Galle spucken zu dürfen, mag heutzutage auf den ersten Blick nicht wirklich wie ein großer Sieg für die Freiheit erscheinen. Aber indem eine deutliche Linie gezogen wurde, die zwischen hasserfüllten Worten und hasserfüllten Taten unterscheidet, und indem bestätigt wurde, dass es noch lange kein Verbrechen ist, eine Meinung zu vertreten, die andere zutiefst verabscheuen, wurde die Wichtigkeit von Redefreiheit in Amerika als nicht beschneidbares und universelles Recht gefestigt und unterstrichen.

Heutzutage geht die größte Bedrohung nicht von offiziellen Verboten und von Zensur aus, die im Namen einer zentralen Autorität aus Intoleranz implementiert werden, sondern von inoffizieller Zensur und einer Atmosphäre der Konformität, die dadurch gerechtfertigt wird, dass man Rechte und Vielfalt schütze. Es kann also sein, dass wir dann und wann die Rechte mancher unattraktiven und unappetitlichen Person verteidigen. Aber wenn wir etwas aus der Geschichte lernen können, dann, dass der Kampf für Redefreiheit manchmal auch einfach bedeutet, für die Freiheit von Häretikern und ihr Recht zu beleidigen auf die Straße zu gehen.

JOHANNES RICHARDT

Meinungsfreiheit für Rassisten!

Während Jan Böhmermann eine riesige Solidaritätswelle erlebt, schweigen wir im Fall Lutz Bachmann. Aber in beiden Fällen geht es ums Prinzip der Meinungsfreiheit

Meinungsfreiheit ist das große Thema. Überall trifft man zurzeit auf ihre leidenschaftlichsten Verteidiger. Erfreulich war die breite Front der Kritik gegenüber dem Einknicken von Bundeskanzlerin Merkel vor der Forderung des türkischen Autokraten Recep Tayyip Erdoğan (richtig, der Typ mit dem besonderen Verhältnis zu einer bestimmten Gattung horntragender Paarhufer …), den Satiriker Jan Böhmermann wegen „Majestätsbeleidigung" anzuklagen.

Die Beleidigung der Mächtigen, gerade dann, wenn sie sich zunehmend tyrannisch gebärden, ist eine der ehrenvollsten Aufgabe von Satire. Gut, dass sich so viele Leute hierzulande für diesen Wert stark gemacht haben. Es ist auch richtig, dass der bescheuerte Paragraf 103 Strafgesetzbuch (StGB) abschafft wird, was wir bei Novo übrigens direkt zu Beginn der Affäre gefordert hatten.[1] Gleichzeitig hatte die Empörungswelle aber auch etwas Wohlfeiles und Inkonsequentes.

Erdoğans neu-osmanisches Reich ist weit weg. Auch ist es nicht besonders schwer, Position für einen jungen und – gerade weil ziemlich zeitgeistkonform – hippen Satiriker zu beziehen, der es virtuos versteht, sich „immer ungreifbar auf die richtige Seite zu schlagen", wie die F.A.Z. es mal treffend kommentierte.[2] Da kann man schnell die inzwischen leicht vergilbten #JeSuisCharlie-Sticker aus der Schublade hervorzukramen und sich zum Vorkämpfer für die Meinungs-, Rede- und Kunstfreiheit stilisieren.

Kaum Beachtung und noch viel weniger öffentliche Anteilnahme erhielt hierzulande hingegen ein anderer Fall. Ich selbst wurde auch erst durch einen Kurzkommentar unseres britischen Partnermagazins Spiked

---

[1] Sabine Beppler-Spahl: „Fall Böhmermann: Weg mit Paragraf 103!", Novo online, 11.04.2016.
[2] Antonia Baum: „Spießbürger oder Nervensäge?" in: F.A.Z., 10.04.2016.

darauf aufmerksam[3]: Lutz Bachmann, der Pegida-Gründer, musste sich am Dienstag, den 19. April, vor einem Gericht wegen „Volksverhetzung" verantworten. Es geht um einen Facebook-Post, in dem er Flüchtlinge und Einwanderer als „Viehzeug", „Gelumpe" und „Dreckspack" bezeichnet haben soll. Er wurde laut § 130 StGB wegen Volksverhetzung zu einer Geldstrafe von 9600 € verurteilt.

Der Aufschrei blieb hier allerdings aus. Doch wo liegt bei genauerem Hinsehen der Unterschied zwischen dem Fall Böhmermann und dem Fall Bachmann? In beiden Fällen haben Menschen von ihrem Recht Gebrauch gemacht, öffentlich ihre Gedanken auszudrücken, und werden nun dafür von staatlichen Instanzen zur Verantwortung gezogen. Und das ist in beiden Fällen gleichermaßen falsch.

Sicher wäre es kein großer Verlust für die Menschheit, wenn Typen wie Bachmann einfach mal die Fresse halten würden. Eine offene Gesellschaft muss es allerdings aushalten, wenn sie sich anders entscheiden. Genau das ist die Essenz der Redefreiheit. So wie Bachmann ein Recht haben muss, seine Ideen und Überzeugungen – und mögen sie auch noch so falsch und abstoßend sein – zu äußern, so haben die anderen Gesellschaftsmitglieder das Recht, diese zu hören und sich eine eigene Meinung darüber zu bilden. Gerade im Fall Böhmermann wurde das letzte Argument von vielen gegen die Löschung des Schmähgedichts aus der ZDF-Mediathek ins Feld geführt.

Der Paragraf zur Volksverhetzung führt diese Grundsätze ad absurdum. Er stellt die Fähigkeit erwachsener Menschen in Frage, als moral- und vernunftbegabte Akteure urteilen und handeln zu können. Auch zeigt sich in solchen Gesetzen ein Misstrauen der politischen Klasse gegenüber den Bürgern, von denen man wohl annimmt, sie seien entweder ebenso verbohrt wie Bachmann oder würden sich zumindest leicht von dessen Aussagen verführen lassen, wenn man sie nicht davor schützt. Aber: Wenn der Staat Aussagen von Menschen wie Lutz Bachmann von vornherein zensiert, bleibt der Gesellschaft nicht mehr die Möglichkeit, sich mit ihnen kritisch auseinanderzusetzen und sie argumentativ oder von mir aus gerne auch mit den Mitteln des Humors zu entlarven. Der scheinbar bequeme Weg, solche Äußerungen nach dem Motto „Aus dem Auge, aus dem Sinn" zu verbannen, löst keine gesellschaftlichen Probleme; man muss sich ihnen mit guten Argumenten stellen.

Gleichzeitig können sich Leute wie Bachmann als Märtyrer in Sachen Meinungsfreiheit stilisieren, was sie mit Sicherheit nicht sind. Die larmo-

---

[3] Tom Slater: „PEGIDA on trial: the German free-speech scandal no one's talking about", Spiked, 16.04.2016.

yante Opferhaltung gerade der neuen Rechten, die meinen, Meinungsfreiheit bedeute, dass man jedes noch so menschenverachtende Ressentiment rauskotzen dürfe, OHNE dafür kritisiert oder angegriffen zu werden, ist ohnehin nur schwer erträglich. Wenn sich jemand rassistisch äußert, soll man ihn auch einen Rassisten nennen dürfen – egal ob er es wie ein Thilo Sarrazin auf elaborierte Weise tut oder wie Lutz Bachmann eher plump.

Dennoch sollte jeder das Recht haben, seinen Überzeugungen öffentlich Ausdruck zu verleihen, ohne juristische Sanktionen fürchten zu müssen. Das ist der Kern der Sache. Das Recht auf Meinungsfreiheit gilt entweder für jeden gleichermaßen oder es verliert jeglichen Sinn. Da gibt es nichts zu relativieren und da gibt es auch kein Wenn und Aber. Meinungsfreiheit muss auch und gerade für Arschlöcher und Rassisten gelten.

Wie anderswo in Europa häufen sich hier in Deutschland in letzter Zeit die Fälle, in denen die Meinungsfreiheit zur Disposition gestellt wird. Man denke nur an den Fall des Hetzers Pirinçci oder die Farce über Erika Steinbachs Tweets. Dieser neue Geist der Zensur im heutigen Europa ist nicht das Werk schnell beleidigter ausländischer Autokraten oder durchgeknallter islamistischer Amokläufer. Er kommt von innen und speist sich zum einen aus unseren eigenen illiberalen Gesetzen und zum anderen aus einem Klima konformistischer Sprechtabus und Konfliktvermeidungsstrategien. Beides lässt sich letztlich auf mangelndes Vertrauen in unsere eigenen aufklärerischen Werte zurückführen.

Was Meinungsfreiheit wirklich bedeutet, lehrt uns das Beispiel Aryeh Neier, von 1970 bis 1978 Leiter der American Civil Liberties Union (ACLU). Neier, selbst durch die Flucht mit seinen Eltern aus Deutschland dem Holocaust entkommen, verteidigte gegen massive Wiederstände das Recht von Neonazis, in einer amerikanischen Kleinstadt, wo damals viele Holocaust-Überlebende wohnten, zu demonstrieren. Seine Begründung ist bemerkenswert: „Für die Verteidiger der Freiheit wäre es wirklich angenehmer, sich um die Fälle einer besseren Klasse von Opfern zu kümmern", schrieb er 1979 in seinem Buch „Defending My Enemy": „Wenn wir aber warten, bis nette Leute verfolgt werden, kann es schon zu spät sein. Freiheit muss da verteidigt werden, wo sie verweigert wird."

Was heißt das heute? #JeSuisCharlie, klar! #JeSuisBöhmermann, auch O.K., aber eben auch #JeSuisLutzBachmann. Die Sache mit der Meinungsfreiheit ist eigentlich gar nicht so schwer zu verstehen.

„Freiheit und Verantwortungsbewusstsein funktionieren besser als Verbote."

**Wie und gegen wen verteidigen wir
heute am besten die Meinungsfreiheit?
Der amerikanische Publizist und Politikaktivist
TOM G. PALMER erklärt im Novo-Interview
sein Freiheitsverständnis**

NOVO: *Herr Palmer, Sie betrachten sich selbst als libertären
Denker. Libertäre werden häufig als gesellschaftlich links und
wirtschaftlich rechts beschrieben. Aber auch einige gesellschaftlich Konservative wie Ronald Reagan haben sich als
libertär bezeichnet. Was macht Ihrer Meinung nach einen
wahren Libertären aus?*

TOM G. PALMER: Im Grunde genommen handelt es sich bei dieser
Bezeichnung um den amerikanischen Ausdruck für „liberal". Dieser
Begriff wurde jedoch im Laufe der politischen Auseinandersetzung
von Menschen übernommen, die nicht dieselben Kerngedanken
teilten. Wie der Fall Joseph Schumpeter zeigt, hielten die Gegner
der freien Marktwirtschaft es für angemessen, ihrerseits die Bezeichnung „liberal" für sich zu beanspruchen. Die Bezeichnung
„libertarian" kam in den 1940er Jahren auf und ersetzte in den
folgenden Jahrzehnten zunehmend den Begriff „classical liberal"
(deutsch: klassisch liberal). Im Allgemeinen kann man sicherlich
von „gesellschaftlich links und wirtschaftlich rechts" sprechen. Aber
selbst diese Beschreibung führt in die Irre. Viele Konservative sind
Gegner der freien Markwirtschaft und viele Linke treten nicht für
gesellschaftliche Freiheiten ein, wie man etwa an Anti-Tabak-
Kampagnen, dem Gouvernanten-Staat oder Beschneidungen der

Meinungsfreiheit sehen kann. All diese Forderungen sind im Grunde illiberal. Meiner Meinung nach ist der Schlüssel zur Lösung dieses Problems die alte liberale Wertschätzung der Grundannahme der Freiheit. Wenn ich von Freiheit ausgehe, heißt das, dass die Beweislast bei demjenigen liegt, der die Freiheiten eines anderen beschneiden will, nicht beim Betroffenen. Zwischen rationalen Menschen kann es natürlich hinsichtlich der Frage, ob diese Beweislast erbracht wurde, Meinungsverschiedenheiten geben, aber für mich macht diese Grundannahme der Freiheit die Haupteigenschaft eines Liberalen oder Libertären aus.

Wie steht es aktuell um die Redefreiheit? In Deutschland wird der Umgang mit sogenannten „Hasskommentaren" in den sozialen Netzwerken derzeit kontrovers diskutiert. Sollten wir extremistische Internetinhalte verbieten?

Meiner Meinung nach – und hier berühre ich in Deutschland eine sensible Sphäre – hätten die Restriktionen bezüglich der nationalsozialistischen Propaganda schon vor Jahren aufgehoben werden sollen. Unmittelbar nach dem Ende des Zweiten Weltkriegs hatte man die reale Angst, dass es zum Wiedererstarken einer kriminellen Parteiorganisation kommen könnte. Es war deshalb vernünftig, dieser Möglichkeit durch Verbote von Hitlerbildern oder Hakenkreuzen in angemessener Art und Weise Einhalt zu gebieten. Heute besteht diese Gefahr jedoch nicht mehr. Das Verbotene wurde bildlich gesprochen zu einer Art verbotenen Frucht, zu etwas Spannendem, das auf viele Menschen nach dem Prinzip „Was ist das, was sie von mir fernzuhalten versuchen?" eine ungeheure Faszination ausübt. Natürlich kann man das Festhalten an diesen Restriktionen mit der einzigartigen Geschichte Deutschlands begründen, nichtsdestotrotz bin ich der Meinung, dass man diese Gesetze schon lange hätte lockern sollen.

In Bezug auf „Hasskommentare" bin ich der Ansicht, dass das Recht mindestens zwei Gruppen unterscheiden sollte: die lediglich hasserfüllte, boshafte Meinung und die Meinung als Drohgebärde gegenüber anderen Personen. Nehmen wir ein Beispiel aus den USA aus der Zeit, als es die organisierte Terrorgruppe Ku-Klux-Klan gab – eine Terrororganisation im eigentlichen Sinne, die die Bevölkerung terrorisierte, um sie zu unterwerfen und zu beherrschen. Wenn jemand etwas in meinem Vorgarten verbrennt, ist das ein vandalistischer Akt. Verbrennt er ein Kreuz in meinem Vorgarten, ist das eine Androhung, mich zu töten. Beide Handlungen sind völlig verschieden zu bewerten.

Worin besteht der Unterschied?

Rein physisch betrachtet handelt es sich in beiden Fällen um denselben Vorgang von Vandalismus: Ein Stück Holz wird in meinem Vorgarten verbrannt. Aber ein brennendes Kreuz in meinem Garten stellt eine Morddrohung von Seiten einer Terrororganisation dar und ich halte es nur für angemessen, diese Verhaltensform rechtlich anders zu bewerten. Auch in Bezug auf „Hasskommentare" sollte diese Unterscheidung zur Hauptrichtlinie werden. Wenn Menschen Drohungen aussprechen oder Dinge äußern, die vernünftige Leute als Drohungen empfinden, sollten sie strafrechtlich verfolgt werden. Ein weiterer Aspekt ist die Frage, inwiefern Träger wie beispielsweise Telefongesellschaften, Google etc. für Inhalte verantwortlich gemacht werden können. Sind sie haftbar? Das ist der Punkt, an dem die gesamte rechtliche Diskussion in die falsche Richtung abdriftet. Wenn zwei Bösewichte telefonieren und Pläne aushecken, ist die Telefongesellschaft dann dafür verantwortlich? Sie stellte die Kommunikationsmittel zur Verfügung, aber das gilt ebenso für Papiermanufakturen, Stiftfabriken und so weiter. Ich bin nicht der Meinung, dass diese Parteien strafrechtlich verfolgt werden sollten. Letztendlich liefert sich der Twitter-Konzern, der kürzlich 100.000 vermeintliche Accounts des Islamischen Staats löschte, nichts weiter als ein Katz-und-Maus-Spiel mit den Extremisten, bei dem ich nicht glaube, dass Twitter gewinnen wird. In Wirklichkeit sperrten sie auch die Konten vieler Leute, die über den IS diskutierten. User, die ISIS-Hashtags benutzten, mussten feststellen, dass ihr Zugang gesperrt worden war. Das ärgerte die Betroffenen, aber letztlich entstanden einfach 100.000 neue Accounts.

Wie könnte man es besser machen?

Eine bessere Herangehensweise ist meines Erachtens die Gegenrede. Setze ihnen etwas entgegen. Mach dich über sie lustig. Eine der besten Methoden, dieser aggressiven, gewalttätigen, chauvinistischen Bewegung zu begegnen, ist, auf das abzuzielen, was junge Männer mehr als alles andere fürchten. Wir wissen mittlerweile, dass Thomas Hobbes sich mit der Aussage irrte, wonach die Angst vor dem Tod unsere größte Angst sei. Das ist nicht wahr. Das

Angsteinflößendste für junge Männer ist nicht die Vorstellung, zu sterben, sondern ausgelacht zu werden. Wenn wir junge Männer davon abhalten wollen, besagten Bewegungen beizutreten, müssen wir sie demzufolge lächerlich machen. In Ungarn gibt es zum Beispiel eine Organisation – die Free Market Foundation, mit der ich zusammenarbeite. Ihre Hauptkampagne dreht sich darum, sich über die nationalsozialistische Jobbik-Partei lustig zu machen. Sie werden verhöhnt, unter anderem wegen ihres Projekts, ein ethnisch reines ungarisches Dorf zu gründen. Durch diese Aktion wird der Coolness-Faktor dieser extrem nationalistischen, antisemitischen, romafeindlichen Hassbewegung begrenzt. Das ist effektiver als der Versuch, ihre Webseiten abzuschalten. Weil sie in diesem Fall einfach neue einrichten würden.

Entwicklungen an amerikanischen Colleges, beispielsweise der Streit um „politisch unkorrekte" Halloweenkostüme an der Yale University, erwecken den Eindruck, dass dort ein neues Klima der Intoleranz entstanden ist. Ist die größte Bedrohung für die Redefreiheit nicht länger die staatliche Zensur, sondern eine Art informell durchgesetzter Konformismus bezüglich bestimmter Themen?

Wir haben es mit einer Form des Gruppendenkens zu tun, das teilweise nicht durch Autoritäten oder Gewalt, sondern durch Dummheit vorangetrieben wird. Ein Beispiel sind Hochschulrektoren, die aus Angst, von gut organisierten Gruppen an den Pranger gestellt zu werden, zurücktreten, obwohl sie nichts falsch gemacht haben. In gewisser Hinsicht freut es mich, dass diese Personen ihre Ämter niederlegen, weil sie zu dumm, schwach und rückgratlos sind, um der Position einer Autoritätsperson an einer Universität gerecht zu werden. Als solche sollte man dabei mitwirken, einen Ort des Lernens zu schaffen, keinen Kokon, der vor unliebsamen Meinungen schützt. In Washington D.C. gab es einen Vorfall, bei dem ein Regierungsangestellter der Schatzkammer im Zuge einer Gehaltsbesprechung das Wort „niggardly" gebrauchte. „Niggardly" ist gleichbedeutend mit „geizig" oder „knauserig", doch für jemanden, der den Ausdruck nicht kennt oder der nicht aufmerksam zuhört, klingt es wie das sogenannte „N-Wort" („Nigger", Anm. der Red.), also wie eine rassistische Bezeichnung für Schwarze. Es ist klar ersichtlich, dass er Letzteres nicht ausdrücken wollte. Es bestand in keinster Weise ein Kränkungsmotiv gegenüber irgendjemandem.

Er war trotzdem dumm genug, sich für seine Äußerung zu entschuldigen, was letztlich dazu führte, dass er von seinem Amt zurücktrat. Ich war angesichts dieser Reaktion ziemlich entsetzt.

Was wäre eine angemessene Reaktion gewesen?

Meiner Meinung nach hätte er lediglich klarstellen müssen, dass er den Ausdruck mit Rücksicht auf die auftretenden Missverständnisse nicht mehr gebrauchen wird – ohne um Entschuldigung zu bitten, weil es bei dieser Angelegenheit nichts zu entschuldigen gibt. Eine solche Atmosphäre gefährdet das offene Klima einer gesunden Diskussions- und Debattenkultur. Leider sind heutzutage ausgerechnet in der Wissenschaft offene Debatten zunehmend unerwünscht. Neulich habe ich „Galileo's middle finger: heretics, activists, and the search for justice in science", ein interessantes Buch von Alice Dreger, gelesen. Darin beschreibt sie viele Fälle, in denen Wissenschaftler aus der Universität gejagt wurden, weil sie etwas geäußert hatten, das anderen nicht gefiel. Die Bereitwilligkeit Dregers, Nachforschungen anzustellen und ihr Einsatz für Leute, die ohne sie alleine dastünden, beeindrucken mich. Alle anderen hatten Angst, sich für diese Menschen einzusetzen, nur sehr wenige erhoben ihre Stimme. Ich würde nicht unbedingt sagen, dass solche Ereignisse grundsätzlich die Freiheit der Wissenschaft bedrohen, aber sie bieten in jedem Fall Grund zur Besorgnis.

Ich muss hinzufügen, dass die sogenannten „politisch-korrekten Brigaden" zumindest in Teilen für eine überaus gefährliche gesellschaftliche Gegenreaktion verantwortlich sind. Hierzu zähle ich die Trump-Bewegung und andere rechtspopulistische Strömungen. Angesichts der verrückten Folgen, die die politische Korrektheit nach sich zieht, haben viele das Gefühl, nur noch sehr vorsichtig sprechen zu dürfen. Wenn jemand aus Versehen „spokesman" (deutsch: Sprecher) sagt, wird er auf der Bühne ausgebuht und kann seinen Vortrag nicht zu Ende führen. Der geschlechtsneutrale Ausdruck „spokesperson" wäre vielleicht besser, aber warum sollte jemand keine Festrede halten dürfen, nur weil er ein bestimmtes, eigentlich unwichtiges, Nebenwort gebraucht hat? Als Reaktion darauf wurde von vielen aggressive, hasserfüllte Rede gutgeheißen, getreu dem Motto: „Wir dürfen nicht mehr ‚spokesman' sagen? Dann werde ich auf diesen Umstand reagieren, indem ich absichtlich gemeine, abstoßende und beleidigende Ausdrücke wie ‚nigger' oder ‚cunt' (Fotze) benutze."

In gewisser Weise bin ich der Überzeugung, dass die Bewegung der politischen Korrektheit mit ihrer zensorischen Grundeinstellung diese Reaktionen befördert hat. Durch die permanente Forderung nach „besseren" Ausdrucksweisen ist gerade rechts der Mitte das Bedürfnis entstanden, absichtlich politisch inkorrekt zu sein und vom vernünftig geführten Diskurs abzurücken, hin zu Beschimpfungen und gemeinen Kommentaren, die sich auf Geschlecht, Rasse oder Ethnie beziehen. Um solch unhöflichem Verhalten etwas entgegenzusetzen, brauchen wir eine rationalere Herangehensweise an politische Diskurse. Themen wie Rasse oder Geschlecht sollten niemals wissenschaftliche Diskussionen bestimmen oder zur Infragestellung von Fakten führen. Es geht mir nicht um politische Korrektheit, sondern um die Einhaltung der Grundvoraussetzungen eines rationalen und höflichen Diskurses. Die politisch Korrekten mit ihren hypersensiblen Rezeptoren, die sie alles als potenziell unterdrückend empfinden lassen, sind weit entfernt von einem solchen. Ihr Verhalten hat jetzt den gegenteiligen Effekt ausgelöst. Unhöfliche und unzivilisierte Diskussionsführung wird als Antwort auf die politische Korrektheit zunehmen.

Könnte der Liberalismus helfen, dieser Art von polarisierendem Kulturkampf Einhalt zu gebieten?

Ich bin nicht sicher, ob der Liberalismus in diesem Zusammenhang die richtige Antwort ist. Nicht alle Einschränkungen sind politischer Natur, nicht alle Fragen innerhalb dieses Konflikts sind juristische Fragen, die vor einem Gericht ausgetragen werden könnten. Aber ich glaube schon, dass Rationalität und Vernunft zu den Stärken liberaler Menschen gehören. Das heißt nicht, dass Liberale per se intelligenter sind, aber wenn es um logische Argumentation geht, stehen sie ganz vorne. Andere Gruppen neigen zu emotionalisierteren Herangehensweisen. Es ist meines Erachtens kein Zufall, dass Wissenschaft und Liberalismus beide Kinder der Aufklärung sind. Beiden geht es um vernunftorientierte Lösungsansätze, im Falle des Liberalismus im Bereich des Zusammenlebens, bei der Wissenschaft bezüglich des Umgangs der Menschen mit der Realität. Darum glaube ich, dass Liberale eine besondere Rolle in der Diskursführung spielen können.

Ich möchte mit einem Gedanken schließen, der mir bei der Auseinandersetzung mit empirischer Psychologie gekommen ist. In den letzten Tagen habe ich „The Righteous Mind" von Jonathan

Haidt zu Ende gelesen. Der Autor hebt hervor, dass bei anderen politischen Strömungen typischerweise Werte wie Solidarität oder Fürsorge im Vordergrund stehen, wohingegen Liberale eher an Rationalität orientiert sind und sich der Berücksichtigung von langfristigen Konsequenzen politischer Entscheidungen verpflichtet fühlen. Es kommt nicht von ungefähr, dass der Liberalismus Rechtsnormen größte Wichtigkeit beimisst. Niemand sonst steht derart für die Bedeutung des Rechtsstaats ein, weil dieser allgemein für langweilig und unsexy gehalten wird. Wer würde sich schon „Rechtsstaatlichkeit" auf die Fahne schreiben?

Liberale hingegen nehmen die Rechtsnormen sehr ernst, sie berücksichtigen die Spätfolgen und haben nicht wie die Mehrheit lediglich die gewünschten Ergebnisse, sondern auch die Gesetze, im Blick. Sie haben verstanden, dass man sich im Leben die Ergebnisse meistens nicht direkt aussuchen kann. Aus diesem Grund ist es die Aufgabe des Liberalismus, Verbündete in anderen Gruppen zu suchen und sie davon zu überzeugen, dass sie die Spätfolgen, rationales Denken und liberale Prinzipien berücksichtigen. Den Wert ihrer Betrachtungsweise für Andersdenkende herauszustreichen, stellt eine große Herausforderung für klassisch Liberale dar. Eine wichtige Rolle spielt hierbei die Fürsorglichkeit anderen gegenüber. Es ist wichtig, notleidenden Menschen zu helfen und sich solidarisch zu zeigen. Kollektivistische Bewegungen neigen dazu, die Bedeutung der Solidarität stark zu betonen. Liberale halten sich in diesem Punkt sehr zurück. Umso wichtiger ist es für den Liberalismus, einen Weg zu finden, den Wert der Solidarität mit liberalen Prinzipien in Verbindung zu bringen. Das ist meiner Meinung nach unabdingbar für die Zukunft der Freiheit.

Verlassen wir das Themenfeld Meinungsfreiheit und wenden uns einem verwandten Gebiet zu. Immer mehr Menschen gewinnen den Eindruck, dass bei uns im Westen trotz nie dagewesenen persönlicher Freiheitsrechte die Entscheidungsfreiheit zunehmend eingeschränkt wird. Schwindet unsere Selbstbestimmung?

Die Frage, ob die Entscheidungsfreiheit im Vergleich zu früheren Zeiten zu- oder abgenommen hat, ist meiner Ansicht nach unbeantwortet und empirischer Natur. Es fühlt sich subjektiv so an, als würden unsere Wahlmöglichkeiten zunehmend bereits im Vorfeld eingeschränkt und kontrolliert. Andererseits gibt es jedoch Bereiche, in denen die Gesetze lockerer geworden sind. Wenn wir beispielsweise einen Blick auf die 1950er Jahre werfen, so stellen wir fest, dass Restriktionen im Bereich des persönlichen Verhaltens oft gravierender als heute waren. Diese Einschränkungen betrafen nicht bloß wirtschaftliche Fragen, sie berührten alle möglichen persönlichen Entscheidungen und bestanden bis in die 1960er und 1970er Jahre hinein. Im Unterschied zu damals werden Eingriffe heute zunehmend mit den Schlagworten „Gut für dich" oder „gesundsfördernd", also unter dem Vorwand der öffentlichen Gesundheit, gerechtfertigt, nicht mehr wie früher mit dem Verweis auf das moralische Empfinden.

Das ist eine sehr interessante Thematik: Gibt es so etwas wie öffentliche Gesundheit, und kann sie ein legitimes Anliegen des Staates sein? Nehmen wir etwa sauberes Wasser, saubere Luft und Infektionskrankheiten. All diese Fragen berühren den Bereich der öffentlichen Gesundheit. Neben ansteckenden Krankheiten gibt es andere gesundheitliche Angelegenheiten, beispielsweise das Rauchen. Hierbei handelt es sich aber nicht um eine Frage der öffentlichen, sondern um eine Frage der persönlichen Gesundheit. Typische Themen in diesem weitgefächerten Bereich sind neben dem Rauchen die Wahl des Lebensstils, Sport, Gewicht etc. Nur weil der Bereich weitgefächert ist, heißt das nicht, dass es sich hier um öffentliche Angelegenheiten handelt. Die öffentliche Gesundheit rechtfertigt keine Einmischung in das Privatleben von Bürgern und ist deshalb in diesem Zusammenhang uneingeschränkt abzulehnen. Sie stellt einen Angriff auf unsere Menschenwürde dar. Leider wird immer nur auf die Vorteile dieses Ansatzes und nie auf die Schäden, die er verursacht, hingewiesen.

Nehmen wir zum Beispiel das Rauchen: Ich habe kein Problem damit, Leute zu ermutigen, nicht zu rauchen, und ich störe mich auch nicht an den höheren Aufschlägen der Versicherungsgesellschaften. Aber ich möchte wirklich nicht in einer Welt leben, in der es Zigarettenbanden gibt. Mit dem Krieg gegen Drogen hatten wir eine solche Welt schon einmal vor Augen und dieses Experiment ging böse aus. Im selben Zuge, wie man drauf und dran ist, Cannabis zu legalisieren, ist man jetzt am Überlegen, Tabak zu kriminalisieren. In diesem Fall werden wir mit denselben Konsequenzen zu rechnen haben. Meiner Meinung nach sollten wir uns eine Welt zum Ziel setzen, in der die Menschen ihre eigenen Entscheidungen treffen und sich verantwortungsbewusste Gewohnheiten aneignen können. Persönliche Freiheit und persönliches Verantwortungsbewusstsein funktionieren viel besser als Verbote.

Wie stehen Sie zur politischen Freiheit? Zu ihr scheint der Libertarismus ein zwiespältiges Verhältnis zu haben. Einige Libertäre, beispielsweise der PayPal-Gründer Peter Thiel, glauben, dass Freiheit und Demokratie unvereinbar sind. Würden Sie dem zustimmen?

Ich bin anderer Meinung und ich werde erklären, warum das so ist. Im Grunde geht es darum, zu bestimmen, was mit Demokratie gemeint ist. Steht Demokratie für die unbegrenzte Macht der Mehrheit? Wenn dies der Fall wäre, könnte kein Liberaler sie befürworten. Neunundneunzig Prozent überstimmen ein Prozent? Das ist nicht mit dem Liberalismus zu vereinbaren. Umgekehrt kann Demokratie auch bedeuten, dass die Macht durch ein rechtsstaatliches System eingeschränkt wird, sodass man die Mehrheitsmeinung in bestimmten Fällen für Mehrheitsentscheidungen heranzieht. Eine uneingeschränkte oder illiberale Demokratie macht ihre eigenen demokratischen Grundkomponenten zunichte, sie wird immer in die eine oder andere Form von Diktatur münden. Eine im Sinne des Mehrheitsrechts verstandene unbeschränkte Demokratie ist also nicht mit der Freiheit vereinbar. Ein System, in dem das Mehrheitsrecht reglementiert ist, dagegen schon. Ein solches System im Sinne des verfahrensrechtlichen Liberalismus basiert auf unumstößlichen Werten wie dem Recht auf freie Meinungsäußerung, dem Versammlungsrecht etc. Diese demokratischen Freiheiten können nicht durch eine Mehrheitsmeinung aufgehoben werden, wodurch die Bereiche, in denen Mehrheitsentscheidungen gelten, demokratischer werden.

Vielen Dank für das Gespräch, Herr Palmer.

Das Interview führte Novo-Redakteur Kolja Zydatiss.

HORST MEIER

Mehr Diskussion, nicht erzwungenes Schweigen

Redefreiheit. Das ist der Stachel, den das amerikanische Verfassungsdenken für uns bereithält. Ein Blick über den großen Teich ins Land der freien Rede

Wer für fünf Jahre ins Gefängnis geschickt wird, hat in der Regel üble Gewalttaten begangen: Raubüberfall, schwere Körperverletzung, Vergewaltigung und dergleichen. Und wer einen Fußgänger auf dem Zebrastreifen totfährt oder seine Firma um ein paar Millionen Euro erleichtert, muss schon ziemlich Pech haben, sollte er mit einer empfindlichen Haftstrafe belegt werden. Dass aber jemand für reine Meinungsdelikte so lange aus dem Verkehr gezogen wird, kommt in einem Rechtsstaat eigentlich nicht vor.

Bei uns jedoch gibt es so etwas: fünf Jahre Haft für Verbalexzesse, für ein gleichsam unkörperliches Delikt. Denn der deutsche Staatsangehörige Ernst Zündel aus Kanada, ein Judenhasser und notorischer Auschwitzleugner, wurde im Februar 2007 vom Landgericht Mannheim zu ebendieser Strafe verurteilt. Dass die Richter, die fortgesetzte Volksverhetzung erkannten, bis an die Grenze dessen gingen, was ihnen auszuteilen erlaubt ist, fand allgemeinen Beifall: „Höchststrafe? Was sonst?", brachte ein Pressekommentar das deutsche Rechtsgefühl auf den Punkt.

Weil der Bundesgerichtshof Zündels Revision verwarf, ist das Urteil gegen ihn rechtskräftig. Seine Verfassungsbeschwerde wurde erst gar nicht zur Entscheidung angenommen. Denn das Problem der Volksverhetzung ist in Karlsruhe längst durchgepaukt. Zum Beispiel im Fall des Deutschamerikaners Gary Lauck, der 1996 vor dem Landgericht Hamburg vier Jahre kassierte und diese Strafe bis zum letzten Tag absaß. Genau dies blüht nun auch dem achtundsechzigjährigen Ernst Zündel. Zu der Website, die er 1994 einrichtete, führt von der deutschen Ausgabe der Internet-Enzyklopädie Wikipedia kein Link, „aus Rechtsgründen[i]", heißt es. Indes wird Zündels

---

[i] „Ernst Zündel", Wikipedia, 09.03.2016.

Website[2], ein übles, monomanisches Sammelsurium, das von einem traurigen Lebenswerk kündet, legal von den USA aus ins Netz gestellt. Was viele als öffentliches Ärgernis beklagen, sollte besser zu denken geben: Schließlich sind die Vereinigten Staaten eine altehrwürdige Demokratie.

Gestörtes Verhältnis zur Meinungsfreiheit

„Umso schlimmer!", sollte man meinen. Diese rechtsradikalen Sektierer können alles denken und fast alles sagen. Soll man da Krokodilstränen vergießen, nur weil sie einmal zur Verantwortung gezogen werden? Und überhaupt: Haben die Amerikaner nicht, da sie Leute wie Zündel gewähren lassen, ein gestörtes Verhältnis zum Minderheitenschutz? Es könnte aber auch sein, dass die Deutschen ein gestörtes Verhältnis zur Meinungsfreiheit haben. Jedenfalls steht, wenn zwei Rechtsordnungen kollidieren, die Vernunft beider in Frage. Gerade das macht ja den Reiz und den Erkenntnisgewinn des Rechtsvergleichs aus. Die Meinungsfreiheit ist für die Demokratie „schlechthin konstituierend", urteilte das Bundesverfassungsgericht in einer Leitentscheidung aus dem Jahr 1958: „Denn (sie) ermöglicht erst die ständige geistige Auseinandersetzung, den Kampf der Meinungen, der ihr Lebenselement ist[3]." Die Meinungsfreiheit ist gewissermaßen, so die deutschen Verfassungsrichter in Anlehnung an ihre amerikanischen Kollegen, „die Gebärmutter, die unverzichtbare Bedingung für beinahe jede andere Art von Freiheit".

Das Verfassungsgericht hat sich um die Meinungsfreiheit verdient gemacht und dafür zuweilen heftig Prügel bezogen. Erinnert sei nur an seine Korrektur der Strafurteile gegen die Verwendung des Tucholsky-Zitats „Soldaten sind Mörder". Doch das Strafrecht gegen die „Auschwitzlüge" hat man in Karlsruhe bislang abgesegnet: In der Leugnung des Verfolgungsschicksals der ermordeten Juden verbinde sich die Behauptung „erwiesen falscher Tatsachen" zwar untrennbar mit einer politischen Meinungsäußerung. Diese müsse aber regelmäßig hinter dem Persönlichkeitsrecht der Geschmähten zurücktreten, sozusagen als Meinungsäußerung zweiter Klasse. Diese Abwägung trifft sich mit dem verständlichen Bedürfnis, den Antisemitismus schon im Keim zu ersticken und Kränkungen der Naziopfer zu bestrafen. Doch spätestens mit dem Verbot, den Völkermord zu „verharmlosen" ist man über den herkömmlichen Schutz der persönlichen

---

2 Die Website wurde mittlerweile auf Grund einer rechtlichen Beschwerde entfernt.
3 Thomas Henne / Arne Riedlinger (Hg.): „Das Lüth-Urteil aus (rechts-)historischer Sicht: Die Konflikte um Veit Harlan und die Grundrechtsjudikatur des Bundesverfassungsgerichts", Berliner Wissenschafts-Verlag 2005.

Ehre hinausgegangen. Und die vorerst letzte Verschärfung des Volksverhetzungsparagraphen spricht nicht einmal mehr von Völkermord, sondern nur noch von der NS-Herrschaft als solcher, die niemand „billigen, verherrlichen oder rechtfertigen" darf.

In den USA hätten vergleichbare Strafgesetze keine Chance. Wer wissen will, warum das so ist, muss einmal die Aufregung um diesen oder jenen Fall vergessen und sich auf das amerikanische Verfassungsdenken einlassen: Zwischen Meinungsfreiheit und „freedom of speech" liegen Welten, die zu entdecken sich lohnt[4]. „Congress shall make no law abridging the freedom of speech", heißt es im ersten Zusatzartikel zur US-Verfassung von 1787: Der Kongress soll kein Gesetz verabschieden, das die Freiheit der Rede verkürzt. Diese Ergänzung, Bestandteil der Bill of Rights von 1791, speiste sich ursprünglich aus dem Misstrauen gegen eine allzu mächtige Zentralgewalt. Neben der Redefreiheit sorgte man sich etwa um die ungestörte Religionsausübung, die Presse- und Versammlungsfreiheit und das Petitionsrecht. Der Supreme Court, 1790 als oberstes Verfassungsgericht eingesetzt, erklärte lange Zeit, die Bill of Rights sei ausschließlich für den Zentralstaat bindend. Dann aber, seit 1925, setzte sich die Auffassung durch, dass die Grundrechte alle staatliche Gewalt verpflichten, also auch die der Bundesstaaten.

Während die Redefreiheit in den Anfängen des Supreme Court kaum eine Rolle spielte, änderte sich dies im 20. Jahrhundert gründlich. Seit 1917, dem Eintritt der USA in den Ersten Weltkrieg, als ein Gesetz gegen Spione auch antimilitaristische Agitation unter Strafe stellte, wurde das Verfassungsgericht mit einer Vielzahl einschlägiger Fälle konfrontiert. Damals tendierte das Gericht dazu, dem Staat, der angesichts pazifistischer oder sozialistischer Parolen Unruhe und Ungehorsam fürchtete, vorbeugende Eingriffe in die Redefreiheit durchgehen zu lassen, zumal in Kriegszeiten. Aber schon in den „dissenting votes", die einzelne Richter gegen die Argumente ihrer Mehrheitskollegen schrieben, deutete sich ein neues Verständnis der Freiheit an.

Kein Einschreiten ohne konkrete Gefahr

Beispielsweise im Fall eines Streikaufrufs. Mit dem aufwiegelnden Druckwerk, urteilte 1919 die Mehrheit, habe man bezweckt, „mitten in der ärgsten Krise des Krieges Illoyalität und Revolution hervorzurufen". In die Rechts-

---

[4] Vgl. Thomas L. Tedford / Dale A. Herbeck: „Freedom Of Speech In The United States", Strata Pub Co 2005. Aus englischer Perspektive: Eric Barendt: „Freedom of speech", Oxford University Press 2005. Zur Meinungsfreiheit: Wolfgang Hoffmann-Riem: „Kommunikationsfreiheiten", Nomos Verlag 2002.

geschichte ging indes die abweichende Meinung des Richters Oliver Wendell Holmes ein. Niemand könne annehmen, argumentierte er, das Flugblatt einer kleinen Gruppe unbekannter Leute beschwöre eine direkte Gefahr herauf.

Was sich zuerst in abweichenden Meinungen artikulierte, wurde später in richtungweisenden Fällen zu einer Sache von Mehrheiten. Der Supreme Court vollzog allmählich einen Perspektivwechsel. Nach der von Regierung und Parlament definierten öffentlichen Ordnung kam die individuelle Freiheit in den Blick und mit ihr die ungehemmte öffentliche Kommunikation. Die Mehrheiten waren hauchdünn, oft genug standen fünf Liberale gegen vier Konservative, und „free speech" wurde nicht schlechthin über alles gesetzt. Aber für den Kernbereich der Redefreiheit, für die Diskussion politischer Fragen gilt eine Regel, die das Gericht 1964 so formulierte: Die Debatte über öffentliche Angelegenheiten solle „unbehindert, robust und weit offen" sein. Eine Inhaltskontrolle findet nicht statt. Im Laufe der Zeit wurde der Schutzbereich der Redefreiheit stark erweitert. Heute gilt sie vielen als das Kennzeichen amerikanischer Bürgerrechte.

Ein radikales Verständnis von Freiheit, das jeden Einzelnen vor staatlicher Bevormundung schützt und keine Zugeständnisse an ein Freund-Feind-Schema macht, hat weitreichende politische Konsequenzen. Unter dem Schutz der Verfassung stehen nicht nur Rassisten des Ku-Klux-Klan, Antisemiten oder Neonazis, sondern auch Gegner des Vietnamkriegs, Anarchisten oder gar Antipatrioten, die das allseits verehrte Sternenbanner verbrennen. Vor diesem Hintergrund wird verständlich, warum US-Behörden bei der Verfolgung von Auschwitzleugnern oder der Säuberung des Internets nicht umstandslos behilflich sind. Dies geschieht nicht etwa aus Ignoranz dem „alten Europa" gegenüber. In den USA diskutiert man schon länger über „Hate Speech", gelangt indes zu anderen Ergebnissen: Während man in Deutschland Meinungsdelikte statuiert, die bereits eine abstrakte Störung des „öffentlichen Friedens" bestrafen, wird in den USA gefragt, ob von anstößiger Propaganda konkrete Gefahren ausgehen.

Dabei spielt die Idee von „clear and present danger", der eindeutigen und unmittelbaren Gefahr, eine zentrale Rolle. Sie wurde vom Supreme Court schon 1919 kreiert, doch erst im Zuge einer fünfzig Jahre währenden Kontroverse auch wirklich angewandt. Für den Grad der Gefährlichkeit einer öffentlichen Rede legte man zunehmend strenge Maßstäbe an: Genügte zunächst eine „bad tendency", eine bloß abstrakt-schädliche Tendenz, forderte der „clear and present danger"-Test die Feststellung einer konkreten Gefahr. 1969 machte das Gericht damit ernst und verlangte ein „direct incitement", also eine direkte Anstiftung, die unmittelbar geeignet ist, ungesetzliches Verhalten hervorzurufen.

Nach den heute etablierten Standards werden verbale Attacken daraufhin geprüft, ob sie im jeweiligen Kontext tatsächlich geeignet sind, die konkrete Gefahr eines ungesetzlichen Verhaltens heraufzubeschwören. Erst regelrechte Brandreden dürfen notfalls sanktioniert werden. Nur wenn ein so definierter Bruch des Friedens vorliegt, urteilte der Supreme Court, können Polizei und Justiz gegen Hassprediger einschreiten. Es ist klar, dass nach diesen Kriterien selbst die schäbigste Variation der „Auschwitzlüge" keine konkrete Gefahr darstellt und durch die Redefreiheit geschützt ist. Der Vorteil dieser Grenzziehung für „free speech" ist offensichtlich, der Nachteil für die Opfer von „Hate Speech" auch: Ihnen wird eine Menge zugemutet. Was in deutschen Ohren so herzlos klingt, ist nach amerikanischem Rechtsverständnis ein wohldurchdachtes demokratisches Kalkül: Nicht Autorität, sondern Diskussion stiftet das Gemeinwohl der offenen Gesellschaft.

Daraus folgt eine zügellose Freiheit, das politische Klima zu vergiften, über die man sich empören mag. Eines sollte man freilich bedenken: Jeder Idee wohnt etwas von materieller Gewalt inne, sie kann, rhetorisch scharf gemacht, einschlagen und zünden. „Redegewandtheit kann der Vernunft brandgefährlich werden", schrieb Holmes. Ebenso wie die offentliche Rede mit Argumenten überzeugen und aufklären kann, kann sie auch Vorurteile schüren und zum Hass aufwiegeln. Was aber folgt daraus? Die Forderung nach Staatsaufsicht und Gesinnungsparagraphen? Oder die Einsicht, dass Freiheit und Gleichheit ein politisches Risiko hervorbringen, das man nun einmal auf sich nehmen muss? Demokratie lebt von der Bereitschaft, den öffentlichen Meinungskampf mit all seinen schrillen Tönen und Verstiegenheiten zu ertragen, ja, sich mit einer gewissen Streitlust einzumischen. „Public discourse" meint das Glück der Freiheit, mit allen über alles die offene Debatte zu riskieren.

Dass Freiheit einen mitunter hohen Preis hat, hört sich simpel an, doch wie leicht vergisst es sich in der Hitze der politischen Debatte. Auf der richtigen Seite zu stehen ist wirklich schön, es genügt aber nicht. Kein noch so gutgemeinter Minderheitschutz suspendiert die Spielregeln der Demokratie; kein noch so verständlicher Philosemitismus erübrigt die Frage nach den Bürgerrechten von Antisemiten; keine noch so sympathische Ausländerfreundlichkeit löst das Problem der Freiheit von Rassisten.

Freie Rede
auch für Schüler

Dass der Kampf um die Bürgerrechte nicht zu Ende und einmal Erreichtes stets gefährdet ist, zeigt die jüngste Entwicklung in den USA. „In großen und kleinen Schritten, der Supreme Court bewegt sich nach rechts", berichtete die New York Times. Und der liberale Rechtstheoretiker Ronald Dworkin zeiht die „Supreme Court Phalanx" der „fortgesetzten Subversion"[5]: Die Revolution, die viele Kommentatoren voraussagten, als Präsident Bush „zwei ultrarechte Richter" ins Amt brachte, schreite mit atemberaubender Ungeduld fort. Es habe sich, klagt Dworkin, eine Phalanx gebildet, die, meist getarnt, darangehe, neues Verfassungsrecht zu schaffen: „Indem sie zentrale Verfassungsprinzipien außer Kraft setzt, die Generationen von Richtern, konservative ebenso wie liberale, entwickelt haben."

Das zeitigt Folgen, auch in Sachen Redefreiheit. Ein Grundsatzurteil beschneidet die Rechte von Schülern. An einer Highschool in Alaska war ein Schüler gemaßregelt worden, weil er gegenüber der Schule, in Erwartung des olympischen Fackellaufs und zahlreicher TV-Kameras, ein Transparent entrollt hatte: „Bong Hits 4 Jesus". Das ist Slang und meint so viel wie „Eine super Dröhnung für Jesus". Der zehntägige Schulverweis, den es dafür gab, verletzt nicht den Ersten Verfassungszusatz, urteilte die Mehrheit des Supreme Court: Die Botschaft sei etwas „kryptisch", doch ein „vernünftiger Beobachter" könne darin eine Aufforderung zum Gebrauch illegaler Drogen sehen. Das aber widerspräche dem Erziehungsauftrag der Schule.

Der Fall Morse vs. Frederick mag bizarr anmuten, doch er ist, wie die Washington Post schrieb, der wichtigste Konflikt um die Redefreiheit in öffentlichen Schulen seit dem Vietnamkrieg. Damals hatte der Supreme Court in einer „landmark decision" klargestellt, dass niemand am Schultor seine Bürgerrechte abgibt und Schülern, die schwarze Armbinden trugen, zugebilligt: Verhalten, das weder den Unterricht stört noch die Rechte anderer verletzt, darf nicht unterdrückt werden, nur weil es den Ansichten der Schulautoritäten über Krieg und Patriotismus widerspricht.

In diesem Sinne argumentierte Richter John Paul Stevens, federführend für die „dissenting opinion": Die Nonsense-Parole war vieldeutig und nicht dazu bestimmt, irgendjemanden zu irgendetwas zu überreden, sei es legal oder illegal. Sie war außerdem, schreibt Stevens, gar nicht geeignet, eine konkrete Gefahr heraufzubeschwören. Es kommt daher auch nicht darauf an, ob ein „vernünftiger Beobachter" die Parole als „smoke pot!" lesen kann. Obgleich dieser Fall albern begonnen habe, konstatiert Stevens, endet er mit einer „außergewöhnlichen First-Amendment-Entscheidung, die es zulässt, jede beliebige studentische Diskussion über Drogen zu zensieren". Am Ende dürfen Schüler und Studenten, fürchtet er, nicht einmal offen über das Legalisieren und Besteuern von Marihuana sprechen.

---

[5] New York Review of Books, 27.09.2007.

Stevens, mit siebenundachtzig Jahren alt genug, um noch auf die Zeit der Prohibition zurückzublicken, sagt über das Alkoholverbot seiner Studentenzeit: Was heute als gewöhnliche Handelsware gilt, wurde damals mit derselben moralischen Inbrunst verdammt, mit der heute der „Krieg gegen Drogen" geführt wird. Eine aufrichtige Diskussion, schließt Stevens, ist weitaus klüger als die „Unterdrückung unliebsamer Meinungen".

Ungeachtet der jüngsten Entwicklung ist „freedom of speech" ein Grundrecht, das viele, auch konservative Amerikaner als eines ihrer „most cherished rights" in Ehren halten. Das hat Tradition. „Public Speaking in a Free Society", so der Titel des Lehrbuchs von Thomas L. Tedford, besitzt in der angloamerikanischen Welt eine Bedeutung, über die man nur staunen kann. Die Kunst der öffentlichen Rede gilt dort als Aufgabe, die man nicht zuletzt seinen Zuhörern zuliebe zu meistern sucht.

Theorie und Praxis von „freedom of speech" bleiben eine Herausforderung, zumal für deutsche Verhältnisse, die geprägt sind von einer Melange aus demokratischer Beflissenheit und politischem Kleinmut. Kein Wunder, dass der deutschen Angst vor der Freiheit die Lebendigkeit des amerikanischen Individualismus verdächtig ist: mal als Indifferenz gegenüber „Nazis", mal als Eigensinn gegenüber der Gesellschaft, mal als Anarchismus in Staatsangelegenheiten, mal als Fetisch der Freiheit schlechthin.

Nur die kleine Freiheit?

Oder soll man erleichtert sein darüber, dass uns der „American way of speech" bislang erspart blieb? Man kann ja die deutsche Meinungsfreiheit verteidigen, weil man sich und anderen, vorsichtshalber und mit Blick auf die Naziverbrechen, nur die kleine Freiheit zumuten will. Doch dann soll man nicht vergessen zu fragen, welche denn auf lange Sicht den Vorzug verdient: die auf den Staat oder die auf das Individuum bezogene Freiheit? Diese Debatte wäre eine Sache der Selbstaufklärung. Wenn nur die Befürworter der deutschen Rechtslage ein bisschen bescheidener wären; wenn sie verstünden, dass Haftstrafen für Kommunikationsdelikte in einer Demokratie nicht üblich sind; wenn sie ihr furchtbar gutes Gewissen einen Augenblick irritieren ließen; wenn sie, mit einem Wort, Problembewusstsein an den Tag legten: Dann könnten Paragraphen wie der gegen „Volksverhetzung" wenigstens als Verkürzung der Meinungsfreiheit erkannt werden. Als notwendiges Übel, das man vielleicht in Kauf nimmt, aber auf keinen Fall, wie hierzulande inzwischen üblich, als Errungenschaft der Vergangenheitsbewältigung ausgibt.

Wo man nicht auf die Freiheit stolz ist, sondern auf ihre Einschränkung, da stimmt etwas nicht. Wo man nicht zuerst die Debatte, sondern das Strafgesetz verschärft, da ist etwas faul. Zweifellos, das Gerede gewisser Leute ist ein öffentliches Ärgernis. Es verleitet dazu, ihnen das Maul stopfen zu lassen; es verführt dazu, nach dem autoritären Staat zu rufen. Wer dem nachgibt, ahnt nicht, welche Selbstheilungskräfte eine Demokratie aufbieten kann, solange nicht Gewalt jede Diskussion zu ersticken droht. Richter Louis Brandeis schrieb 1927: „Das Heilmittel heißt mehr Diskussion, nicht erzwungenes Schweigen." Redefreiheit, das ist der Stachel, den das amerikanische Verfassungsdenken für uns bereithält.

Europäische Union

Die europäische Entzweiung

**Europa ist im permanenten Krisenmodus.
Das Hauptproblem heißt EU**

Wenig hat dem europäischen Projekt so sehr geschadet wie die EU. Immer wieder wird EU-Kritikern pauschal vorgeworfen, sie seien gegen Europa. Es ist richtig, dass es viel rückwärtsgewandte EU-Kritik gibt. Aber Europa und die EU haben tatsächlich wenig gemeinsam. Europa besteht aus 742 Millionen Menschen mit ihren Träumen, Bedürfnissen, Sorgen und einer sie verbindenden Kultur und Geschichte. Die EU hingegen ist ein bürokratischer Überbau, in der Hand von Beamten und Kommissaren, die sich kaum einer demokratischen Wahl stellen müssen. Die EU ist ein fortlaufendes politisches und wirtschaftliches Entmündigungsprogramm, das wenig zur Einigung Europas beigetragen hat – aber sehr viel zur Entzweiung und Frustration. Während auf der Ebene der Nationalstaaten Gesetze von Parlamenten verabschiedet werden müssen, die in der Bringschuld der Wähler stehen, können auf der EU-Ebene einfach Verordnungen erlassen werden. Dies hat zu einer fatalen Entwicklung geführt. Anstatt auf nationaler Ebene politische Auseinandersetzungen über unpopuläre Gesetze zu führen, delegiert die Politik immer mehr politische Vorhaben an die EU. Diese setzt dann Verordnungen durch, für die niemand zu Verantwortung gezogen werden kann. Dies führt zu wachsendem Zynismus gegenüber der Politik im Allgemeinen – und gegenüber der EU. Von den EU-Eliten sind keine positiven Impulse mehr zu erwarten. Wenn in Referenden gegen EU-Vorhaben entschieden wird, lässt man einfach nochmal abstimmen oder setzt sich über den Demos hinweg. Welche Daseinsberechtigung hat eine Institution, für die die Meinung jener, die sie zu repräsentieren vorgibt, nur ein Hindernis darstellt?

KAI ROGUSCH

Annus horribilis oder Neustart?

**2016 könnte zum Schicksalsjahr
Europas werden. Der Brexit böte die
Chancefür einen Neuanfang**

Europa als politisch vereinigter Kultur- und Wirtschaftsraum wäre eigentlich dazu prädestiniert, eine förderliche Rolle im kooperativen Zusammenwirken der Länder und Regionen weltweit zu spielen. Die Europäische Union umfasst mit ungefähr 500 Millionen Bürgern einen Kultur- und Wirtschaftsraum, von dem bedeutende Fortschrittsimpulse ausgingen. Europa kann obendrein auf einer nach historischen Begriffen hoch entwickelten institutionellen und physischen Infrastruktur und internationalen Vernetzung aufbauen. Anlässlich der Herausforderungen, mit denen die EU konfrontiert ist, präsentiert sich der Kontinent jedoch als schwach, verunsichert und zerstritten.

Die unkoordinierte Handhabung der Flüchtlingskrise nagt am proklamierten Selbstbild der EU als Hort humanistischer Weltauffassung. Während in griechischen Flüchtlingslagern die Menschen in unwürdigen Verhältnissen nicht ein noch aus wissen, schachern die europäische Eliten um Flüchtlingskontingente und machen schmutzige Deals mit dem türkischen Autokraten Erdogan. Obendrein legt die auch in ihrem sechsten Jahr noch nicht ausgestandene Eurokrise sowohl die wirtschaftliche Stagnation des Kontinentes als auch die immer schärfer zutage tretenden Konfliktlinien zwischen exportstarken Gläubigerstaaten, zuvorderst Deutschland, und ihnen gegenüber „wettbewerbsschwachen" Nehmerländern offen. Hinzu kommen die geopolitische Herausforderung seitens Russlands und der zunehmende islamistische Terror, die beide Schlaglichter auf die nicht geklärte Frage europäischer Identität und auf sicherheits- und außenpolitische Koordinationsmängel in Europa werfen. Vor diesem Hintergrund lässt die Möglichkeit eines Austritts von Großbritannien aus der Europäischen Union die Frage aufkommen, ob das Jahr 2016 zum annus horribilis für den

Kontinent wird, das den Anfang vom Ende des europäischen Einigungsprozesses einleitet.

Ja zum Brexit

Hier soll die These aufgestellt werden, dass ein Brexit eine überfällige Zäsur
darstellen würde, die das Potenzial hätte, den verantwortungslosen Politikstil der europäischen Eliten zu erschüttern. Viele fürchten sich zwar
davor, dass Europa im Falle einer Erschütterung der EU einen wirtschaftlichen Kollaps und einen Rückfall in eine Periode feindseliger und rück-
ständiger Nationalismen erleiden würde. Man sollte einen Brexit dennoch
als einen heilsamen Schock begreifen. Ein Ende der EU in ihrer bisherigen
Form wäre nämlich auch das Ende eines politischen Großgebildes, das seinen wohlklingenden Anspruch der humanistischen Völkervereinigung
mittlerweile offenkundig verfehlt. Der sogenannte europäische Einigungsprozess beruht auf antidemokratischen Prämissen, die letztlich dazu führen,
das Gemeinschaftsgefühl innerhalb der einzelnen Nationen, zwischen den
Nationen und in den Beziehungen der EU-Bürger untereinander zu zerset-
zen. Ein Brexit könnte zu einem fundamentalen Umdenken darüber anre-
gen, wie wir als Bürger Europas oder in Europa die Herausforderungen im
21. Jahrhundert solidarisch und verantwortungsbewusst anpacken wollen.

Dass nämlich die EU in großen Schwierigkeiten steckt, zeigt die nicht
mehr zu überblickende Anzahl von Problemdiagnosen, die den Diskurs
über die „Krise Europas" begleiten. Dabei ist jedoch zu konstatieren, dass
sich viele Analysen oft zu sehr auf technische, ökonomische und vermeintlich anthropologische Aspekte der Krise Europas beschränken. Nicht selten
werden die angeblich nicht zu überbrückenden Eigenarten und Unzuläng-
lichkeiten der jeweiligen Völker innerhalb der EU als vordringliche Ursache
der Misere genannt. Halsstarrige Deutsche seien mit faulen Südeuropäern
und rückständigen Osteuropäern in ein „Korsett" gepresst worden, so die
gängige Ansicht. Doch auch jene Analysen, die sich auf die volkswirtschaft-
lichen oder demokratietheoretischen Belange der Misere konzentrieren,
greifen zu kurz.

Das eigentliche Problem der Europäischen Union liegt vielmehr in der
defätistischen Natur des europäischen Einigungsprozesses als solchem. Der
oft beklagte Unwille, Herausforderungen beispielsweise der Flüchtlingskrise konstruktiv und gemeinschaftlich anzugehen, resultiert aus einer den
Gestaltungsoptimismus lähmenden und Gemeinsinn zerstörenden Geisteshaltung, die ein gemeinsames und demokratisches Ringen um neue
Entwicklungsperspektiven von vornherein unterbindet. So ist die heute

oftmals beklagte bürokratische Borniertheit der EU, die das europäische Einigungsprojekt von Anfang an begleitet hatte, Ausdruck dafür, dass den politischen Eliten der Glaube an die Fähigkeit der Menschen, ihr gemeinsames Schicksal politisch umfassend gestalten zu können, weitestgehend abhandengekommen ist. Aus diesem Vertrauensverlust entwickelte sich eine kleingeistige Haltung, die mit den an sich schon überaus ambitionierten intellektuellen und vor allem politischen Voraussetzungen, die zur Schaffung eines multinationalen Gemeinwesens notwendig wären, nicht in Einklang zu bringen ist.

Fatalismus
als historische Erblast

Das Hauptproblem des europäischen Einigungsprozesses liegt darin, dass dieser zwar die verstörenden Erfahrungen der großen Kriege der ersten Hälfte des 20. Jahrhunderts als Anlass nahm, einen friedlicheren, kooperativeren und humaneren Wirtschafts- und Kulturraum zu schaffen. Doch von Anfang an mangelte es dem europäischen Einigungswerk an einem demokratisch vermittelten Gestaltungsoptimismus und einer begeisternden Vision. Aus diesem Grund gelang es – aller wirtschaftlichen und kulturellen Erfolge zum Trotz – nie so recht, die politische Grundlage eines dauerhaft prosperierenden Gemeinwesens zu schaffen. Die europäischen Eliten setzten sich zwar als Ziel, aus den brutalen Ereignissen, an denen es Europas Geschichte wahrlich nicht mangelt, zu lernen. Es gelang ihnen jedoch nicht, über die zynischen und menschenverachtenden Aspekte der europäischen Geschichte hinauszuwachsen.

Aus diesem Grund behielten die Kriege, Machtspiele und Barbareien der europäischen Geschichte von Anfang an eine Art Deutungshoheit im Denken der Eliten. Die Protagonisten des europäischen Einigungsprozesses waren einerseits von der Idee der Völkerverständigung beseelt. Doch sie standen den real existierenden Völkern und den auf europäischem Boden kultivierten Werten der Aufklärung bestenfalls ambivalent gegenüber. Man ließ sich von den dunklen Aspekten europäischer Geschichte „desillusionieren", weil man sich von antiaufklärerischen Prämissen, die dem immer wiederkehrenden Rückfall des Kontinentes in die Barbarei zugrunde lagen, nicht so recht zu lösen vermochte. Aus einer angeblichen „Ernüchterung" erwuchs im Zuge des europäischen Einigungsprozesses ein Menschenbild, das eine prinzipielle Voreingenommenheit gegenüber unserer angeblich dunklen Natur und unserer angeblich fehlenden Vertrauenswürdigkeit hegte. Es war ein Denken, das die Menschen – gerade auch in ihrem kollektiven Wirken als zusammengehörige „Völker" – als zu überwachende und einzuhegende, weil leicht verführbare dunkle Masse betrachtete.

Die Krisen der 1960er und 1970er Jahre – u.a. Niederschlagung des Prager Frühlings, Zusammenbruch des Bretton-Woods-Systems, unerwünschte Nebenwirkungen des Keynesianismus, Vietnamkrieg, Ölknappheit etc. – sorgten für eine weitere Eintrübung unseres Menschenbildes. Es war eine Zeitspanne, in der die Systemalternative des Kommunismus endgültig diskreditiert wurde, aber auch die kritik- und fragwürdigen Seiten, die im „kapitalistischen Westen" schon immer angelegt waren, sich gerade nach seinem globalen Siegeszug über den Ostblock immer deutlicher zeigten – zumal in den letzten zweieinhalb Jahrzehnten die Krisenanfälligkeit des Kapitalismus immer offener zutage tritt. Das Problem liegt nun darin, dass man sich seitdem zwar einerseits „selbstkritisch" gegenüber Problemdiagnosen jeglicher Art zu zeigen scheint, sich zugleich jedoch auf einen fundamentalen Unwillen kapriziert, über die erkannten Begrenzungen, die uns den Weg zu einer freieren und reicheren Gesellschaft versperren, hinauszuwachsen.

Statt aus der Geschichte ernsthaft zu lernen und die vorhandenen Probleme zu überwinden, fetischisiert man seit mittlerweile vier Jahrzehnten die angeblich geringe Bedeutung des Menschen in Natur und Gesellschaft. So sind die „Grenzen des Wachstums" ebenso wie die Vorstellung eines angeblich der bewussten Steuerung entzogenen Weltsystems zu gängigen Gemeinplätzen und unausgesprochenen Prämissen politischer Debatten geworden. Aus dieser Geisteshaltung heraus wurde auch der europäische Einigungsprozess vorangetrieben. Die Europäische Union verkörpert ein Politikmodell, das die sattsam bekannte Doktrin der „Alternativlosigkeit" immer weiter in unserem Denken verankert. Propagiert oder zumindest impliziert werden die grundsätzliche Schlechtigkeit, aber auch Schwäche und Verletzlichkeit des Menschen – mitsamt seiner angeblich fehlenden Verantwortungsfähigkeit. Die Vorstellung der angeblich fundamentalen Begrenztheit unserer Möglichkeiten der Gestaltung von Natur und Gesellschaft kommt mittlerweile routinemäßig in der Politik der EU zum Ausdruck.

Die Klima- und Umweltpolitik der EU ist dafür ein gutes Beispiel. Sie dokumentiert, wie sich die Gesellschaft neu um ein eigentümliches Konzept menschlicher Ohnmacht organisiert. Inzwischen beziehen sich weite Teile der Politik auf das Dogma der Endlichkeit der Naturressourcen und des Energiesparens als Antwort auf den Klimawandel. Hier wird das Vertrauen, durch neue Erfindungen Antworten auf die neuen Herausforderungen zu finden, durch die Ideologie vorgegebener „Grenzen" von vorneherein unterbunden. Ein bürokratisch machtvoller Apparat entsteht, der den „ökologischen Fußabdruck" des Menschen reduzieren soll. Einerseits schreibt man Menschen geradezu apokalyptisches Zerstörungspotenzial zu. Und gleichzeitig unterbindet man die Perspektive einer positiven Gestaltung ökologischer Gegebenheiten, weil eine solche Vorstellung nur menschlicher „Hybris" entspringe.

Die Staatsapparate dienen inzwischen primär dem Zweck, menschliches Handeln einzudämmen und den Status Quo möglichst „nachhaltig" zu konservieren. So widmet sich die Europäische Union kleinlichen Rauchverboten oder der Abschaffung „energieintensiver" Glühbirnen, erweist sich aber als unfähig, die fundamentalen ökonomischen und politischen Probleme in Angriff zu nehmen. Diese Regulierung banalster individueller Lebensäußerungen legt sich als immer lästiger werdender Schleier über das Leben im Großen wie im Kleinen.

Verantwortungslosigkeit und Demokratieabbau

Ein derartig betrübliches Politikmodell lässt sich den Wählerschaften natürlich schwerlich vermitteln. Nicht zuletzt aus diesem Grund ist die Europapolitik mittlerweile symptomatisch für eine wachsende Tendenz zur Auslagerung politischer Entscheidungen – und eine entsprechende Diffusion politischer Macht. Die Europäische Union hat sich in den letzten Jahren zu einem zunehmend selbstbezüglichen Machtgefüge entwickelt, das keinem demokratischen Souverän mehr Rechenschaft schuldet. Die souveräne Macht der Gesetzgebung, die der ursprünglichen Idee des demokratischen Parlamentarismus zufolge im Parlament gebündelt sein soll, das dem Staatsvolk gegenüber unmittelbar verpflichtet ist, wird in der Europäischen Union in einem komplizierten Arrangement zwischen den EU-Organen „Rat", „Kommission" und „Parlament" zersplittert.

So ist auch der Rechtsetzungsprozess der Europäischen Union für die meisten Bürger ungreifbar. Auf EU-Ebene wird die übliche demokratische Legitimationskette mehrfach unterbrochen. Die nationalen Wählerschaften beeinflussen im Rahmen der EU zwar indirekt die Bildung ihrer jeweiligen Regierungen, können jedoch das Zusammenwirken dieser Regierungen auf europäischer Politikebene – im Europäischen Rat und Ministerrat – schon deswegen nicht hinreichend kontrollieren und beeinflussen, weil bei nationalen Wahlen gesamteuropäische Themen kaum eine Rolle spielen. Und die „europäischen" Wählerschaften wählen zwar das Europäische Parlament. Doch dieses ist – obwohl es mittlerweile auf einem breiten Feld Mitentscheidungskompetenzen hat – nicht alleiniger Souverän in Fragen der

Regierungsbildung und anschließenden Politik auf europäischer Ebene. Denn der Europäische Rat und der Ministerrat, in dem die Regierungen der Nationalstaaten zusammenwirken, haben bislang auf allen Politikfeldern der EU eine unumgängliche Gestaltungs- und Blockademacht. Das jedoch ist deshalb bedenklich, weil sich diese politische Macht des Rates ihrerseits nicht bei europaweiten Wahlen verantworten muss.

Die EU ist also ein Herrschaftsgebilde, dem es an einer lebendigen Wechselbeziehung zwischen europäischen Institutionen, parteipolitisch vermittelten Politikentwürfen und dem Leben der normalen Bürger fehlt. Es kommt zu keiner lebendigen Wechselbeziehung zwischen Wahlentscheidungen des „Volkes" und einer parlamentarisch vermittelten Regierungspolitik. Deshalb ist die gesamteuropäische Öffentlichkeit sehr schwach ausgeprägt. Es ist ein supranationaler Machtraum entstanden, in dem sich die Bürger untereinander kaum über den nationalen Tellerrand hinweg über europäische Themen verständigen. Denn nie wurden die nationalstaatlich verfassten Wählerschaften als Resonanzrahmen der demokratischen Öffentlichkeit in eine offene Debatte über die Herausbildung möglicher Konturen eines europäischen Gemeinwesens einbezogen. Eine Europäische „Union" entstand, die einerseits den Nationalstaaten immer mehr Kompetenzen entzog, aber ihrerseits weder einen klaren Verantwortungsträger auf supranationaler Ebene noch ein europäisches Staatsvolk oder Gemeinwesen vorsieht.

Als Endprodukt hat sich eine prinzipiell undemokratische „Europäische Union" gebildet, die der Frage, wie sich denn ein europäisches Gemeinwesen durch ein demokratisch vermitteltes Zusammenwachsen der Völker kultivieren ließe, systematisch ausweicht. Die EU schreckt im Zweifel nicht davor zurück, ihren Mitgliedstaaten nicht-gewählte Technokratenregierungen aufzuzwingen – man denke an die Beispiele Griechenland oder Italien. Die EU setzt sich über die Ergebnisse von Volkbefragungen – etwa in Frankreich oder den Niederlanden – hinweg. Die EU verwischt politische Verantwortlichkeit und sie erstickt unter dem Banner angeblicher „Alternativlosigkeit" von vornherein die Idee, dass wir – der Demos – unsere Welt positiv gestalten können.

Als Folge von institutionell verankerter Verantwortungslosigkeit und routinemäßigem Fatalismus sind die europäischen Eliten nicht in der Lage, einen umfassenden „Plan" zur Schaffung neuer Entwicklungs- und Wachstumsperspektiven zu konzipieren. Noch weniger sind sie in der Lage, einen solchen Plan einer wie auch immer gearteten europäischen Öffentlichkeit zu vermitteln. Das gilt umso mehr, als die bereits angesprochene fundamentale Wachstumsskepsis, die sich mittlerweile im Denken der maßgeblichen Eliten und im rechtlichen Institutionengefüge sowohl der EU als auch der Nationalstaaten eingegraben hat, von vornherein jegliches ambitionierte makroökonomische Denken lähmt.

Die europäischen Eliten sind außerstande, ein Gemeinwesen im Sinne einer fortschrittlichen Zugewinngemeinschaft überhaupt ansatzweise zu denken. Dass es in Europa nicht gelungen ist, politisch, kulturell und ökonomisch ein solidarisches und wachsendes Gemeinwesen zu schaffen, schlägt sich jetzt in der Flüchtlingskrise besonders bitter nieder. Die verkommt zu einem Schwarzer-Peter-Spiel ohnegleichen und sie befördert ein Denken in verteilungspolitischen Nullsummenspielen. Die Herausforderungen der gegenwärtigen Flüchtlingskrise werden in einem politischen Großraum, dem echte Solidarität und echter Gemeinsinn fehlt und der die Beantwortung der Frage einer demokratisch vermittelten Identität systematisch meidet, als überaus störend empfunden.

Brexit als Chance für Neuanfang

Aus allen diesen Gründen sollten wir einen möglichen Zusammenbruch der EU in ihrer aktuellen Form vor allem auch als Chance für einen Neuanfang begreifen. Der britische Demos wird im Sommer mit seiner Entscheidung die Weichen für die Zukunft stellen. In ihrer gegenwärtigen Form befördert die EU den Unwillen der Völker Europas, die internationalen Herausforderungen gemeinsam und konstruktiv zu bewältigen. Obstruktionismus und Borniertheit dominieren trotz eigentlich nach wie vor beispiellos vorhandener Ressourcen. Viele Briten haben das erkannt und meinen, sie wären ohne „Brüssel" besser dran.

Dass der Zusammenbruch eines von der globalen Realität überholten supranationalen Systems durchaus auch Verantwortungsbereitschaft und Engagement unter der Bevölkerung hervorrufen kann, zeigte sich nicht zuletzt anlässlich der Aussetzung der Schengen-Regeln durch Deutschland im Zuge der Flüchtlingskrise. Im Gefolge der Grenzöffnung für in Ungarn gestrandete Flüchtlinge kam es unerwartet zu einer spontanen und teils anarchistisch anmutenden Hilfsbereitschaft breiter Teile der deutschen Bevölkerung. Eine Fortsetzung des Versuches, ein lähmendes Gebilde wie die EU ohne Rücksicht auf Verluste künstlich am Leben zu erhalten, wird Europa hingegen dem großen Kollaps, dem Infarkt und der Selbstzerstückelung näherbringen und einen Prozess forcieren, der mittel- bis langfristig bis heute nicht verhandelbare Restbestände humanistischer Weltauffassung zerstören könnte.

BRENDAN O'NEILL

Für Europa, gegen die EU

Nicht nur Großbritannien würde von einem EU-Austritt profitieren. Ganz Europa ginge es besser ohne die EU

Das Brexit-Lager bat die BBC im Vorfeld des EU-Referendums um lediglich einen kleinen Gefallen, nämlich zwischen „Europa" und „der EU" zu unterscheiden. So sollten die Reporter dazu animiert werden, nur dann „Europa" zu sagen, wenn sie den Erdteil meinen, auf dem wir leben. „EU" sollten sie nur sagen, wenn sie von der Union von 28 Staaten sprechen, die von Brüssel aus gelenkt werden. Und die BBC hat das abgelehnt. Zumindest konnte sie nicht klarstellen, wann diese beiden sehr unterschiedlichen Begriffe von ihren Mitarbeitern verwendet werden sollten. Das bedeutet, dass die BBC stillschweigend ihr Einverständnis erteilt, wenn ihre Reporter „Europa" sagen, obwohl sie eigentlich „die EU" meinen.

Einige Beobachter halten die Brexit-Lobby für verrückt, dass sie diese Klarstellung von der BBC fordert. Ein Autor der britischen Wochenzeitung New Statesman sagte, diese Forderung zeige, dass manche Leute in noch so unverfänglichen Angelegenheiten Voreingenommenheit wittern.[i] Mit anderen Worten: Beruhigt Euch. Es ist kein Problem, wenn der nationale Rundfunk die Begriffe „Europa" und „die EU" als synonym betrachtet; macht doch nicht so Brimborium wegen nichts und wieder nichts.

Ich glaube jedoch, dass der Unwillen der BBC, den Unterschied zwischen „Europa" und „der EU" in ihren Berichten aufrechtzuerhalten, sehr aufschlussreich und sehr besorgniserregend ist. Er ist ein Beispiel für einen der schlimmsten Aspekte in der EU-Debatte: die Gleichsetzung der in Brüssel agierenden Oligarchie mit dem Erdteil Europa; die Verwechslung der kleinen, unverantwortlichen Cliquen, die von ihren klimatisierten Elfenbeintürmen in der belgischen Hauptstadt auf Europa herabblicken – mit dem eigentlichen Europa.

---

i   Roger Mosey: „The BBC has never been a natural home for Eurosceptics – just ask the young Michael Gove", New Statesman Online, 23.02.2016.

Die EU
ist nicht Europa

Stellen Sie sich einige der Sätze vor, die möglicherweise von BBC-Reportern ausgesprochen werden könnten, wenn sie „Europa" statt „EU" sagen. Sie könnten sagen, dass die Leute aus Peterborough, einem der EU-kritischsten Teilen Großbritanniens, „gegen Europa" sind. Sie könnten sagen, dass die Leute in Warrington, dem siebteuroskeptischsten Teil Großbritanniens, „Europa hassen" oder „dafür stimmen, Europa zu verlassen".

Aber natürlich tun sie so etwas nicht. Großbritannien wird den europäischen Kontinent nicht verlassen. Darüber werden wir nicht abstimmen. Und diese Leute aus Peterborough und Warrington könnten Europa sogar lieben. Sie verreisen möglicherweise nach Spanien, haben Freunde in Frankreich, lieben schwedische TV-Dramen. Viele, wenn nicht die meisten, werden nicht anti-europäisch sein, sondern lediglich gegen die EU eingestellt.

Dank der Angewohnheit der Pro-EU-Kampagne, die Begriffe „Europa" und „die EU" synonym zu gebrauchen, können EU-Gegner einfach als anti-europäisch, als xenophob und nationalistisch bezeichnet werden. Die politischen Ansichten dieser Leute – ihre Abneigung der Art, wie Brüssel seine Anweisungen den Nationalstaaten aufzwingen kann – werden auf Ressentiments reduziert. Sie sind demnach einfach anti-europäisch. Ihre politische Meinung wird als krankhaft dargestellt, sie ist nicht mehr eine Opposition gegen ein politisches System, sondern eine Opposition gegen ganz Europa, seine Kulturen und Völker.

Darum begegnet uns heute so oft der Begriff der „Europhobie". Dieses Wort pathologisiert ausdrücklich die Ablehnung der Menschen gegenüber der EU. Es klingt wie eine Geisteskrankheit, denn eine Phobie ist eine irrationale Furcht.

Der Guardian schrieb vor Kurzem, die Europhobie der gewöhnlichen Leute sei „von der Tory-Führung ausgenutzt und angeheizt"[2] worden. Es gibt also den merkwürdigen, furchtsamen Mob da draußen und die konservative Partei hetzt ihn unbekümmert auf. Ein Autor des Magazins New Europe bezeichnete „Europhobie" neben „Xenophobie, Nationalismus, Islamophobie und Rassismus" als Werte „die unserer Kultur im Nachkriegseuropa fremd sind".[3] So wird ganz beiläufig die Kritik an der EU, die Opposition gegen die Brüsseler Oligarchie, zu einer Phobie reduziert, einem Ismus, der die Ideale Europas verrät.

---

2 Andrew Rawnsley: „This can't be left to the Tory party – it's everyone's country at stake", The Guardian Online, 21.02.2016.
3 Monnet Matters: „Should we just forget about integration?", New Europe Online, 22.02.2016.

Wir müssen gegen diese zynische Begriffsverschmelzung von „Europa" und „EU" ankämpfen und wir müssen uns gegen die Pathologisierung der Brüsselkritiker aussprechen. Denn meiner Meinung nach sind die EU und Europa nicht einmal ansatzweise dasselbe. Ich würde sogar noch weitergehen und sagen, dass die EU alles verdunkelt, was in Europa glänzt. Die EU ist ein hässlicher, illliberaler und undemokratischer Schandfleck auf dem wundervollen Erdteil Europa. Die EU ist ein Klecks auf den besten und inspirierendsten Werten Europas und seiner Völker. Es ist die EU, die antieuropäisch ist.

Ich liebe Europa, aber ich hasse die EU. Ich betrachte mich selbst als Europäer. Ich habe keine besondere emotionale Bindung zu Großbritannien. Ich liebe London, aber ich bin irgendwie irisch und wenn ich es mir leisten könnte, würde ich in Paris leben. Mein Argument für das Verlassen der EU ist nicht das des „Little Englander", des britischen Nationalisten. Es ist nicht so, dass ich glaube, Großbritannien sei das beste Land Europas. Ich bin nicht für den Brexit, weil ich das Pfund liebe oder die Königin. Ich bin für den Brexit, weil die EU für Europa in seiner Gänze nachteilig ist, besonders für zwei ungeheuer wichtige Werte, für die die Völker Europas auf unterschiedliche Weise seit Jahrhunderten gekämpft haben: Demokratie und Freiheit. Die EU ist antidemokratisch und freiheitsfeindlich.

Die Unterstützer der EU erzählen uns, dass die EU eine inspirierende Union der europäischen Völker sei. Unsinn. Es ist eine Union europäischer Eliten, die ihren Völkern aus dem Weg gehen wollen. Die EU ist ein Mechanismus, durch den die Regierungen der einzelnen Staaten ihre Macht und ihre Entscheidungsprozesse an ferne, unnahbare und kaum zur Verantwortung ziehbare Organe wie die Europäische Kommission und den Europäischen Gerichtshof abgeben. Der wahre Antrieb der Brüsseler Maschine besteht nicht darin, Europa zusammenzubringen. Vielmehr soll den Staatsregierungen die Bürde, das Volk zu wichtigen politischen und gesellschaftlichen Fragen anzuhören, erlassen werden. Vielmehr sorgen eine Reihe von Experten und Cliquen in Brüssel dafür, dass alles für uns debattiert und geregelt wird. Der Treibstoff der EU ist nicht der Kosmopolitismus – er ist der Demokratieabbau.

Von Anbeginn war die EU nicht die Verkörperung des Bürgerwillens – sie ist der Kampf gegen den Bürgerwillen. Der Maastricht-Vertrag von 1992, der die EU, wie wir sie kennen, begründete, wurde nur von Frankreich in einem Referendum gebilligt – von Dänemark wurde er jedoch abgelehnt. Selbstverständlich weigerte sich die konservative britische Regierung unter John Major, das Volk über den Vertrag abstimmen zu lassen. Die Briten wurden in die EU integriert, ohne dazu befragt zu werden.

Beinahe jedes Mal, wenn sie zur EU befragt wurden, sagten die Leute in Europa: „Wir wollen sie nicht." In Irland sagten die Wähler im Jahr 2001 „Nein" zum Nizza-Vertrag. 2005 wurde die neue EU-Verfassung von den Wählern in Frankreich und in den Niederlanden abgelehnt. Die EU-Bürokraten prangerten die Franzosen und Niederländer daraufhin als „ignorant" und „fremdenfeindlich" an. Ein Mitglied des Europaparlaments sagte, es sei verrückt, etwas so Wichtiges wie die EU-Verfassung zum Gegenstand einer „Lotterie" der öffentlichen Meinung zu machen.[4] Die Europäische Kommission reagierte auf diese französisch-niederländische Unbeugsamkeit, indem sie die EU-Verfassung in „Lissabon-Vertrag" umbenannte. Margot Wallström, die damalige Vizepräsidentin der Europäischen Kommission, gab zu, dass er „im Wesentlichen derselbe Entwurf wie die alte Verfassung" war. Nur diesmal würde man das Volk nicht darüber abstimmen lassen, denn „ein Referendum", so Nicolas Sarkozy, „würde jetzt Europa in Gefahr bringen." Demnach ist Demokratie gefährlich, der Wille des Volkes ist eine Gefahr für das Projekt EU.

2008 wurde es den Iren erlaubt, über den Lissaboner Vertrag abzustimmen. Und sie sagten nein. Dafür wurden sie von den Bürokraten aus Brüssel heruntergemacht und verleumdet und man zwang sie ein weiteres Mal abzustimmen. Dank wirtschaftlicher Erpressung durch die EU wurde beim zweiten Mal mit Ja gestimmt.

Die Feindseligkeit der EU gegenüber nationalen Empfindsamkeiten und demokratisch gewählten Regierungen zeigt sich in ihrer regelmäßigen Einschüchterung der Regierungen Osteuropas.

Im Jahr 2006 wurde der gewählte Ministerpräsident der Slowakei von Brüssel aufgefordert, den politischen Extremismus in seinem Land zu bekämpfen und bestimmte politische Ansichten zu unterdrücken, wenn er nicht riskieren wollte, dass man ihn für einen Verstoß gegen EU-Regularien verantwortlich macht. Im Jahr 2006 wurde der Ministerpräsident Polens von Brüssel gezwungen zu erklären, dass seine Regierung weder homophob noch antisemitisch ist und dass sie die Todesstrafe nicht wieder einführen würde. Im Jahr 2011 zwang die EU die ungarische Regierung, ihre neue Verfassung zu überdenken.

Im Jahr 2000 erlangte die rechtsextreme FPÖ 27 Prozent der Stimmen in Österreich, also genug, um einer Koalitionsregierung beizutreten. Daraufhin wurden Österreich diplomatische Sanktionen von Brüssel auferlegt. Es könne kein „Business as usual" geben, so die EU, solange die FPÖ in der

---

[4] Frank Furedi: „To say or imply that the public is too stupid to grasp the high-minded and sophisticated ideals of the advocates of the EU is to express a profound sense of contempt towards ordinary people", New Statesman Online, 13.06.2005.

Regierung bleibt – jene FPÖ, die gerade von einer großen Anzahl Österreicher gewählt worden war.

Rückkehr
alter Gegensätze

Brüssels Belehrungen gegenüber osteuropäischen Regierungen legen nicht nur die antidemokratischen Instinkte der EU offen – sie widerlegen auch den Gedanken, dass die EU die Nationen Europas vereint hätte. Tatsächlich hat die EU die Gräben vertieft, vor allem zwischen dem anscheinend zivilisierten Westen Europas und dem angeblich düsteren und verdorbenen Osten Europas, der ständig korrigiert werden muss. Aber auch zwischen dem angeblich fleißigen Norden und dem scheinbar faulen und finanziell unverantwortlichen Süden. Der Eiserne Vorhang ist zurück und das Nord-Süd-Gefälle ist zurück, auf eine neue und heimtückische Art.

Dass die Ansichten der Brüsseler Oligarchie über die Demokratie gefährlich sind, zeigte sich am deutlichsten 2011. In jenem Jahr arbeitete sie daran, Griechenland und Italien technokratische Regierungen aufzubürden, und brachte eine Bande von Bankern und Bürokraten nach Dublin, damit diese über die irische Regierung und ihre Sparmaßnahmen wachen. So wurde die Demokratie rücksichtslos übergangen und praktisch wohlmeinende Tyranneien installiert.

Mario Monti, der nicht gewählte Technokrat mit dem Auftrag, Italien im Namen Brüssels zu regieren, gab sogar mit dem Elfenbeinturmcharakter seines Regimes an. Er sagte: „Die Abwesenheit von politischen Persönlichkeiten schließt Meinungsverschiedenheiten aus." Das ist es, was die EU und ihre Lakaien wirklich hassen: Politik, Persönlichkeiten, Debatten und Widerspruch – die Essenz der Demokratie. Vielmehr bevorzugen sie eine Expertenregierung – die technokratische Gelassenheit.

Und ihre Fans in den Medien stimmen zu. Im Jahr 2011 veröffentlichte der Guardian einen Artikel mit der Überschrift „Eine Verteidigung der Technokraten Europas"[5]. Er argumentiert, dass „temporäre technokratische Regierungen in Krisenzeiten akzeptabel – ja erforderlich – sein können." Hier haben wir eine deutliche Verteidigung der Zerstörung der Demokratie; ein offenes, unverfrorenes Argument für die Herrschaft der Nicht-Gewählten. Und es kommt nicht von der extremen Rechten, den Neo-Faschisten oder von anderen extremistischen Gruppen, denen man nachsagt, dass sie ständig die europäischen Werte bedrohen, sondern von sogenannten Liberalen, von angeblichen EU-Kosmopoliten.

---

[5] Philip Oltermann: „In defence of Europe's technocrats", The Guardian Online, 16.11.2011.

Einige Leute behaupten, dass die EU der beste Wächter gegen die Formen der Tyrannei sei, die Europa in den 1930er- und -40er-Jahren erfahren hat. Während sie das sagen, installiert Brüssel nicht gewählte Führer, erpresst gewählte Regierungschefs und beschreibt Volksentscheide als „gefährlich". Unter dem Deckmantel, die gefährlichen Tyranneien der Vergangenheit abzuwehren, erschafft die EU eine neue Form der Tyrannei.

Die bösartigen Attacken gegen die Wähler in Frankreich, den Niederlanden und Irland, das Belehren der gewählten Regierungen Osteuropas, die Durchsetzung technokratischer Überwachung in Griechenland und Italien – nichts davon ist Zufall oder einfach nur Reaktion auf besonders angespannte, krisengeschüttelte Momente in den vergangenen Jahren. Vielmehr ist es die wahre Natur der EU, misstrauisch oder sogar gänzlich feindselig gegenüber den Ansichten und Einstellungen sowie dem Willen der europäischen Völker zu sein.

Tatsächlich hat sich die EU um das Erschöpfungsgefühl entwickelt, das die europäischen Eliten gegenüber dem demokratischen Prozess empfinden. Die EU ist das Mittel, mit dem Politik auf eine distanzierte und postdemokratische Weise gemacht werden kann. Und zu diesem Zweck gibt es, ganz an der Spitze Brüssels, die EU-Kommission – ein Organ, das sinnbildlich für die Unzufriedenheit der EU mit der Demokratie steht. Dieses Exekutivorgan, das für Gesetzesvorschläge verantwortlich ist, ist nicht gewählt. Es hat 28 Mitglieder, eins für jeden Mitgliedsstaat, die von eben diesen Mitgliedsstaaten nominiert werden. Sie haben keine größere Chance, diese Kommissarenclique loszuwerden, als heute Abend auf dem Mond spazieren zu gehen. Sie haben keinen Einfluss auf die Mitglieder der EU-Kommission, und doch machen diese Gesetze, die Ihr Leben mitbestimmen. Das steht in diametralen Gegensatz zur Demokratie. Das verletzt den demokratischen Grundsatz, dass wir den Institutionen, die uns regieren, zustimmen sollten.

Die EU verschrottet nicht nur die Demokratie. Sie beschränkt auch die Freiheit. Dieses riesige oligarchische Gebilde ist, kaum überraschend, der Idee feindlich gesinnt, dass die Menschen die Freiheit haben sollten, zu denken und zu sagen was sie wollen, und ihre Leben so zu leben, wie es ihnen passt, solange sie niemandem damit schaden.

Die EU traut dem Volk nicht. Kontinuierlich werden Regelungen und Gesetze erlassen, die Ihre Gedanken und Ihr Leben zu beherrschen trachten. Sie fordert alle Staatsregierungen auf, Meinungsäußerungen einzuschränken, die Hass auf der Grundlage von „Rassen, Geschlecht, Religion und Nationalität" anfachen – eine unverhohlene Attacke auf die Redefreiheit. Sie hat darüber debattiert, nicht nur die Leugnung des Holocausts zu verbieten, was illiberal genug wäre, sondern auch die Leugnung verschiedener anderer Verbrechen gegen die Menschlichkeit. Das würde die akademische Freiheit und die historische Debatte massiv gefährden.

Ihre Ablehnung der Freiheit ist oftmals verrückt und kleinlich. Sie hat Schokoladenzigaretten verboten, weil sie „Minderjährige ansprechen" und somit gewissermaßen eine Einstiegsdroge für echte Zigaretten sein sollen. Die EU verabschiedete Regelungen mit der Absicht, „ungeschützte Verbraucher", sprich dumme, gewöhnliche Bürger, zu beschützen. Dazu gehören auch die restriktiven Vorschriften bezüglich der Werbung für Säuglingsmilch, denn ginge es nach der EU, sollten die Mütter besser Stillen und nicht arrogant nach eigenem Gutdünken entscheiden. Sie erzwingt Kontrollen für Produkte ab einer bestimmten elektrischen Ausgangsleistung mit dem Zweck, das Verhalten von uns verantwortungslosen Trotteln umweltfreundlicher zu machen, ob wir das sein wollen oder nicht.

Der Verrat der EU an der Aufklärung

Die EU denkt, dass unser auf nationaler Ebene ausgedrückter politischer Wille gefährlich wäre und sie denkt, es sei gefährlich, wenn wir auf uns allein gestellt wären. Deshalb sagt sie uns ständig, was wir zu wollen haben, zu kaufen haben und wie wir uns zu benehmen haben. Sie ist eine Institution, die dazu bestimmt ist, unsere demokratischen Rechte und unsere Fähigkeit, unseren Alltag zu bewältigen und unser Leben zu leben, einzuschränken.

Die EU widerspricht dem europäischen Gedanken. Über hunderte von Jahren, durch demokratische Erhebungen, Revolutionen, Kämpfe gegen politische Willkür und den Kampf für die Aufklärung haben die Völker Europas danach getrachtet, mehr Kontrolle über die politischen Angelegenheiten ihrer Nationen und ihr Privatleben zu erreichen. Die EU untergräbt beides, Demokratie und persönliche Freiheit. Sie richtet sich gegen unsere historischen Errungenschaften. Sie richtet sich gegen Europa. Sie richtet sich gegen uns.

Als jemand, der sich als links betrachtet, erschreckt es mich, dass Linke oft die vorderste Front bei der Verteidigung dieser elitären Institution bilden. Es ist ein historischer Tiefpunkt der Linken, dass sie zum obersten Cheerleader einer Institution geworden ist, die viele Errungenschaften früherer Radikaler und Progressiver zunichtemacht.

Wir müssen die EU verlassen, um unseren demokratischen Einfluss langsam wiederherzustellen. Aber wir müssen noch mehr tun: Wir müssen auch andere europäische Völker, die die EU verlassen wollen, ermutigen und uns mit ihnen solidarisieren. Zu sehr fokussiert sich die jetzige

Debatte auf „Was passiert mit Großbritannien, wenn wir die EU verlassen?".
Meine Sorge ist, was wohl mit den anderen europäischen Völkern passiert,
die in dieser schrecklichen Institution feststecken bleiben. Wir müssen mit
ihnen gemeinsam, an ihrer Seite kämpfen und eine neue und echte Gemeinschaft in Europa schaffen: eine Union nicht etwa der Eliten, die den
Leuten misstrauen, sondern eine der Menschen, die mehr als genug haben
von diesen Eliten.

BENEDIKT HERBER

EU – Ganz oder gar nicht!

**Die Europäische Union wird
von ihren intergouvernementalen und
supranationalen Elementen zerrissen.
Europa muss sich entscheiden,
welchen Weg es einschlagen will**

„Die haben eine Karamelverordnung gemacht, die hat 25.911 Worte. Da hat man das Karamel schon 3000-mal gelutscht, bis man die Verordnung gelesen hat." Besonders in konservativen Kreisen erfreute sich die fiktive Karamelverordnung als rhetorisches Stilmittel großer Beliebtheit. Sie wurde in verschiedensten Varianten rezipiert, auch von Franz-Josef Strauß. Die hier zitierte Version stammte von CSU-Mann Thomas Goppel, dem Sohn des ehemaligen bayerischen Ministerpräsidenten Alfons Goppel.

Als am 1. Januar 1989 die Verordnung Nr. 1677/88 der EWG, besser bekannt als die berüchtigte „Gurkenkrümmungsverordnung" in Kraft trat, mussten sich die selbsternannten Bürokratieskeptiker aus Bayern nicht mehr ihrer Fantasie bedienen, um den vermeintlichen Irrsinn der Brüsseler Eurokratie aufzuzeigen. Die Regelung der Gurkenkrümmung wurde zum Symbol des Brüsseler Regulierungswahns – des Kontrollzwangs eines neurotischen Technokratenbollwerks, das noch nicht mal vor der guten alten Gurke haltmachte.

Nun muss man wissen, dass der Ursprung solcher Initiativen nicht in den Köpfen abgehobener EU-Bürokraten liegt, sondern bei nationalen Politikern und Interessensvertretern. Im Falle der Gurkenkrümmungsverordnung war es der Lebensmittel-Einzelhandel, der eine Normierung der Gurken forderte, da gerade Gurken besser in Standard-Kisten passten. Entgegen der weit verbreiteten Häme war die Verordnung bis zu ihrer Abschaffung sogar ein großer Erfolg – so erfolgreich, dass sich sogar das deutsche Landwirtschaftsministerium gegen die Abschaffung aussprach. Horst Seehofer, damals Landwirtschaftsminister, verordnete daraufhin die Absetzung des zuständigen Beamten – dieser habe die symbolische Wirkung der Verordnung verkannt.

EU als Sündenbock für
Nationalpolitiker

Dem positiven Nutzen zum Trotz, über den es auf politischer Ebene anscheinend breiten Konsens gab, blieb den Bürgern der Skandal um die Gurke im kollektiven Gedächtnis erhalten – Ein gelungener Marketingerfolg EU-kritischer Regierungspolitiker also. Ein gelungener strategischer Schachzug zur Etablierung einer Erzählung, die den politischen Diskurs um die Europäische Union grundlegend prägt: Die EU als eine verselbstständigte Apparatur, die sich immer mehr Kompetenzen aneigne, von den Interessen der Bürger aber meilenweit entfernt sei, auf der einen Seite. Auf der anderen Seite: Die nationalen Regierungen, Kenner der Sorgen der Bürger und heldenhafte Kämpfer gegen Bevormundung und Souveränitätsverlust.

Doch ist dieser Gegensatz Fiktion. Weder steht Brüssel über den Mitgliedsstaaten, noch existiert Brüssel alleine für sich. Tatsächlich ist die europäische Politik ein Gestrüpp aus nationalen und „gesamteuropäischen" Akteuren, Interessen und Institutionen. Die Europäische Union wird durch supranationale und intergouvernementale Elemente geprägt.

Die Begriffe Supranationalität und Intergouvernementalismus werden durch einen politikwissenschaftlichen Konflikt zweier Schulen geprägt, die globale Integrationsprozesse zu beschreiben versuchen. Die zentrale Annahme der Supranationalisten besagt, dass der europäische Integrationsprozess zwangsläufig in einer überstaatlichen politischen Gemeinschaft münde. Vertreter intergouvernementaler Theorien, wie der Princetoner Professor Andrew Moravcsik, sehen dagegen die Nationalstaaten auch weiterhin als maßgebliche Akteure der internationalen Politik an. Organisationen wie die Europäische Union böten also eher eine Plattform für Kooperation zwischen den Regierungen, würden aber keinen wirklich eigenständigen, übergeordneten Charakter ausbilden.

Der Blick auf die EU-Organe erklärt, weshalb die Frage, wer in der europäischen Politik das Sagen hat, ganze Wissenschaftszweige in Atmen hält. Die Europäische Kommission, die das alleinige Initiativrecht in der Gesetzgebung besitzt, ist ein Hybridwesen: Nominiert werden die Kommissare von nationalen Regierungen, bestätigt vom Europäischen Parlament. Obwohl sie somit eine durchaus supranationale Rolle im Unionsgeflecht einnimmt, liegt der Ursprung ihrer Legitimation in den nationalen Wahlen, nicht in der Europawahl. Dem Europäischen Parlament kann man als einziges Organ, das aus europäischen Wahlen hervorgeht, tatsächlich einen rein supranationalen Charakter zusprechen. Zwar besitzt es weitreichende legislative Kompetenzen – Gesetzesvorschläge einbringen darf es aber nicht. Einflussreich in der Gesetzgebung ist noch immer der Rat der Europäischen

Union, ein Gremium von Ministern der Mitgliedsstaaten, wodurch die Legislative einem starken intergouvernementalen Einfluss ausgesetzt ist.

Dasselbe gilt für das maßgebliche, übergeordnete Organ der Europäischen Union, das laut EU-Vertrag die Aufgabe hat, „allgemeine politische Zielvorstellungen und Impulse" festzulegen: Den Europäischen Rat. Beim meist vierteljährlichen Treffen aller Regierungschefs der Mitgliedsstaaten, salopp „EU-Gipfel" genannt, werden die eigentlich richtungsweisenden Verhandlungen geführt und mit Einstimmigkeitsprinzip beschlossen. Griechenland- und Flüchtlingskrise, Türkei-Deal oder der Brexit – Über die Zukunft Europas entscheiden die nationalen Regierungen. Kommission und Parlament bleiben die Erarbeitung und Absegnung der Verordnungen, Richtlinien und Beschlüsse.

Verschleierung von Verantwortlichkeit

Aus diesen Gegebenheiten lassen sich zwei Feststellungen ableiten: Erstens: Alles in allem überwiegt in der EU ein intergouvernementaler über dem supranationalen Charakter. Sie ist keine autonome, übergeordnete Macht, wie es uns viele Politiker weismachen wollen. Zweitens: Sowohl bei der Exekutive wie auch der Legislative überlagern sich diese beiden Ebenen quasi gegenseitig. Unter Einbeziehung von nationaler Politik entsteht somit ein Geflecht aus supranationaler, intergouvernementaler, nationaler und föderaler Entscheidungsfindung, das für den Laien immer weniger zu durchschauen ist.

Den Regierungen der Mitgliedsstaaten, insbesondere von denjenigen, die mit ausreichender ökonomischer Potenz und damit verbundener Macht ausgestattet sind, spielt dieser Zustand in die Karten. Er lässt sich ganz wunderbar für unterschiedliche Spiele ausnutzen. In dem sie „über Bande spielen" gelingt es ihnen, Gesetze auf EU-Ebene durchzusetzen, für die ihnen in den nationalen Parlamenten die Mehrheiten fehlen. Ein Beispiel ist die Einführung von biometrischen Reisepässen, die die Bundesregierung nur über den Umweg Europa durchsetzen konnte. Bei der bereits erwähnten Gurkenkrümmungsverordnung wurde schlicht das schlechte Image der EU genutzt, um das eigene Profil zu stärken. Da der Normalbürger meist von den strukturellen Hintergründen politischer Beschlüsse wenig Ahnung hat, genügt es, den Begriff „Brüssel" als Metapher für politische Missstände zu etablieren, um die eigene Verantwortungspflicht zu umgehen.

Der Versuch, Handlungsfähigkeit
zu suggerieren

Dabei haben sich die supranationalen Institutionen, also Kommission und Parlament (die EZB mal außen vorgelassen) längst auf das Spiel der Selbstprofilierung eingelassen. Verweigern die Staaten nämlich die Delegation von zu weitreichenden Kompetenzen nach Brüssel, handelt die Kommission dennoch im Rahmen ihrer Möglichkeiten, auch um ihre eigene Legitimität zu stärken. Eine ständig tagende europäische Exekutive mit 60.000 Mitarbeitern braucht Beschäftigung. Das Produkt ist meistens Bürokratie und Bevormundung. Aktuell wird Besitzern legal erworbener Waffen – vorwiegend Jägern und Sportschützen – aufgrund politischen EU-Aktionismus angst und bange.

Die Kommission hat dem Europäischen Parlament eine Initiative für die Anpassung des Waffenrechts vorgelegt: Demnach sollen große Teile der noch-zugelassenen halbautomatischen Waffen für den legalen Gebrauch verboten werden – mit ausdrücklichem Verweis auf die Anschläge in Paris und Brüssel. Wie und ob man die Entschädigungen für damit verbundene Enteignungen finanzieren will, steht noch in den Sternen. Es wird sich aber um nicht unerhebliche Summen handeln. Freilich erwerben Terroristen vor den Anschlägen keine legalen Waffen, deren Kauf bereits jetzt mit einer umfassenden Registrierung verbunden ist. Am Schwarzmarkt floriert dagegen der Handel mit illegalen Schusswaffen, die massenhaft über die Slowakei in den Schengenraum gelangen. In Brüssel munkelt man, am Schwarzmarkt des Gare Midi läge der Preis für vollautomatische Kalaschnikows bei 200 bis 400 Euro. Dass der Nutzen der Richtlinie für eine adäquate Terrorbekämpfung sehr gering ausfallen wird, müsste deshalb wohl allen Beteiligten bewusst sein. Dennoch ist eine Organisation wie die EU gefordert, auf aktuelle Herausforderungen Antworten zu finden, egal wie unbefriedigend sie ausfallen mögen. In der jetzigen Form ist sie nur zu einer Antwort in der Lage: Neue Richtlinien, wie unsinnig sie auch sein mögen. Das suggeriert zwar Handlungsfähigkeit, der Nutzen ist aber gleich null.

Das „ewige Hühnchen"
Griechenland

Die diffuse Streuung von Verantwortlichkeiten als Symptom eines Mischsystems aus über- und interstaatlichen Elementen ist wohl das Kernproblem der Europäischen Union in der jetzigen Form. Doch lässt nicht die behäbig zunehmende Supranationalität, wie von vielen Kritikern behauptet, das Demokratiedefizit entstehen, sondern vielmehr die klare Dominanz eines intergouvernementalen Konzepts. Das gilt insbesondere für die Krankheiten Europas, die in ihrem Ausmaß weit über den eben beschriebenen Populismus hinausgehen. Grundsätzlich ließe sich zwar wenig dagegen einwenden, in der EU lediglich eine Plattform der zwischenstaatlichen Kooperation zu sehen. Sich vorrangig am Wohl der eigenen Bürger zu orientieren, war schon immer Triebkraft internationaler Politik – daran ist nichts Verwerfliches, ganz im Gegenteil: Dass die ungezwungene Kooperation unter eigennutzorientierten Akteuren für alle zum Vorteil sein kann, solange diese eben ungezwungen ist, ist wohl einer der grundlegenden liberalen Ideen. Doch ist seit der Einführung des Euros diese Ungezwungenheit nicht mehr gegeben.

Es war absehbar, dass eine gemeinsame Währungspolitik ohne gemeinsamer Finanzpolitik ein Problem darstellen würde. Eine Anpassung der Institutionen wäre notwendig gewesen, um allen Wählern das gleiche Maß an Mitbestimmung zuzusichern. Auf den Gipfeltreffen geben dagegen die europäischen Schwerkräfte die Richtung vor, legitimiert lediglich durch die Mehrheit der nationalen Wählerschaft.

Im James-Dean-Klassiker „Denn sie wussten nicht was sie tun" rasen der Protagonist Jim Stark und seine Widersacher mit gestohlenen Autos auf eine Klippe zu – wer zuerst einlenkt, hat verloren. Dieses sogenannte „Chicken-Game" hat eine Reihe von Spieltheorien der Politikwissenschaft beeinflusst, die die Verhandlungsstrategie von Regierungen abzubilden versuchen. Man muss ergänzen: Wer am meisten zu verlieren hat, wird wohl zuerst einlenken. Das, was nach der Klippe kommt, ist für manche Akteure schlimmer als für andere. Im Rahmen der Eurokrise war das Hühnchen wohl immer Griechenland. Der Ausstieg aus dem Euroraum wäre für das importabhängige Land am Südostende des Schengenraums eine existenzielle Bedrohung gewesen. Somit besaßen die ökonomisch dominierenden Staaten wie Deutschland und Frankreich Sanktionsmöglichkeiten, die sie bei ungezwungener Kooperation nicht gehabt hätten. Im Falle Griechenlands führte das zum kompletten Souveränitätsverlust, dem auch die linke Regierung unter Tsipras lediglich symbolischen Widerstand zu leisten im Stande war.

Europa benötigt
einen demokratischen Souverän

Europa muss sich entscheiden: Will es eine supranationale oder intergouvernementale Staatengemeinschaft sein? In Zeiten, in welchen Europa durch seine Zentrifugalkräfte zerrissen zu werden droht, scheint die zweite Möglichkeit als die wahrscheinlichere. Doch wäre der Rückbau der europäischen

Institutionen das Ende eines vielversprechenden Traums, einer großen Chance: Der Überwindung des politischen Geistes des Nationalismus, der die Politik des letzten Jahrhunderts maßgeblich geprägt hat und den Eindruck einer natürlichen Ordnung suggeriert – doch ist er nur ein Konstrukt. Die Idee des Nationalstaates war im Entstehungskontext sicherlich emanzipatorisch, sollte dem Volk Souveränität übertragen, Klerus, Krone und Adel Macht absprechen. Nun stellt sich aber im Zuge weltweiter Vernetzung und Immigration und angesichts der sich aufdrängenden globalen Probleme die Frage nach einer effizienteren, einer einenden Form gesellschaftlicher Organisation. Ein geeintes Europa wäre ein wichtiger Schritt in die richtige Richtung.

Will man die Idee der Supranationalität ernst nehmen, so sind Reformen zwingend notwendig. Vom heutigen Parlamentspräsidenten Martin Schulz stammt der Satz „Wäre die EU ein Staat, der die Aufnahme in die EU beantragen würde, müsste der Antrag zurückgewiesen werden – aus Mangel an demokratischer Substanz." Europa braucht einen demokratisch legitimierten, klar zurechenbaren Souverän. Für Karl Popper ist die einzige Grundbedingung einer Demokratie die Abwählbarkeit. Nach dem Prinzip von „Trial and Error" kann eine Politik, die die Gunst der Bürger verloren hat, am Ende einer Legislaturperiode abgesetzt werden. An dessen Stelle treten andere Verantwortliche mit einem anderen politischen Programm. So etabliert sich ein System der öffentlichen Kontrolle und es wird vermieden, bestimmten politischen Inhalten einen absoluten Wahrheitsanspruch zuzusprechen.

Auf europäischer Ebene existiert diese Abwählbarkeit jedoch nur für das Europäische Parlament, ansonsten muss der Umweg über nationale Wahlen gegangen werden. Somit gibt es keinen eindeutigen, transparenten Weg, um Verantwortliche für ihre falsche Politik abzustrafen. Hinzu kommen die unübersichtlichen Entscheidungsprozesse, die es dem Bürger erschweren, wenn nicht sogar unmöglich machen, den Verursacher dieser falschen Politik zu identifizieren.

Nicht zuletzt führt die intergouvernementale Politik des Europäischen Rats zu einer Art Führerschaft wirtschaftlich dominierender Staaten, die durch die Abhängigkeitsverhältnisse der gemeinsamen Währung zu schwerwiegenden demokratietheoretischen Verwerfungen bis hin zum vollkommenen Souveränitätsverlust kleiner Staaten führt. Insbesondere hier besteht dringender Handlungsbedarf: Die Führerschaft Europas sollte nicht durch die Wähler einiger weniger Länder bestimmt werden, sondern durch den gesamteuropäischen Demos. Dafür braucht es einen gemeinsamen Souverän.

Zurückdrängen der Räte,
Demokratisierung der Kommission

Der erste Schritt wäre die Abschaffung des Europäischen Rats und die Marginalisierung des Rats der Europäischen Union – und somit das Zurückdrängen der intergouvernementalen Elemente und die Auflösung des Zuständigkeitsgestrüpps. Anschließend müsste die Europäische Kommission demokratisiert werden. Am einfachsten wäre es wohl, auf parlamentarischen Wege: Durch die Bestimmung der Kommissare über das direkt gewählte Parlament.

Die Kritik an der Europäischen Union beruht bei vielen europäischen Bürgern nicht auf der Ablehnung des europäischen Projekts per se – die Ergebnisse der letzten Europawahlen spiegeln in erster Linie das wachsende Misstrauen gegenüber der Undurchsichtigkeit der Brüsseler Strukturen und der damit einhergehenden Alternativlospolitik wider. Die Handlungsunfähigkeit der europäischen Organe in Zeiten einer Flut von Krisen lässt bei ihnen die Frage aufkommen, wofür das europäische Projekt noch gut sein soll. Verlässlichkeit sehen sie oft nur noch in nationalen Strukturen – Eine Glorifizierung des Greifbaren, des Altbewährten, zu dessen Entstehung die nationale Politik sicher ihren Teil beigetragen hat.

Eine Änderung der europäischen Verträge hin zu einer Supranationalisierung wäre nur dann möglich, wenn die Nationalstaaten bereit wären, Kompetenzen zu delegieren und ein dankbares Mittel der Selbstprofilierung und Interessensdurchsetzung aufzugeben – das erscheint unrealistisch. Außerdem könnte „mehr Europa" auch nur mit Zustimmung der Bürger geschehen – auch das erscheint in der jetzigen Zeit reichlich naiv. Es fehle die gemeinsame Identität, der europäische Demos, wird oft gesagt. Das stimmt natürlich. Die Frage ist jedoch, ob sich in einer Europäischen Union der jetzigen Form dieser Demos überhaupt entwickeln kann. Demokratische, nachvollziehbare Strukturen, Partizipation und das Gefühl, gemeinsam etwas zu bewegen zu können, wären wohl der beste Weg hin zu einer europäischen Öffentlichkeit. Dies wird aber nur im Zuge der von mir angesprochenen Reformen möglich sein, ansonsten wird Europa durch die Spannungen aus nationalen Interessen und technokratischer Strukturen zerrissen. Wir stehen an einem Scheideweg: EU – ganz oder gar nicht!

OLIVER WEBER

Die Zerreißprobe Europas

**Europa steht vor der Zerreißprobe.
Unser Umgang mit den Krisen entscheidet über
die Zukunft des Kontinents**

Europa, das sei nur eine „Halbinsel Asiens", die kulturell und politisch von sich Reden gemacht hat.[1] Dies ist ein bekannter Sinnspruch des französischen Philosophen Paul Valéry, der damit – auch heute noch – unseren Blick auf diese Welt in Frage stellt, weil er Europa als geografisch – und damit auch politisch und identitär – zusammengehörenden Großraum in Frage stellt. Europa, das ist aus heutiger Perspektive ein einigermaßen abgeschlossener Raum, dessen politische Kohäsion aus diesem Grund nur logisch ist. In gewisser Weise ist das ein seit dem Mittelalter bestehender Wunschtraum, der seit dem Anliegen Karl des Großen, Aachen als Zentrum seines europäischen Großreichs zu etablieren, fortbesteht. Der Realität entsprach er nie, auch heute nicht. Das ist wichtig, um die Zerreisdynamik der Europäischen Union zu verstehen – und gegebenenfalls gegenzusteuern.

„Exzentrische Identität" ist die Bezeichnung, die Rémi Brague für dieses Phänomen gefunden hat. Im Unterschied zu anderen politisch-geografischen Großräumen wie etwa Australien oder die Vereinigten Staaten, hätte sich Europa, so der französische Intellektuelle, nicht um ein Zentrum gesammelt, sondern sei im Gegenteil „außermittig" und ambivalent. Erst im Konflikt, der Auseinandersetzung und dem Austausch mit dem Fremden, der Vermischung von Barbarischem und Zivilisation, hätte Europa seinen Anfang, der damit „außerhalb seiner selbst" liege.[2] Blickt man auf die „europäische" Geschichte, wird das überaus deutlich.

Betrachtet man beispielsweise das Römische Reich, das wir heute wie selbstverständlich als Teil der europäischen Identität sehen, so erkennt man, dass dessen geografische Ausdehnung sich vornehmlich um das Mittelmeer erstreckte. Dieses mare nostrum verband die fruchtbaren Böden

---

[1] Paul Valery: „La crise de l'esprit" in: „Oeuvres Bd. I", Gallimard 1962, S. 1004.
[2] Rémi Brague: „Europa – seine Kultur, seine Barbarei: Exzentrische Identität und römische Sekundarität", Springer 2012, S. 100ff.

des afrikanischen Nordens mit den zivilisatorischen Zentren Kleinasiens sowie mit den Halbinseln Südeuropas und Teilen deren kontinentalen Hinterraums. Spätestens in den Räumen der Germanen und den osteuropäischen Stämmen fand das Imperium sein geografisches Ende. Das Mittelmeer war in der Antike und im Frühmittelalter ein Verbindungsraum zwischen Afrika und Eurasien, keinesfalls eine kulturelle Grenze. Diese Anschauung, die heute durch EU-Grenzeinsätze im Mittelmeerraum wieder deutlich wird, gewann erst mit dem mittelalterlichen Vorstoß des Islams an echter Bedeutung und wird bis heute als evident betrachtet.

Ständiges
Auseinanderdriften

In gewisser Weise kann das Bestreben des ehemaligen Staatspräsidenten Frankreichs, Nicolas Sarkozy, aus dem Jahre 2008, eine Mittelmeerunion unter Führung der südwestlichen EU-Randmächte zu gründen, als wiederholter Vorstoß gesehen werden, den Mittelmeerraum wieder in einen politischen Raum umzuwandeln, der unter Ausschluss Nord- und Osteuropas funktioniert. Es ist der Versuch von Randmächten, sich statt in die europäische Mitte zu zentrieren, in die Peripherie vorzudringen. Diese nun bereits sieben Jahre zurückliegende Tatsache ist beispielhaft für die historischen wie aktuellen Zentrifugalkräfte Europas. Europa, mit seiner „exzentrischen Identität", ist dem ständigen Auseinanderdriften seiner Teile sowie dem andauernden Eindringen seiner Flügelmächte ausgesetzt.

Betrachtet man beispielsweise die Euro- und Schuldenkrise unter diesen Vorzeichen, so wird eine ziemlich klare Trennlinie Europas deutlich – jene zwischen Nord- und Südeuropa. In der Debatte um Staatsverschuldung und ökonomisches Wachstum wurde nicht selten der Vorschlag eines Nord- und Südeuro angeführt. Verbunden wurde diese währungspolitische Trennung mit einer kulturellen Auseinandersetzung. In einem Aufsatz, den mehrere französische, spanische und griechische Zeitungen in der Hochphase des Fiskalstreits im Jahre 2013 druckten, schlug der italienische Philosoph Giorgio Agamben unter Rückgriff auf konfessionelle Trennlinien die Gründung eines „Latin Empire" vor.[3] Also einen politischen Raum, der bestehend aus Spanien, Portugal, Italien, Griechenland und Frankreich, der anglo-germanischen wirtschaftlichen Dominanz entgegensteht. Diese Trennlinie begründete Agamben in Erwähnung der konfessionellen Spaltung, die im Europa des 16. Jahrhunderts zwischen „südlichem" Katholizismus und „nördlicher" protestantischer Ethik entstanden ist, sowie der

---

[3] Giorgio Agamben: „The ‚Latin Empire' should strike back" in: Libération, 26.03.13.

ethnischen Trennung zwischen romanischer und germanischer Stämme, die mitten durch Europa verläuft.

Der – gescheiterte – Versuch des ehemaligen griechischen Finanzministers Giannis Varoufakis vor einem Jahr, unter Einbeziehung der französischen Regierung das „deutsche Spardiktat" zu brechen, greift auf einen ähnlichen Grundgedanken zurück: Den Versuch, überkommen geglaubte Trennlinien des Kontinents zu reaktivieren und politisch nutzbar zu machen. Die Tatsache, dass dieser politische Keil zwischen Nord und Süd noch abgewendet werden konnte, darf nicht darüber hinwegtäuschen, dass bei Fortdauern der Krise ein Aufbrechen dieser Trennlinien nicht nur wahrscheinlich würde, sondern wohl das Ende des europäischen Projekts in heutiger Form zur Folge hätte.

Ebenso aktuell ist die Flüchtlingsfrage, in der Europa – natürlich nicht ausschließlich – an dem Widerstand osteuropäischer Staaten scheitert. Diese Trennungslinie ist weniger kultureller als ideologischer Art. Das „karolingische Westeuropa", darunter das Europa der Sechs, ist einigermaßen an eine individualistische, säkulariziere und ethnisch-plurale Gesellschaft gewöhnt, die dem „Westen" zu eigen ist. Unter anderem dies meinte Heinrich August Winkler, als er den „langen Weg nach Westen" Deutschlands skizzierte, den die Bundesrepublik während der ideologischen Spaltung Europas in Ost und West – ja, der ganzen Welt – abgeschlossen hatte.[4] Einige osteuropäische Staaten, darunter Polen, Ungarn, Slowakei und Tschechien, sind deutlich religiöser – meist katholisch – und an das Bild einer homogenen Gemeinschaft gewöhnt; nicht zuletzt aufgrund der späten Zurückeroberung des Nationalstaats nach dem Zusammenbruch des Sowjetimperiums. Der Zuzug fremder Kulturen und Religionen wird dort bereits in geringer Zahl als Bedrohung wahrgenommen, während Westeuropa voller Unverständnis ethnische Pluralität als Status Quo anerkennt. Die nun beginnende, engere Kooperation zwischen den nationalkonservativen Regierungen in Warschau und Budapest ist dabei Ausdruck politischer Reaktivierung alter Trennlinien, die auf der Abgrenzung zu Westeuropa basiert. Auch an der Spaltung Ost/West kann – wie aktuell sichtbar – die Europäische Union scheitern.

Der Ukraine-Konflikt, der mit der Annexion der Krim im Februar 2014 durch die Russische Föderation begann und selbst zwei Jahre später in Form eines hybriden Krieges in der Ostukraine fortbesteht, steht als Beispiel für das Eindringen semieuropäischer Flügelmächte bereit. Die Ukraine ist zwar nicht Teil der Europäischen Union und sie wird es in naher Zukunft wohl auch nicht sein, dennoch ist sie Teil der neuen europäischen post cold

---

4 Heinrich August Winkler: „Der lange Weg nach Westen", C.H. Beck 2002.

war order. Sie ist Teil der europäischen Peripherie und wurde und wird durch die EU mithilfe von Assoziierungsabkommen und Finanzhilfen als solche behandelt. Die zentrale Frage, die dieser Konflikt aufwarf, ist jene nach der Zugehörigkeit Russlands; entweder als asiatische und damit außereuropäische Macht oder als Bestandteil Europas. Dass sich diese Frage an der europäischen Peripherie sowohl in Form von Bewegungen einiger Staaten zu Russland hin – so beispielsweise Ungarn – als auch durch das Eindringen Russlands in Randgebiete – egal ob ökonomischer, militärischer oder kultureller Natur – ständig neu stellt, ist ebenfalls Teil jener „exzentrischen Identität" Europas.

England
am Rande

Zum Schluss ist eine Krise zu nennen, die derzeit noch nicht so genant wird, wohl aber in den kommenden Monaten diesen Namen erhalten wird: der mögliche Austritt Großbritanniens aus der Europäischen Union (Brexit). Der britische Premier David Cameron begründete das von ihm angestrebte Referendum, das über den EU-Austritt entscheiden soll, nicht zuletzt mit den besonderen Beziehungen zwischen London und Washington, die sowohl kultureller als auch ökonomischer und politischer Natur sind. Ob das Königreich ein echter Teil Europas sei, ist aber keinesfalls eine neue Fragestellung. Im Zuge des versuchten europäischen Mächtegleichgewichts nach dem Wiener Kongress Anfang des 19. Jahrhunderts verstand sich Großbritannien als „Zünglein an der Waage", das im Zweifelsfall über die Geschehnisse in Kontinentaleuropa entscheiden würde. Wohlbemerkt, nicht als Teil Europas.

Die Kolonialorientierung des Empire sowie die Entstehung der Vereinigten Staaten als angelsächsische Brudernation trugen im erheblichen Maße zu der Infragestellung der – geografisch recht klaren – Westgrenze Europas bei. Nicht wenige Intellektuelle und Politiker Kontinentaleuropas sahen jene Grenze nämlich nicht mehr im Atlantik, sondern im Ärmelkanal liegen. Und auch auf der Insel herrschte die Anschauung vor, Britannien sei eher eine (semi-)europäische Flügelmacht, die, in enger Kooperation mit den Vereinigten Staaten, mit dem zaristischen Russlands konkurriere. Noch 1945, in der berühmten Züricher Rede Winston Churchills, in der der britische Staatsmann das Zusammenwachsen Europas forderte, war Großbritannien wie selbstverständlich von Europa exkludiert. Auch diese jahrhundertalte Zentrifugalkraft, die Großbritannien vom Zentrum des Kontinents entfernt und zur Orientierung an die westliche Peripherie – in diesem Fall die USA – bewegt, ist eine ständige und andauernde Bedrohung des Zusammenhalts

Europas. Dass diese Zentrifugalkraft zwei Jahrhunderte später wieder aufbricht, zeigt, dass auch die Europäische Union historische, kulturelle und politische Zentrifugalkräfte nicht hinter sich lassen konnte. Im Gegenteil, sie ist ihnen ständig ausgesetzt.

Die Zentrifugalkräfte
Europas

All diese Krisen, Konflikte und Auseinandersetzungen, die seit mehreren Jahren unseren medialen Alltag beherrschen, erscheinen auf den ersten Blick wenig zusammenhängend – ja sogar grundverschieden. Dass dies so ist, ist Ausdruck einer fehlenden Umgewöhnung der europäischen Gesellschaften und politisch-medialen Eliten auf komplett veränderte Rahmenbedingungen. Das karolingische Westeuropa, das sich mit dem Zentrum Frankreich im Zuge des Ost-West-Konfliktes entwickelte und durchaus so etwas wie eine innewohnende Identität kannte, ist Geschichte. Die Europäische Union, die sich nach dem Ende des Kalten Krieges durch die Süderweiterung und Osterweiterung konstituierte, ist mit der Situation vor 1990 nicht mehr vergleichbar. Es erinnert vielmehr an den vergangenen europäischen Ordnungen des 17., 18. und „langen" 19. Jahrhunderts. Die innereuropäischen Trennlinien, die wir derzeit in Form von Nord/Süd und Ost/West beobachten, gehen auf diese Zeit zurück. Zusammen mit dem ebenfalls jahrhundertalten Eindringen und Wegbrechen europäischer Flügel- und Randmächte stellen sie die zentralen politischen Probleme dar, die Europa seit einigen Jahren an den Rand des Scheiterns bringen. Sie sind die „Zentrifugalkräfte Europas", wie der Politikwissenschaftler Herfried Münkler sie tauft.

Seine Lösung für diese ständigen Energien, die an dem Bestehen und Zusammenbleiben der Europäischen Union zerren, ist eine starke und vor allem kluge „Macht in der Mitte", die derzeit nur die Bundesrepublik sein kann.[5] Nur sie kann aufgrund ihrer derzeitigen ökonomischen Stärke sowie der wesentlichen Kongruenz ihrer Interessen mit den Interessen einer kohärierten Europäischen Union den Zentrifugalkräften Europas Kräfte des Zentripetalen entgegensetzen. Das mag richtig sein, doch sie kann diese Kräfte auch erst hervorrufen. Es kommt nicht von ungefähr, dass viele Griechen ihren Kampf gegen die Austeritätspolitik als Kampf gegen den „Hegemon Deutschland" verstehen, den sie für das Fortdauern der Krise verantwortlich machen. Und es ist kein recht großer Schritt, von dieser

---

[5] Herfried Münkler: „Macht in der Mitte, Die neuen Aufgaben Deutschlands in Europa",
Edition Körber-Stiftung 2015.

Überzeugung ausgehend, zusammen mit Frankreich, Spanien, Portugal und Italien einen Nord/Süd-Konflikt konstruieren zu wollen. Das – vor allem rhetorisch – harte Auftreten der Bundesregierung in der Schuldenkrise kann also selbst alte Trennlinien zutage fördern, die man eigentlich zu vermeiden versuchte. In diesem Kontext ist es auch wichtig, auf osteuropäische Töne zu achten, wie jene Victor Orbans, der in der Flüchtlingsfrage vom „moralischen Imperialismus" Deutschlands spricht.

Ist also vom „Scheitern Europas" die Rede, so bietet die Geschichte dafür zahlreiche Beispiele. Sie alle berichten uns von einem Kontinent, dessen kriegerische Dynamik stets aus den zahlreichen kulturellen und politischen Spaltungslinien seiner Teile erwachsen ist. Sie zu bändigen und zusammenzuhalten ist weder einfach, noch ist dies eine Aufgabe, die man jemals abgeschlossen haben könnte. Insofern werden Schlagzeilen, die die EU „nahe am Abgrund" sehen, uns noch lange begleiten. Die Ursachen dafür auch historisch zu verstehen, einzuordnen und bestenfalls zu überbrücken, wird die Aufgabe all jener sein, die den zahlreichen Zentrifugalkräften Europas die Kraft des Petalen entgegensetzen möchten. Aus physikalischer Sicht müssen beide Kräfte stets gleich groß sein. Man kann nur hoffen, die Politik nimmt sich dies zum Vorsatz.

RALPH JANIK

Wie demokratisch ist das Völker- und Europarecht?

**Die Schweizer Volksinitiative
„Schweizer Recht statt fremde Richter" wirft
erneut die alte Frage über das Verhältnis
von Völkerrecht und Landesrecht auf. Ist das
Völkerrecht undemokratisch?**

Die Frage des Verhältnisses von Schweizer Landesrecht zu Völker- und Europarecht ist auch nach der Ablehnung der Durchsetzungsinitiative alles andere als vom Tisch[1]. Die Schweizerische Volkspartei (SVP) mag eine Schlacht verloren haben, der Krieg ist aber noch lange nicht vorbei. Bis September 2016 werden Stimmen für die Volksinitiative „Schweizer Recht statt fremde Richter" gesammelt. Gemeint sind mit den „fremden Richtern" der Europäische Gerichtshof (EuGH) und der Europäische Gerichtshof für Menschenrechte[2]. Darüber hinausgehend kritisierte der Schweizer Unternehmer und SVP-Politiker Christoph Blocher ganz allgemein, dass „der verfassungsmäßige Gesetzgeber – also Volk und Stände" – durch internationale Rechtsnormen zunehmend ausgeschaltet[3] werde. Womit er die alte und eigentlich geklärte Streitfrage des Verhältnisses zwischen Völkerrecht und Landesrecht zu neuem Leben erweckte.

Auf der einen Seite stehen jene, denen zufolge das Völkerrecht die nationalstaatliche Souveränität und damit jene des (Schweizer) Volkes aushebelt. Umgekehrt widerspricht das Wesen des Völkerrechts jedoch dem Gedanken freiwilliger Selbstbindung (von Staaten) – ein Kritikpunkt, mit dem sich etwa der große Hans Kelsen auseinandergesetzt hatte. Ihm zufolge ist die staatliche Souveränität insofern relativ, als sie notwendigerweise durch das „Primat des Völkerrechtes" eingeschränkt wird.

[1] Markus Felber: „Beim Völkerrecht droht der SVP ein Rohrkrepierer", NNZ online, 06.03.2016.
[2] „Argumentarium zur Volksinitiative ‚Schweizer Recht statt fremde Richter'", SVP, Aufruf 26.03.2016.
[3] „SVP will Schweizer Recht über Völkerrecht stellen", Tagesanzeiger online,12.08.2014.

Völkerrecht als „äußeres Staatsrecht"

Derzeit haben „Bund und Kantone" gemäß Artikel 5(4) der Schweizer Bundesverfassung das Völkerrecht „zu beachten". Das lässt theoretisch viel Raum offen: In der Praxis steht das Völkerrecht im Einklang mit dem soeben erläuterten Verständnis relativer Souveränität und aufgrund der Verpflichtung, Verträge nach Treu und Glauben zu erfüllen, derzeit jedoch grundsätzlich über der Schweizer Verfassung.[4]

Die Initiative „Schweizer Recht statt fremde Richter" würde diese Bestimmung zugunsten der Schweizer Verfassung abändern: „Die Bundesverfassung steht über dem Völkerrecht und geht ihm vor, unter Vorbehalt der zwingenden Bestimmungen des Völkerrechts", lautet der strittige Passus. Einzig ausgenommen wären also etwa das Verbot völkerrechtlicher Aggression, die Wahrung des Selbstbestimmungsrechts oder das Verbot von Sklaverei, Völkermord, Apartheid und Folter.

Ein derartiger Vorstoß stößt bei Staats- und Völkerrechtlern natürlich sauer auf.[5] Sie fühlen sich in die Zeit absoluter Souveränität und der Hegelschen Auffassung vom Völkerrecht als bloßes „äußeres Staatsrecht" zurückversetzt: Völkerrecht wird demgemäß auf nicht bindende Verhaltensnormen reduziert, auf bloße Richtlinien, die sich gegebenenfalls brechen lassen, wenn sie den eigenen nationalstaatlichen Interessen zuwiderlaufen.

Bei aller Kritik weist das Völkerrecht allerdings in der Tat einige Eigenschaften auf, die in einem eklatanten Widerspruch zu einem robusten Demokratie- und Souveränitätsverständnis der Marke Schweiz stehen. Davon zeugt etwa die Praxis im Zusammenhang mit völkerrechtlichen Verträgen und die Herausbildung beziehungsweise Bedeutung des Gewohnheitsrechts.

Verträge

Internationale Verträge sind eine der Hauptquellen des Völkerrechts. Einmal geschlossen, können gerade politisch heikle Verträge oft nur schwer und langsam wieder abgeändert werden. So sehen Staaten (bzw. eigentlich Regierungen) sich oft vor die unattraktive Wahl gestellt, mit unliebsamen, allzu restriktiven oder unzeitgemäßen Bestimmungen entweder zu leben, diese zu brechen oder Verträge komplett zu kündigen. Letztere Option

---

4 Eidgenössisches Department für ausländische Angelegenheiten: „Verhältnis Völkerrecht, Landesrecht", EDA online, 12.10.2015.
5 „Schweizer Recht vor fremdem Recht?", NNZ online, 12.08.2014.

wurde ihrerseits jüngst im Zusammenhang mit dem Europäischen Stabilitätsmechanismus problematisiert; schließlich enthält dieser keine Bestimmungen zur Kündigung, womit allein die Bestimmungen der Wiener Vertragsrechtskonvention anzuwenden sind. Eine Kündigung wäre folglich vor allem einvernehmlich oder aufgrund einer maßgeblichen Änderung der Umstände (diese werden freilich sehr restriktiv gehandhabt) möglich. Angesichts der realpolitischen Schwierigkeiten eines solchen Ausstiegs stehen Verträge wie dieser daher durchaus in einem Spannungsverhältnis mit einem starken Demokratieverständnis – eine einmal gewählte Regierung kann ihre Nachfolger faktisch auf lange Zeit binden und einschränken. Dabei handelt es sich freilich um kein dem Völkerrecht, sondern vielmehr der Demokratie inhärentes Problem – keine Regierung kann ihre Arbeit auf einer weißen Tafel antreten, Verträge sind hier nur eine von vielen „geerbten" Handlungen ihrer Vorgänger.

Ein anderer Kritikpunkt betrifft die Art ihres Zustandekommens – rezentes und politisch besonders brisantes Beispiel sind die Verhandlungen zum geplanten Freihandelsabkommen zwischen der EU und den USA: Dieses gilt als Paradebeispiel dafür, dass vertragliche Verpflichtungen oft das Resultat eines hinter verschlossenen Türen durchgeführten Kuhhandels[6] fernab der nationalen Parlamente sind; deren Rolle beschränkt sich zumeist auf das Absegnen, nicht aber auf den Inhalt.

Gewohnheitsrecht

Daneben steht das Gewohnheitsrecht, die zweite große Rechtsquelle, in einem noch eklatanteren Widerspruch zu einem starken Demokratieverständnis. Es hat schließlich nur bedingt konsensualen Charakter, da es durch die Praxis einer großen Anzahl von Staaten in Begleitung der dazugehörigen Überzeugung rechtmäßigen Handelns entsteht. Sofern man stillschweigendes Hinnehmen (acquiescence) als Einverständnis wertet, könnten Staaten somit durch die Hintertür verpflichtet werden, ohne es überhaupt zu merken und zu wollen (ein vor allem im US-Diskurs oft angeführter Kritikpunkt). Auch die Auffassung, wonach einige wenige oder gar ein einzelner Staat sich der Anwendbarkeit einer völkergewohnheitsrechtlichen Regel durch anhaltenden Widerspruch – man spricht von einem „persistent objector" – entziehen können, ist im Detail stark umstritten. Obendrein lässt sich eine derartige Haltung im Hinblick auf den äußeren Druck langfristig oft nicht aufrechterhalten.

---

[6] Petra Pinzler: „Aus Angst vor den Bürgern", Zeit online, 23.01.2014.

Die bereits im Zusammenhang mit Verträgen angeführte mangelhafte Kontrolle über deren Abschluss und Inhalt von völkerrechtlichen Verpflichtungen ist hier folglich noch weniger gegeben. Auf die größten Problembrocken mangelnder Bestimmtheit und dem oftmals inflationären, dessen Wert aushöhlenden Umgang mit dieser Rechtsquelle, sei an dieser Stelle nur am Rande verwiesen.

Was tun?

Eine zufriedenstellende Auflösung des alten Spannungsverhältnisses zwischen Demokratie und Souveränität wird sich auf unabsehbare Zeit nicht verwirklichen lassen. Das in der Bevölkerung immer noch weit verbreitete robuste Souveränitätsverständnis deckt sich schon lange nicht mehr mit der Realität. Realpolitische Notwendigkeiten (um ein sprachliches Ungetüm zu bemühen) lassen sich allenfalls mit einer sehr weiten Auffassung von demokratischer Legitimität begründen. In der gegenwärtigen Debatte wird gerne betont, dass die Schweiz durch eine allzu starke Betonung des Volkswillens auf internationaler Ebene zu einem unzuverlässigen Partner wird[7]. Außerdem seien die internationalen Verpflichtungen der Schweiz bei aller Kritik immer noch unter Einverständnis des Souveräns zustande gekommen – wenn auch nicht immer unmittelbar, sondern durch seine gewählten Vertreter.

Dennoch ist gerade in Zeiten der zunehmenden Internationalisierung des Rechts das damit einhergehende weit verbreitete Gefühl der Machtlosigkeit ernst zu nehmen, zumal es sich um kein Schweizer Unikum handelt. Es ist kein Zufall, dass mit Großbritannien ein zweites Land mit einem tiefgehenden Demokratieverständnis besonders hervorsticht. Einerseits durch den „Brexit" und andererseits betonen so manche britische Juristen immer wieder, dass Urteile des EGMR lediglich „in Betracht" gezogen werden müssten.[8]

Unworte wie „alternativlos"[9] im Zusammenhang mit Maßnahmen auf europäischer Ebene zeugen von einem Diskurs, in dem zwischen „Wissenden" auf der einen und dem „Pöbel" auf der anderen polarisiert wird. Viele Regeln werden als von außen, durch eine fremde Macht aufoktroyiert wahrgenommen. Gänzlich unbegründet ist dieses Gefühl gewiss nicht, soviel gilt es sich einzugestehen. Dass politische Parteien aus diesen Entwicklungen Kapital schlagen und vorhandene Wahrnehmungen verstärken, erscheint

---

[7] Fanny de Weck: „Vertragsbruch ist keine Option", NZZ online, 07.06.2014.
[8] Jessica Elgot: „British judges not bound by European court of human rights, says Leveson", The Guardian online, 24.05.2015.
[9] „Alternativlos", Wikipedia.de, 24.07.2015.

wenig verwunderlich. Ob eine Maßnahme wie die tiefgehende Änderung der Schweizer Verfassung hierfür ein probates Mittel ist, steht freilich auf einem anderen Blatt.

FRANK FUREDI

Europas Geschichte zurückerobern

Für die EU ist Europas Geschichte eine Schande. Das ist grundfalsch, denn wir können aus der Geschichte eine wertvolle Orientierung für unsere Zeit gewinnen

Von Zeit zu Zeit möchte die EU routinemäßig die politische und kulturelle Distanz zwischen ihr und den europäischen Bürgern verringern. In der dritten Aprilwoche dieses Jahres diskutierte das Europäische Parlament über den Bericht „Über die EU in der Schule lernen"[i] von Damian Drăghici, einem rumänischen Mitglied des Europaparlaments. Der Bericht ruft die Mitgliedsstaaten dazu auf, das Ideal der EU in den Schulen zu propagieren und die „Wichtigkeit und das Potential eines europäischen Ansatzes im Geschichtsunterricht" zu betonen. Laut Drăghici lieben die Menschen die EU darum nicht, weil sie ihre wichtige Bedeutung und ihre Funktionsweise nicht verstehen. Er behauptet, dass die Ignoranz der Europäer bezüglich des „konkreten Zusatznutzens" der EU zu einer „Wahrnehmung eines demokratischen Defizits" beiträgt und zu einer „weitverbreiteten Euroskepsis in den Mitgliedsländern und Beitrittskandidaten" führt. Die Frage, ob die Erklärung einer anwachsenden Euroskepsis durch eine ignorante Öffentlichkeit nicht eine Übersimplifizierung des Problems darstellt, verneinte er:

„Nein, das glaube ich nicht. Gemäß einer Studie geben 44 Prozent der Europäer an, die Funktionsweise der EU nur bedingt zu verstehen und viele Europäer haben das Gefühl, ihre Stimme werde in der EU nicht gehört. Wenn ich mich nun in die Lage eines jungen Menschen versetze, so würde ich meine Rechte kennen wollen. Ich würde nicht nur mehr über meine Geschichte, die europäische Geschichte, erfahren wollen, sondern auch darüber, wie ich mich als Bürger für ein besseres Europa und das europäische

---

i Damian Drăghici: „Über die EU in der Schule lernen", Europäisches Parlament online, 11.04.2016.

Projekt engagieren kann - insbesondere heutzutage, in Zeiten, in denen der Euroskeptizismus stark zunimmt."[2]

Es ist nicht der erste Versuch von EU-Technokraten, mit Hilfe von Propaganda in Schulen der EU Legitimität zu verleihen. Dabei erwies sich die EU allerdings als ausgesprochen unfähig dabei, jungen Menschen einen Sinn für europäische Geschichte mit auf den Weg zu geben.

Welche Geschichte?

Es ist wesentlich einfacher, eine Europäische Union zu schaffen, als Leute dazu zu bringen, sich europäisch zu fühlen. Es wird oft gesagt, dass einer der Hauptgründe dafür, warum die europäische Identität so kraftlos ist, das Anwachsen nationalistischer Stimmungen in Europa sei. Doch trotz wiederkehrender Erfolge nationalistisch-populistischer Parteien wurde die EU nicht von einem Anstieg des Nationalismus überwältigt. Ganz im Gegenteil, viele Gesellschaften in Europa – Belgien, England, Frankreich und die Niederlande, um nur einige zu nennen – wissen selbst nicht so genau, wie sie ihre eigene nationale Identität definieren würden. Wenn es den EU-Bürgern an einer starken Bindung and Europa mangelt, dann sicher nicht, weil sie eine starke nationale Identität vorzuweisen hätten. Dennoch gibt es freilich viele Gründe dafür, warum die europäische Identität so wenig ausgeprägt ist. Einer der zentralen Gründe lautet, dass Europa als Idee, als ein wichtiger Bestandteil unserer Kultur, den Kindern, die Drăghici versucht zu beeinflussen, wenig bedeutet.

Man schaue sich nur einmal die pädagogischen Initiativen an, die für Europa werben sollen. Sie neigen zu einem institutionellen und propagandistischen Charakter. Nehmen wir als Beispiel die von einer britischen Stiftung herausgebende Schul-Arbeitshilfe „The EU Explained: A Toolkit for Teachers" („Wir erklären die EU: Eine Arbeitshilfe für Lehrer")[3]. Diese Arbeitshilfe fokussiert sich gänzlich darauf, den Schülern die institutionelle Struktur der EU zu vermitteln. Die zugrundeliegende Absicht ist die Darstellung der pragmatischen Gründe, die für eine EU-Mitgliedschaft sprechen. Sie bietet keinen Einblick darin, was es bedeutet, ein Europäer zu sein und enthält nur einen winzigen Abschnitt[4], der das geschichtliche Vermächtnis des Kontinents streift: „Nach dem Zweiten Weltkrieg lagen die

---

[2] „EU unterrichten: Wie die Bürger der Europäischen Union wieder nähergebracht werden könnten", Europäisches Parlament online, 11.04.2016.
[3] Vgl. Virginia Gibbons: „How do you teach about the European Union?", Hansard Society online, 09.05.2011.
[4] Ebd.

Länder Europas in Trümmern und waren entschlossen, eine solche Zerstörung nie wieder zuzulassen. Europa begann darüber nachzudenken, wie sich ein künftiger Konflikt vermeiden lassen könnte." Eine Lektüre anderer pädagogischer Angebote über die EU zeigt, das „Wir erklären die EU" für eine Tendenz steht, Europa außerhalb jeglichen historischen, philosophischen und intellektuellen Zusammenhangs zu diskutieren. Ganz so, als ob Europa erst im Anschluss an den Zweiten Weltkrieg geboren worden wäre.

**Warum es die Kinder
nicht interessiert**

Erziehung hat viele Dimensionen, man darf sie nicht einfach auf den Akt des Lehrens beziehungsweise des Lernens reduzieren. Vielmehr handelt es sich dabei um einen Prozess, durch den wir eine jüngere Generation in den Lauf der Welt einführen. Durch Erziehung versucht die erwachsene Gesellschaft, die Kinder mit der Welt, wie sie ist, vertraut zu machen und vermittelt ihnen dabei das Wissen, mit dem sie sie verstehen können. Die generationsübergreifende Dynamik ist ein zentraler Bestandteil der Erziehung. Durch Erziehung stellen die Erwachsenen ihre Verantwortung gegenüber der neuen Generation unter Beweis, indem sie junge Menschen an die Welt heranführen, wie sie diese verstehen.

Sowohl für linke als auch rechte Denker ist Erziehung ein Austausch zwischen den Generationen. Antonio Gramsci, der italienische Marxist, schrieb, dass „in Wirklichkeit jede Generation die neue Generation erzieht"[5]. Aus konservativer Warte schließt der englische Philosoph Michael Oakeshott, dass „sich Erziehung in ihrer allgemeinsten Bedeutung als ein spezifischer Austausch verstehen lässt, der sich zwischen den unterschiedlichen Generationen von Menschen abspielen kann, wobei Neuankömmlinge in die bewohnte Welt eingeführt werden."[6] Die liberale Philosophin Hannah Arendt betrachtet den „Bereich der Erziehung" als einen Ort, der durch die „Beziehung zwischen Erwachsenen und Kindern" beherrscht würde. Sie vertrat die Ansicht, wonach diese Beziehung viel zu wichtig sei, um sie „der Pädagogik, einer Spezialwissenschaft" zu überlassen.[7]

Eine der Aufgaben der Erziehung ist es, die Kinder über die Welt wie sie ist, zu informieren. Obwohl die Gesellschaft ständig den Kräften des Wandels unterworfen ist, muss die Erziehung junge Leute mit dem Vermächtnis

---

[5] Antonio Gramsci: „Gefängnishefte I", Argument-Verlag 1991-2002, S. 114.

[6] Timothy Fuller (Hrsg.): „The voice of liberal learning: Michael Oakeshott on education", Yale University Press 1989, S.65.

[7] Hannah Arendt: „Die Krise in der Erziehung. In: Zwischen Vergangenheit und Zukunft. Übungen im politischen Denken I", Piper 2000., S. 266 u. S. 268.

der Vergangenheit vertraut machen. „Da die Welt nun einmal alt ist, stets älter als die Kinder, richtet sich das Lernen unweigerlich auf die Vergangenheit, ganz egal, wie sehr sich unser Leben in der Gegenwart abspielt", bemerkt Arendt. Der Begriff „Aus der Vergangenheit lernen" verkommt oft zur Plattitüde. Dennoch ist es unmöglich, sich auf die Zukunft einzulassen, ohne auf den Einsichten und dem Wissen aus den menschlichen Erfahrungen vergangener Jahrhunderte aufzubauen. Der Übergang von einer Generation zu einer anderen erfordert Erziehung, um die Lektionen zu vermitteln, die die Menschheit in den vergangenen Zeitaltern gelernt hat. Eine der Hauptaufgaben der Erziehung besteht darin, das Wissen um die Vergangenheit zu bewahren, sodass junge Leute die kulturellen und intellektuellen Ressourcen erhalten, um die Herausforderungen bewältigen zu können, denen sie begegnen.

Wie ich bereits an anderer Stelle bemerkte, vermittelt die Erziehung in westlichen Gesellschaften nicht mehr das Vermächtnis der Vergangenheit an die Kinder.[8] Dieses Problem wurde im Kontext der EU sogar noch verschlimmert. Warum? Weil die EU-Projekte, die sich mit der Vergangenheit befassen, etwa das vieldiskutierte Haus der europäischen Geschichte[9] – von Sozialingenieuren gestaltet werden und nicht etwa von Leuten, die sich wirklich für Geschichte interessieren. Sozialtechnik stützt auch den Report Drăghicis, der die „Wichtigkeit und das Potenzial eines europäischen Ansatzes in der Geschichtsvermittlung" lobt. Würde jemand fragen „Potenzial wozu?" wäre die Antwort „das Potenzial zur Legitimierung der EU".

Drăghicis Plan wird seine Absicht verfehlen, aus dem ganz einfachen Grund, weil die EU für eine wirkliche Erkundung der europäischen Vergangenheit nicht offen ist. EU-Politiker betrachten die Vergangenheit als eine Quelle von Spannungen und Konflikten. Für sie ist die zerstrittene Geschichte Europas eher ein Grund, sich zu schämen, als sich von ihr inspirieren zu lassen. Konsequenterweise entschied man sich bei der Umsetzung eines Hauses der Europäischen Geschichte dafür, das Jahr 1946 als Ausgangspunkt der EU-Geschichte zu wählen. Indem sie sich auf 1946 als das europäische Jahr Null einigte, versuchte die politische Elite der EU sich von einer Geschichte zu befreien, die sie weder schätzt noch versteht. Einer politischen Kultur, die so beschämt von der Vergangenheit erscheint, wird es wohl kaum gelingen, ihr kulturelles Vermächtnis einer jüngeren Generation zu vermitteln.

8 Frank Furedi: „Wasted; Why Education Is Not Educating", Continuum Press 2009.
9 James Panichi: „House of European History gets cash and a lot of flak", Politico online, 30.12.2015.

Für das Erziehungsestablishment der EU ist die Geschichte Europas vor 1946 fremdes, um nicht zu sagen feindliches Gebiet. In der Tat enthält die Geschichte Europas einen nicht geringen Anteil deprimierender und schrecklicher Episoden. Und es ist daher vollkommen verständlich, dass viele aufgeklärte Europäer alles in ihrer Kraft Stehende tun möchten, um die regressiven Einflüsse des aggressiven Nationalismus und der Fremdenfeindlichkeit verschwinden zu lassen. Doch ist Europa, ob man will oder nicht, mit seiner Vergangenheit behaftet und kann nicht vorwärtskommen, wenn man sich nicht mit ihr auseinandersetzt.

Es ist ja nicht so, dass die Geschichte Europas nur etwas sei, für das man sich zu schämen hätte. Das antike Griechenland machte die Menschheit mit dem Geist der Philosophie vertraut und es eröffnete uns auch die Welt der Wissenschaft. Vom Judentum und Christentum erhielt Europa moralische Prinzipien, die bis heute als hochgehalten werden. Von den Römern übernahmen wir die Wertschätzung des Gesetzes und der Justiz, die uns Sicherheit und Ordnung bieten.

Die Geschichte Europas ist eine wichtige intellektuelle Ressource zur Revitalisierung unseres Denkens. Die Renaissance und die Aufklärung machten im wahrsten Sinne europäische Geschichte, sie bedienten sich beim Wissen der Antike, um vorherrschende Annahmen und Vorurteile in Frage zu stellen. Die heutigen Europäer werden diesen Bezug zur Vergangenheit brauchen, um ihre Gesellschaften zu erneuern und die intellektuellen Ressourcen zu entwickeln, um sich ihrer Zukunft zu stellen. Die Vergangenheit ist wichtig. Was Europa braucht, sind keine Kommissionsgesponserten Leitbilder über konstruierte Werte, sondern die Wertschätzung des geschichtlichen Vermächtnisses. Paradoxerweise ist das beste Gegenmittel gegen belanglose Rivalitäten zwischen den Nationen eine Dosis historischer Erinnerung. Geschichte bietet Europa Erfahrungen, die über Staatsgrenzen hinausreichen und formt somit ein wirkliches transnationales Empfinden.

Leider ist der Unwillen, über das europäische Jahr Null hinaus in die Vergangenheit zu blicken, im Schulwesen aller Länder Westeuropas verbreitet. Wichtige, aber heikle Fragen über Europa werden umgangen. Unter solchen Umständen mutiert Europa zur EU, und statt einer neuen Generation die Möglichkeit zu geben, sich mit ihrem kulturellen Vermächtnis vertraut zumachen, instruieren Pädagogen die Kinder in den Mechanismen einer Institution.

Der EU-Kult
des Neuen

Der „Jahr-Null-Ansatz" in der Erziehung ist ein Beispiel für die Tendenz, die Vergangenheit als relativ unbedeutend für die Gegenwart und sogar noch unbedeutender für die Zukunft zu halten. Betrachtet man die Dokumente zur Bildungspolitik, so kommt eine einseitige Obsession mit Neuerungen und Wandel zu Vorschein. Der Wandel wird regelmäßig als omnipotente Kraft dargestellt, der naturgegeben die vorherrschenden Formen des Wissens und dessen Vermittlung als hinfällig erscheinen lässt. Unter solchen Umständen wird behauptet, dass die Erziehung keine andere Wahl habe, als sich ständig zu transformieren und damit mit dem Lauf der Zeit Schritt zu halten. Aus dieser Perspektive kann sich Bildungspolitik nur dann rechtfertigen, wenn sie bereit zu Wandel und Anpassung ist. Im Wandel der Zeit wäre eine solche Bildungspolitik unbeständig, ihr Status wäre demnach kurzfristig und provisorisch. Der EU-Report „Bessere Kompetenzen für das 21. Jahrhundert: eine Agenda für die europäische Zusammenarbeit im Schulwesen"[10] kommt zu dem Ergebnis, dass sich die Welt extrem schnell ändere. Daher werden die jungen Leute „Berufe ausüben, die es jetzt noch nicht gibt". Er warnt ferner: „Die Technologie wird die Welt weiterhin auf für uns unvorstellbare Weise verändern."

Beständiger Wandel gilt nicht einfach nur als Tatsache des Lebens, mit der Pädagogen zu leben haben, er wird auch als etwas präsentiert, dass einen entscheidenden Einfluss auf den Lehrplan hat. Diese Darstellung des Wandels lässt die gesamte Vergangenheit als irrelevant erscheinen. Wenn wir uns tatsächlich kontinuierlich von einem „neuen Zeitalter" zum nächsten bewegen, dann haben die Institutionen und Praktiken der Vergangenheit nur wenig Bedeutung für das Heute. Die Neuausrichtung der Erziehung auf das Neue, Innovationen und Anpassungsfähigkeit verleiht ihr einen unbeständigen und kurzfristigen Charakter.

Das EU-Bildungsestablishment beteuert oft, es ginge in den Schulen nicht darum, Kindern und Jugendlichen Lehrinhalte für das Erwachsenenleben zu vermitteln. Die Verteidiger der Autorität des Neuen sind der Auffassung, Schule solle vor allem Wert auf Flexibilität und Anpassungsfähigkeit legen, weil das Wissen schnell obsolet wird. Ein Bildungspolitikdokument stellt fest: „Herausforderungen wie beispielsweise der Klimawandel werden eine radikale Umstellung verlangen".[11] Des Weiteren sollten Schulen sich

---

[10] „Bessere Kompetenzen für das 21. Jahrhundert: Eine Agenda für die europäische Zusammenarbeit im Schulwesen", Kommission der Europäischen Gemeinschaften online, 03.07.2008.
[11] Ebd.

darauf fokussieren, den Schülern zu mehr Flexibilität zu verhelfen, anstatt ihnen bald veraltetes Wissen aufzubürden. Denn „In dieser immer komplexeren Welt werden Kreativität und die Fähigkeit, weiterzulernen und Innovationen vorzunehmen, ebenso viel zählen wie – wenn nicht sogar mehr als – bestimmte Wissensgebiete, die unter Umständen veralten."

Dokumente zur europäischen Bildungspolitik stellen den Wandel auf eine dramatische und mechanistische Weise dar und übertreiben die Neuartigkeit des Augenblicks. Die Pädagogen gebrauchen dabei regelmäßig eine Rhetorik der Brüche und unsteten Übergänge, wobei sie aussagen, dass nichts sei, wie es vorher war und sich die Gegenwart von der Vergangenheit abgekoppelt habe. Ihre Weltsicht ist von einer Vorstellung geprägt, die sich so sehr auf die Verdrängung des Alten durch das Neue fixiert, dass sie oft die wichtigen Dimensionen der historischen Erfahrung, die für unser heutiges Leben immer noch relevant sind, übersieht. Die Diskussion über die Beziehung zwischen Erziehung und Wandel wird oft vom Kult um das Neue und den recht oberflächlichen Symptomen neuer Entwicklungen überwältigt. Dabei lenkt man von der Tatsache ab, dass sich die grundlegenden Bildungsbedürfnisse von Schülern nicht jedes Mal verändern, wenn eine neue Technologie unser Leben beeinflusst. Und ganz bestimmt bleiben die Fragen, die die griechische Philosophie, die Lyrik der Renaissance, die Wissenschaft der Aufklärung oder die Romane Balzacs aufwarfen, weiterhin relevant für die Schüler im hier und jetzt und nicht nur für diejenigen vor Anbruch des digitalen Zeitalters.

Wenn es so wäre, dass das, was wir heute Wissen nennen, bald veraltet sein wird, wie man uns immer einredet, dann wäre es schwierig, irgendein Wissen über die Vergangenheit ernst zu nehmen. Unter solchen Umständen hätte das Vermächtnis von 3000 Jahren europäischer Kultur wohl kaum einen Platz auf einem Lehrplan, der sich dem Neuen verschrieben hat. Wenn nur noch Wissen zählt, das den Einzelnen dazu befähigt, sich einer unbestimmten Zukunft anzupassen, dann wird das Vermächtnis Europas entwertet und dient letztlich nur noch dazu, Material für eine Nostalgieindustrie und für Museen zu liefern.

Wie sollte es nun weitergehen?

Seit einer gewissen Zeit fällt es vielen westlichen Gesellschaften schwer, einen Konsens über ihre Vergangenheit und ihre Grundwerte zu bilden. Traditionelle Symbole und Konventionen haben viel von ihrer Kraft zu begeistern und zu inspirieren verloren, in manchen Fällen sind sie sogar unwiderruflich zerstört. Man erkennt das besonders deutlich an der ständigen Kontroverse über den Geschichtsunterricht. Wenn die herrschende Generation der Meinung ist, dass die Geschichten und Ideale, mit denen sie aufgewachsen sind, ihre Relevanz in einer sich wandelnden Welt verloren haben, dann fällt es ihr sehr schwer, eben diese Geschichten und Ideale überzeugend an ihre Kinder zu übermitteln. In den erbitterten Auseinandersetzungen über historische Momente der Gerechtigkeit und Ungerechtigkeit spiegeln sich eigentlich widerstreitende Ansprüche und Identitäten wider.

Wie man unter diesen Umständen eine generationenübergreifende Diskussion führen möchte, ist eine Frage, die die Gesellschaft nicht zu stellen wagt, geschweige denn zu beantworten versucht. Dennoch erkennen die politischen Entscheidungsträger und Pädagogen intuitiv, dass man diese Frage angehen muss, irgendwie zumindest, und sie sind immer wieder gezwungen, auf den Bedarf an Werten und Traditionen, die man den Kindern vermitteln kann, zu reagieren. Doch die Versorgung mit „relevanten" Werten nach Bedarf funktioniert kaum – denn anders als die Konventionen, die organisch mit der Vergangenheit verbunden waren, sind diese Werte tendenziell zwar gut gemeinte, aber künstliche Konstrukte, die man leicht hinterfragen kann. Anders als Bräuche und Konventionen, die als sakrosankt gelten, erfordern diese konstruierten Werte wiederholt eine Rechtfertigung. Das ist einer der Gründe, warum von der EU vermittelte Werte und Leitbilder kaum je junge Leute inspirieren oder motivieren.

Will man die Geschichtsthematik wieder nach Europa zurückzubringen, ist es an den Schulen, die intellektuelle Entwicklung der Kinder ernster zu nehmen. Dabei ist es wichtig, die Konzeptualisierung der Rolle Europas in den Lehrplänen nicht als eine abgegrenzte Problematik zu betrachten, die nichts mit der Frage zu tun hat, wie Kinder etwas über ihr eigenes nationales kulturelles Vermächtnis lernen sollten. Sobald über Europa quasi als Zugabe gelehrt wird, wie in „Wir erklären die EU", dann hört Europa auf, eine organische Beziehung zum Leben der Kinder zu haben. Europa ist nicht von der Kultur und dem Gesellschaftsleben seiner Bürger getrennt. Was Menschen zu Europäern macht, ist die Fähigkeit, ihre gemeinsamen Erfahrungen in einem gegenseitig verständlichen Narrativ zu interpretieren.

Es gibt eine Reihe unterschiedlicher Möglichkeiten, wie man das Ideal Europas konzeptionalisieren kann. Immer wieder entdecken die Europäer die Idee der Freiheit als fundamentales Prinzip wieder, das ihre Lebensweise auszeichnet. Es war in Europa, wo sich die Idee der Toleranz durchgesetzt hat und wo die individuelle Glaubens- und Gewissensfreiheit die Fähigkeit der Gesellschaft, sich neuen Ideen und Erfahrungen zu öffnen, vergrößerte. Die Kultivierung einer abgegrenzten Sphäre des individuellen

Glaubens und des Gewissens begründet die Trennung zwischen öffentlichem Leben und Privatleben. Das Entstehen dieser beiden Sphären und der Wert, den wir dem Privatleben zumessen, entsprechen der Anerkennung und dem Respekt, die wir dem Individuum zugestehen. Eine der bedeutendsten Hinterlassenschaften der Europäischen Aufklärung ist das Ideal der individuellen moralischen Autonomie und die damit verbundene Anerkennung individueller Entscheidungsfreiheit. Die heutige Würdigung der Selbstverwirklichung und der Selbstentfaltung wäre ohne den Einfluss des aus dem 16. Jahrhundert stammenden Ideals des individuellen Gewissens undenkbar.

Der kombinierte Beitrag der Antike (griechisch und römisch), christlicher Philosophie, der Renaissance und der Aufklärung schuf die Grundlage für eine Offenheit gegenüber Experimenten, die wiederum die wachsende Bedeutung von Vernunft und Wissenschaft begründete. Von daher hat die europäische Kultur Ideen schon immer sehr ernst genommen. Typischerweise überwanden religiöse, philosophische und wissenschaftliche Bewegungen kulturelle und nationale Grenzen und sind schon immer Ausdruck einer wirklich europäischen Sichtweise gewesen. Die Erfahrungen der Renaissance und der Aufklärung sind Belege für die Tatsache, dass wichtige Ausdrucksformen der Kultur und der Wissenschaft von Anbeginn wahrhaft europäische Ereignisse waren. Ohne Rücksicht auf Staatsgrenzen waren die Bürger unterschiedlicher Kulturen in der Lage, gemeinsam an einem Vermächtnis zu arbeiten, das die Grenzen ihrer Gemeinschaften überwunden hat.

Die Geschichte versorgt Europa mit Erfahrungen, die sowohl Staatsgrenzen überwinden als auch ein wirklich grenzübergreifendes Empfinden erschaffen. Es ist dieses Empfinden, das wir in unseren Kindern kultivieren müssen. Um das zu erreichen, müssen wir uns mehr auf die Klassiker besinnen – was das Erlernen des Lateinischen und Altgriechischen miteinschließt – nicht etwa, weil es sich hierbei um einen elitären Hang zu einer irrelevanten Obsession handelt, sondern weil viele Fragen, die in der Vergangenheit gestellt wurden, uns bis heute verfolgen. Gerade weil das Vermächtnis und die Erfahrungen der Geschichte so wichtig sind, sollten diejenigen, die sich ihnen ernsthaft verschrieben haben, bei der Erziehung der Jugend eine führende Rolle einnehmen. Wenn wir die Geschichte zurück nach Europa bringen möchten, müssen wir uns dafür womöglich von der EU verabschieden.

Dschihadismus

Einleitung

FRANK FUREDI
Wie der Westen sich selbst terrorisiert

Interview mit ALADIN EL MAFAALANI
„Salafismus ist eine Jugendbewegung"

Interview mit CIGDEM TOPRAK
„Die muslimische Welt hat ein Radikalisierungsproblem"

Der falsche Krieg gegen den Terror

**Man besiegt den Dschihadismus
nicht mit Waffen. Der Westen muss sich
dem Kampf der Ideen stellen**

Es wird viel darüber gesprochen, dass die Terrororganisation „Islamischer Staat" militärisch bekämpft werden muss. Genauso intensiv wird über Sicherheitsbestimmungen diskutiert, die terroristische Anschläge verhindern sollen. Allerdings wird sich der Dschihadismus nicht allein mit Waffengewalt besiegen lassen. Der Westen kann den Terrorismus nur besiegen, wenn er auch die stärkeren Ideen präsentiert. Das Ideal der Aufklärung ist der Universalismus: eine Welt, in der es für alle eine bessere Zukunft und gemeinsame Werte gibt. Die vergangenen Jahrzehnte waren jedoch von Relativismus und Multikulturalismus geprägt. In westlichen Gesellschaften setzte sich ein Konsens durch, wonach es keine gemeinsamen Werte gibt, sondern nur ein Nebeneinander verschiedener Identitäten, die voneinander abgegrenzt und voreinander beschützt werden müssen. In einer Gesellschaft, die sich keine Mühe gibt, ein gemeinsames Ideal zu entwerfen, wenden sich die Menschen Subkulturen zu. Dort wird ihnen eine Identität gegeben. Gerade in Europa ist der radikale Islamismus auch eine solche Subkultur, aus der sich viele Attentäter, Amokläufer und IS-Kämpfer rekrutiert haben. Entsprechend schwer fällt es nun, junge Menschen mit islamistischen Ansichten zu erreichen. Will man sie wieder für die westliche Gesellschaft gewinnen, müssen wir die Ideale der Aufklärung neu für uns entdecken. Und der Tatsache ins Auge sehen, dass der Westen selbst zuweilen den Glauben an die Aufklärung verloren hat.

FRANK FUREDI

Wie der Westen sich selbst terrorisiert

Der Westen muss den Islamismus schlagen. Und zwar auf dem Schlachtfeld der Ideen

Im Jahr 2015 begann ein größer werdender Teil der Öffentlichkeit, den hausgemachten Terrorismus mehr als zu irgendeiner anderen Zeit seit dem 11. September als Bedrohung wahrzunehmen. Das Massaker an der Charlie Hebdo-Redaktion im Januar schürte bestehende Ängste über eine aufkommende Terrorbedrohung weiter an. Diese steigerten sich, als zwei Menschen Mitte Februar 2015 im dänischen Kopenhagen von einem Islamisten erschossen wurden. Das Massaker an 30 britischen Touristen in Tunesien bewies, dass Dschihadisten alle Nicht-Muslime als Angriffsziel verstehen. Was den Europäern aber wirklich den Angstschweiß auf die Stirn trieb, waren die mörderischen Attacken des 13. Novembers in Paris. Der Mord an vierzehn Menschen im kalifornischen San Bernadino wenige Wochen später erwies sich als amerikanisches Äquivalent.

Global gesehen stellen die vergleichsweise geringen Zahlen terroristischer Aktivitäten in Europa und den USA keine signifikante Bedrohung der westlichen Lebensweise dar. Was diese Angriffe aber bedrohlicher erscheinen lässt, ist ihre Verbindung mit dem weltweiten Aufstieg des Dschihadismus. Man denke nur an die Schlachtfelder in Afghanistan, Nordafrika, Libyen, Irak und nicht zuletzt Syrien. Westliche Interventionen haben sich dort als außerordentlich ineffektiv erwiesen. Die einzigen Kräfte, die erfolgreich dem IS Paroli geboten haben, sind die sehr überzeugten kurdischen Milizen und vom Iran angeführte Kämpfer im Irak.

Die Lage auf dem Schlachtfeld der Ideen ist eher noch beunruhigender. Wie einflussreich der sogenannte Islamische Staat geworden ist, zeigt sich in der Bereitschaft tausender junger Muslime aus westlichen Gesellschaften, nach Syrien zu reisen und dort ihr Leben für den „heiligen Krieg" zu riskieren. Was sich westliche Regierungen dabei nicht eingestehen möchten: Viele normale und idealistische muslimische Teenager fühlen sich zu einer kulturellen Weltanschauung hingezogen, die westliche Gesellschaften und deren Werte verachtet.

Drohende Niederlage im Kampf der Ideen

Die Reaktion von Teilen der muslimischen Gemeinschaft auf die Attentate in Paris ist von erheblicher Bedeutung. Zweifellos reagierten viele schockiert auf die Massaker, die im Namen des Islams begangen worden waren. Einige junge Muslime beurteilten sie jedoch eher ambivalent.

Dies zeigte sich in den Nachwehen des Charlie Hebdo-Anschlags. In vielen Pariser Banlieus wurde nur wenig um die Opfer getrauert. Zahlreiche französische Lehrer berichteten von einigen Migrantenkindern, die eine zutiefst ablehnende Haltung gegenüber den Opfern der Terroristen zum Ausdruck brachten. Andere sagten, dass sich einige Kinder weigerten, die offizielle Version der Ereignisse zu akzeptieren. Darüber hinaus lehnten es viele dieser Kinder ab, an der Schweigeminute für die Opfer teilzunehmen. Ihre Lehrer wussten nicht, wie sie darauf reagieren sollten.

Diese Reaktion vieler junger muslimischer Schulkinder auf den Charlie Hebdo-Anschlag ist nahezu deckungsgleich mit den Ergebnissen öffentlicher Umfragen bezüglich des IS. In einer britischen Studie aus dem Jahr 2015, für die 2000 Erwachsene befragt wurden, gaben neun Prozent an, eine positive Meinung über den Islamischen Staat zu haben; sechs Prozent vertraten eine „einigermaßen" positive Sicht. Trotz der Berichte über die zahlreichen vom IS begangenen Gräueltaten ist die positive Einstellung ihm gegenüber im letzten Jahr um zwei Prozentpunkte gestiegen.

Öffentliche Meinungsumfragen sind immer schwierig zu interpretieren. Was die Befragungen jedoch nahelegen, ist, dass eine signifikante Minderheit britischer Muslime für einige der Ideale des IS Sympathien hegt. Die Mehrheit dieser Sympathisanten ist wahrscheinlich passiv und wünscht sich nicht, tatsächlich nach Syrien zu reisen. Wie dem auch sei, diese Umfragen zeigen, dass die Ideen radikaler Glaubenskrieger in der britischen Gesellschaft Fuß gefasst haben. Es lässt sich zumindest aus der Studie herauslesen, dass eine nicht unbedeutende Zahl der britischen Muslime ihrem Frust gegenüber der Welt und vor allem gegenüber dem Westen durch Sympathien für den IS Ausdruck verleiht.

In Frankreich und Spanien untersuchten[i] Meinungsforscher ebenfalls den Rückhalt für den IS. Das Ergebnis: „Unter jungen Menschen in den Sozialsiedlungen der Pariser Vororte konnte eine weitreichende Toleranz

---

[i] Scott Atran: „ISIS is a revolution", Aeon online, 15.12.2015.

bis Sympathie für die Werte des IS und selbst für die brutalen Verbrechen in deren Namen festgestellt werden. In Spanien konnte innerhalb einer großen Bevölkerungsstichprobe nur wenig Bereitschaft dafür ausgemacht werden, demokratische Werte gegen Angriffe zu verteidigen."

Derzeit ist nur eine winzige Minderheit bereit, aktiv für den IS zu kämpfen. Die Tatsache, dass es eine signifikante Zahl passiver Unterstützer gibt, ist jedoch bedrohlich.

Nirgendwo ist dies offensichtlicher als in der Art und Weise, wie der 11. September von vielen Sektionen der westlichen Gesellschaften wahrgenommen wird. Weite Teile der muslimischen Gemeinden glauben bereitwillig an 9/11-Verschwörungstheorien, vor allem solche, wonach es sich dabei um ein jüdisches Komplott handelt. Von IS und ähnlichen Gruppen vertretene Weltanschauungen üben heute einen viel größeren Einfluss als noch vor drei oder vier Jahren aus. Es gibt heute viel mehr Menschen, die Anschläge wie jene in Paris klammheimlich begrüßen.

Der wachsende Einfluss radikal-islamistischer Einstellungen wird von einer wachsenden politischen wie moralischen Desorientierung der europäischen Öffentlichkeit begleitet. Die europäische Gesellschaft hat Schwierigkeiten, eine adäquate Antwort auf den Krieg gegen ihre eigene Lebensart zu formulieren. Man erkennt das besonders deutlich, wenn sich Lehrer beklagen, wie schwer es sei, „kontroverse" Themen wie den 11. September oder den Holocaust in den Klassenräumen anzusprechen. Einige Lehrer meiden diese Themen vollkommen.

Frankreich und viele andere europäische Staaten versagen bei der Sozialisierung eines signifikanten Teils der jungen Menschen. Viele dieser Jugendlichen klammern sich an ein islamistisches Gegen-Narrativ, das die Werte der Aufklärung in Frage stellt und dschihadistische Identitätspolitik zelebriert. Ein Ziel der Pariser Attacken bestand darin, solche antiwestlichen Ressentiments in eine aktivere Kraft innerhalb der europäischen Gesellschaften zu verwandeln.

Für eine Minderheit von jungen Menschen bietet der Dschihadismus ein Ventil für ihren Idealismus. Ferner stellt er eine kohärente und provokative Identität bereit, eine Variante der „coolen" Narrative anderer Online-Subkulturen. Das Verhalten von Jugendlichen, die sich zu dschihadistischen Websites hingezogen fühlen, unterscheidet sich nicht sonderlich von dem Verhalten nicht-muslimischer Teenager, die sich auf nihilistischen Internetseiten herumtreiben und sich von destruktiven Inhalten und Bildern faszinieren lassen. Die destruktiven Inhalte auf dschihadistischen Seiten sind schlicht und ergreifend mit einem destruktiven politischen Anliegen verbunden.

Die Tücken des Multi-
Moralismus

Warum sind so viele junge Muslime der Gesellschaft feindlich gesinnt, in der sie geboren wurden? Viele geben antimuslimischen Vorurteilen, ökonomischer Benachteiligung oder dem Nahostkonflikt die Schuld dafür. Es mag wohl sein, dass solche Angelegenheiten zu Verbitterung innerhalb muslimischer Gemeinschaften geführt haben. Aber Muslime sind bei weitem nicht die einzige Gruppe, die Vorurteile und Benachteiligungen erfahren musste. Es zeichnet die europäischen muslimischen Subkulturen aus, dass sie relativ autark sind und ein hohes Bedürfnis an der Aufrechterhaltung von Grenzen zwischen sich und anderen empfinden.

Wie soziologische Untersuchungen aufzeigen, sprechen Mitglieder von Subkulturen häufig anders miteinander als die Menschen in der übrigen Gesellschaft und vertreten andere Überzeugungen. Das trifft auf radikale Muslime wie andere Gruppen gleichermaßen zu. Muslimische Gegenkulturen schöpfen Wissen und Werte aus ihrer eigenen Quelle – also Ideen und Haltungen, die solche Kulturen auszeichnen. Unglücklicherweise stellen distinktive, kulturell definierte Wissensquellen auch einen fruchtbaren Boden für die Erzeugung und Verbreitung verstörender Meinungen und Gerüchte bereit. Unter solchen Umständen verwandeln sich Mythen über jüdische oder amerikanische Verschwörungen schnell zu selbstverständlichen Fakten. Hinzu kommt, dass solche „Fakten" und Überzeugungen kaum in der Öffentlichkeit geprüft werden und so zu tiefsitzenden Vorurteilen werden können.

Das Fehlen einer Debatte über die heiklen Themen, die muslimische Subkulturen vom Rest der Gesellschaft trennen, ist auch eine unbeabsichtigte Folge der multikulturellen Politik. Der Multikulturalismus hat es nicht geschafft, eine moralische und kulturelle Perspektive zu entwickeln, die alle Teile der Gesellschaft miteinbezieht. Stattdessen hat sie eine kulturelle Segregation mit dem Ergebnis eines Multi-Wertesystems gefördert: zahlreiche Wertevorstellungen, die Seite an Seite existieren, von denen aber keine gebührend diskutiert oder herausgefordert wird. Aus diesem Grund kann das Bild einer Enthauptung bei dem einen inspirierend wirken, beim anderen die schlimmsten Albträume auslösen. Solche moralisch polarisierenden Reaktionen auf dasselbe Ereignis sind das Ergebnis einer Gesellschaft, in der sich die kulturelle Segmentierung durchsetzt.

Jahre vertaner
Möglichkeiten

Auf den ersten Blick ist die Ursache für den wachsenden Einfluss radikaler dschihadistischer Haltungen auf junge Muslime in westlichen Gesellschaften schwer auszumachen. Im Anschluss an die Aufstände in Oldham, im Nordwesten Englands 2001, sprach ich mit muslimischen Studenten über ihre Eindrücke vom Leben in Großbritannien. Aus den meisten sprach eine große Verbitterung und in Teilen sogar Hass. In den frühen 2000ern war ihre Antwort allerdings in eine Sprache der Desillusionierung und Enttäuschung gekleidet. Ihre Kritik richtete sich nicht gegen „menschengemachte Gesetze" oder die Demokratie, sondern gegen das Versagen der Gesellschaft, sich an ihre Versprechen zu halten.

Seit 2001 haben sich die Einstellungen der jungen Muslime gegenüber ihrer Gesellschaft verhärtet und in ihrem Wesen verändert. Einige möchten nicht mehr, dass ihre Klagen gehört werden. Sie möchten sich stattdessen in einem anderen moralischen Universum ansiedeln. Es gibt verschiedene Gründe für diesen radikalen Einstellungswandel. Für viele Muslime war der militärische und terroristische Erfolg dschihadistischer Gruppen ermutigend. Geschichten, wie Individuen oder eine Gruppe von „Kämpfern" – etwa die Boston-Bomber – die amerikanische Öffentlichkeit in Angst versetzt haben, sprechen einige junge Männer und Frauen an, die auf der Suche nach Helden sind.

Der größte Einflussfaktor für den Aufstieg des Dschihadismus in der westlichen Welt ist aber die hier vorherrschende Opferkultur. In den vergangenen Jahrzehnten hat das Opfer einen beinahe heiligen Status erhalten. Anspruch auf einen Opferstatus zu erheben, ist weit verbreitet. Es sollte also kaum verwundern, dass eines der stärksten Leitmotive in der radikal-islamistischen Propaganda die Darstellung des Islams als universelles Opfer westlicher Aggressionen ist. Dschihadisten stellen nahezu jedes lokale und globale Unglück, das Muslime trifft, als Folge eines anhaltenden und dauerhaften Kreuzzuges des Westens gegen die muslimische Welt dar.

Dschihadistische Medien präsentieren den Muslim als ewiges Opfer. So gesehen stellt jedes Verhalten, das nicht in Einklang mit der Weltanschauung des politischen Islams steht, einen Akt der Schikane dar, sprich: eine Beleidigung des Islams. Unter solchen Umständen wird die Reaktion auf eine solche Provokation gleichermaßen durch die islamistische Ideologie und durch den westlichen Opferkult legitimiert. Selbst der Anspruch des IS, die goldene Ära des Islams wiederherzustellen, ist mit den Worten des US-amerikanischen Literaturtheoretikers Edward Said von der „scheinheiligen Frömmigkeit der historischen bzw. kulturellen Opferrolle" durchzogen.

So gesehen sind die nach Syrien reisenden Glaubenskrieger ebenso ein Produkt des traditionellen Islams wie sie ein Produkt der westlichen Opferkultur sind, die das Opfersein heiligspricht.

Und doch reagieren Dschihadisten nicht einfach nur auf die westliche Lebensweise. In den letzten Jahren haben Gruppen wie der IS den Idealismus vieler junger Menschen angesprochen. Was den meisten Europäern barbarisch und mittelalterlich erscheint, verstehen manche junge Menschen als Bewegung, die ihnen Zielstrebigkeit und Bedeutung bietet. Dass einige junge Muslime das Kalifat als etwas Positives empfinden, liegt auch daran, dass der Westen unfähig ist, jungen Menschen seine eigenen Werte und Visionen zu vermitteln.

Bis heute haben sich westliche Regierungen, die Medien und Intellektuelle mehr oder weniger aus dem Kampf um Ideen ausgeklinkt. Bemühungen, der Radikalisierung durch Präventionsmaßnahmen entgegenzutreten, haben sich als erfolglos erwiesen, da sie schon per Definition rückwirkend sind. Wir brauchen keine Reaktion auf die letzten Anschläge und Bedrohungen, sondern eine moralische und intellektuelle Erklärung von Werten, für die es sich zu kämpfen lohnt.

Säkulare Staaten stehen heute vor der Herausforderung, eine breite Unterstützung für die Werte der Aufklärung und für die offene Gesellschaft bewirken zu müssen. Die westliche Gesellschaft muss sich selbst in einem guten Licht sehen können und ihre eigenen Ideale viel ernster nehmen, als sie das heute tut. Darüber hinaus müssen die westlichen Intellektuellen, die bei dieser Sache auffallend schweigsam sind, ihre Berufung und ihre öffentliche Aufgabe viel ernster nehmen. Die letzten 15 Jahre haben gezeigt, dass es vor allem der Mangel an irgendeiner unterstützungswerten Vision ist, der radikalen Dschihadisten den Erwerb von moralischer Autorität in den Augen bestimmter muslimischer Jugendlicher ermöglicht hat.

Interview mit ALADIN EL MAFAALANI

„Salafismus ist eine Jugendbewegung"

Salafismus scheint statistisch zunehmend junge Menschen in westlichen Gesellschaften zu begeistern. Was macht die salafistische Jugendbewegung aus?

STEFAN LAURIN: *Ihre These lautet, dass Salafismus eine Jugendkultur ist. Was macht Salafismus für Jugendliche so reizvoll?*

ALADIN EL MAFAALANI: Auf einer alltagspraktischen Ebene erfüllt der Salafismus bereits eine wichtige Funktion: Abgrenzung bis hin zur Provokation. Durch diese strenge Form der Religiosität können sich junge Menschen vom Mainstream, aber auch von ihren eigenen Eltern abgrenzen – selbst dann, wenn die Eltern auch Muslime sind. Also Abgrenzung in alle Richtungen. Und zudem ist es eine der ganz wenigen noch verbliebenen Möglichkeiten, zu provozieren und Rebellion gegen gefühlte Ungerechtigkeiten auszudrücken. Tätowierungen, Piercings und gefärbtes Haar sind hierfür überhaupt nicht mehr geeignet. Sex, Drugs and Rock 'n' Roll – das ist eine Ü40-Nummer. Konsumverzicht, ein sittliches Leben, strenge Regelwerke, muslimische Symbole und ein offensives kollektives Auftreten – das hat Provokationspotenzial. Auch für Konvertierte.

Jugendkulturen entstehen nicht im luftleeren Raum, sie speisen sich aus Tendenzen, die in der Gesellschaft vorhanden sind. Was sind die Wurzeln beim Salafismus?

Es gibt da auf der einen Seite die islamistischen Tendenzen innerhalb der islamisch geprägten Staaten in Asien und Afrika. Auf der anderen Seite eine seit Jahren wachsende Islamfeindlichkeit, die wir heute mit Pegida, AfD und anderen extremen Tendenzen benennen.

Beide Seiten arbeiten im Prinzip am gleichen Projekt. Dazwischen sind Jugendliche, die zum einen immer stärker auf ihre tatsächliche oder zugeschriebene Zugehörigkeit zur Gruppe der Muslime reduziert werden, und die zum anderen häufig Ablehnung und Ausgrenzung erfahren. Es ist überhaupt nicht außergewöhnlich, dass sich Menschen – Jugendliche im Besonderen – irgendwann einer Fremdzuschreibung hingeben. Allerdings mit einer eigenen Färbung. Da der Mainstream-Islam als angepasst, randständig und schwach wahrgenommen wird, gibt es den Trend zur Entschiedenheit und Klarheit. Jugendliche suchen positive Zugehörigkeit und wollen in keinem Fall schwach sein.

Woher rührt die Attraktivität dieser Jugendkultur,
die so extrem rückständig und schrecklich wirkt?

Abgesehen von Provokationspotenzial und den Ausgrenzungserfahrungen spielen die politischen und moralischen Argumente extremer Gruppierungen eine Rolle. Ungerechtigkeitsempfindungen sind ganz entscheidend. Die Muslime werden als globale Opfergemeinschaft verstanden. Egal wo auf der Welt, sie würden unterdrückt, unabhängig davon, ob sie die Mehrheit (wie in Syrien) oder die Minderheit (wie in Deutschland) darstellen. Werden Muslime getötet, wie in Bosnien, Tschetschenien oder Syrien, interessiere es den Westen nicht. Sterben Christen, Jesiden oder Franzosen, sei das anders. Auch der Nahostkonflikt spielt eine Rolle. Muslime, die Öl besitzen oder ein islamkritisches Buch schreiben, würden akzeptiert – andere nicht. Über Muslime könne man derzeit herziehen – dies entspricht einer Mainstream-Position.

All das ist gar nicht vollständig falsch. Das entscheidende Problem ist die Auflösung dieser Darstellung. Die kann man folgendermaßen zusammenfassen: „Muslime sind schwach, weil sie ihre Religion nicht mehr ernst nehmen. Sie werden wieder stark, wenn sie sich der Religion vollständig hingeben". Daher diese „Zurück zu den Wurzeln"-Mentalität – nichts anderes bedeutet das Wort „radikal". Aus der Perspektive der betroffenen Jugendlichen erscheint die Bewegung als progressiv. Von den schrecklichen Auswüchsen der Ideologie distanzieren sich gleichzeitig viele. Selbst wenn sie ideologisch sympathisieren, akzeptieren sie nicht die Mittel von Dschihadisten. Vergleichbar mit dem Verhältnis zwischen Studentenbewegung und RAF.

Wie viele Jugendliche sind heute in der salafistischen Szene?

Das kann man nicht seriös beantworten. Der Verfassungsschutz präsentiert regelmäßig wachsende Zahlen, die sich immer noch bei unter 10.000 Personen bewegen. Ein kleiner Teil dieser Gruppe gilt als gewaltbereit. Allerdings wird die Grundlage dieser Daten überhaupt nicht transparent gemacht. Und offenbar wird in jedem Bundesland anders definiert und berechnet. Es ist auch überhaupt nicht leicht, das zu erheben, denn erstens bezeichnen sich die wenigsten Personen selbst als Salafisten – es ist eher eine Fremdbezeichnung. Zweitens ist es insgesamt ein Flickenteppich von Netzwerkstrukturen ohne Mitgliedschaft und Hierarchie. Daher kann man eigentlich nur festhalten: Es ist eine kleine Gruppe, die kontinuierlich wächst.

Ist Salafismus nur in Europa eine Jugendkultur? Woher rührt die Attraktivität in der islamischen Welt? Wie unterscheiden sich die salafistischen Szenen im arabischen Raum und in Europa?

In Europa ist es eine Jugendbewegung. Das kann man alleine schon daran festmachen, dass es sich bei den Salafisten hier zu großen Teilen um Kinder, Jugendliche und junge Erwachsene handelt. Im arabischen Raum gibt es etablierte Strukturen. Dort ist es eine generationenübergreifende Strömung. Die Unterschiede sind klar benennbar: In Deutschland und Europa ist es eine Bewegung der Minderheit. Im arabischen Raum ist es eine Bewegung innerhalb der sunnitischen Mehrheit. Die soziale Lage und die Konfliktkonstellationen sind zudem im arabischen Raum dramatisch schlimmer. Die zentrale Gemeinsamkeit ist auch klar benennbar: Es ist in beiden Regionen eine quantitativ kleine, aber wachsende Bewegung, die es insbesondere durch ihre Öffentlichkeitsarbeit schafft, verschiedene „Zielgruppen" anzusprechen und öffentliche Diskussionen geschickt zu beeinflussen.

Was wächst aus der Erkenntnis, dass Salafismus eine Jugendkultur ist?

Das ist eine wichtige Frage: Wir müssen erkennen, dass die Extremisten die Anfälligkeit demokratischer Gesellschaften durchschaut haben. Ein strategisches Ziel war es nämlich, die säkularen Muslime innerhalb Europas von den Mehrheitsgesellschaften zu isolieren, um sie dann radikalisieren zu können. Die Erzeugung von Angst ist hierfür zentral. Etwas scharf ausgedrückt: Aus einer Höhle in Afghanistan ist dieses Ziel offenbar erreicht worden – das hätte kein Militär und kein Geheimdienst der Welt besser hinbekommen. Eine systematische Auseinandersetzung damit, dass offene Gesellschaften auf diese Strategien hereinfallen, hat bisher nicht stattgefunden. Auf der anderen Seite gilt es natürlich auch im innerislamischen Diskurs, über die offenkundige Anfälligkeit der Muslime – und vielleicht auch des Islams – für Radikalisierung und politische Instrumentalisierung offen zu sprechen. In vielerlei Hinsicht bedarf es der Reflexion.

Was kann die islamische Community tun, um dem
Extremismus den Boden zu entziehen?

Für Reflexion bedarf es einer gewissen Ruhe. In einer defensiven Position ist Selbstkritik nur schwer möglich. Das liegt insbesondere daran, dass der Diskurs durch die extremen Positionen bestimmt wird. Das schwächt die besonnenen Akteure, die es zuhauf gäbe. Im Augenblick wird jedem Gehör geschenkt, der Brücken abreißt. Brückenbauer haben es schwer. Darunter leider insbesondere junge Menschen.

Wie sehen Sie die Islamkritik in Deutschland?
Das Spektrum ist ja sehr weit gefasst.

Das Spektrum reicht von Brückenbauern bis zu Brückenzerstörern. Ich kenne einige Brückenzerstörer persönlich gut und weiß, dass sie sich im Geiste der Aufklärung sehen und eigentlich etwas Gutes bewirken wollen. Aber sie verkennen den zentralen Unterschied: Muslime sind in Deutschland eine Minderheit. Während man vor einigen hundert Jahren um die Deutungshoheit gegen einen der stärksten Akteure überhaupt kämpfte, handelt es sich heute um eine nicht organisierte und tendenziell benachteiligte Gruppe. Fundamentalkritik bewirkt in diesem Kontext etwas ganz Anderes: Sie begünstigt eine undifferenzierte Kategorisierung, Abwertungen und Ausgrenzungen von Muslimen – kurz: Rassismus. Und damit wären wir bei dem größten Problem, das ich derzeit sehe: Die rassistischen Einstellungen in Deutschland nehmen zu, insbesondere bei Jugendlichen.

Diese jungen Menschen haben in ihrer Kindheit den Diskurs um den 11. September, die Sarrazin-Debatte und den nicht sanktionierten Hass gegen Muslime und andere Minderheiten im Internet als Normalität erlebt. Und sie haben über Jahre erlebt, wie die islamistischen und rassistischen Positionen den öffentlichen Diskurs bestimmen – nicht zuletzt auch durch AfD und Pegida. Wenn sich diese Tendenz so etabliert, dann haben wir für Jahrzehnte gesellschaftliche Probleme, die die aktuelle Flüchtlingssituation und den religiösen Fundamentalismus in den Schatten stellen.

Das Interview führte der freie Journalist und Herausgeber des Blogs Ruhrbarone Stefan Laurin.

Interview mit CIGDEM TOPRAK

„Die muslimische Welt hat ein Radikalisierungsproblem"

Was sind die Hintergründe der Radikalisierung junger Muslime in Europa? Welche Rolle spielt die Mehrheitsgesellschaft? Welche Schuld trägt die islamische Community?

NOVO: *Wie haben Sie die Reaktion der medialen Öffentlichkeit auf die Ereignisse in Köln wahrgenommen?*

CIGDEM TOPRAK: Besorgt und überrascht. Zum einen wurden die Ereignisse „heruntergespielt", sprich bewusst nur als allgegenwärtiger Sexismus abgetan, statt sich Gedanken über das Ausmaß und die Dimension der sexuellen Übergriffe zu machen. Überrascht und geärgert hat mich aber, dass mit simplen Erklärungsmustern erneut negative Stereotypen wie „der arabische Mann" oder „der Nordafrikaner" erschaffen wurden und die Frage aufgeworfen wurde, ob der Islam frauenfeindlich sei. Ich dachte, das hätten wir bereits hinter uns.

Als ob man in Deutschland bisher keine Erfahrungen mit dem Islam gemacht hätte, als ob unsere Mitmenschen mit arabischen Wurzeln noch fremde Barbaren seien. Gewalt gegen Frauen ist ein viel komplexeres Problem, in dem natürlich auch religiöse Normen und Werte eine Rolle spielen. Aber nicht nur. In der Debatte beschränken sich die einen nur auf die Rolle der Religion, die anderen halten die Rolle der Religion komplett heraus.

Die Religion an sich scheint also nicht entscheidend zu sein, aber auch nicht ganz unwichtig. Was können Sie aufgrund ihrer Sozialisation in der muslimischen Community zum Frauenbild im Islam sagen?

Der Fokus sollte nicht auf dem „Frauenbild im Islam" liegen – sondern auf den herrschenden sozialen Normen, die sich positiv oder negativ auf die Rechte und Freiheiten der Frauen in der muslimischen Welt auswirken. Leider leben aber zu viele muslimische Familien konservativ und in patriarchalischen Strukturen, die nur schwer durchbrochen werden können – sowohl von den Frauen als auch von den Männern. Die längst überholten Erwartungen an die Musliminnen in den eigenen Communities stimmen nicht mit jenen einer freien, modernen und aufgeklärten Gesellschaft überein. Frauen werden zu oft und zu schwer bestraft, wenn sie traditionelle Geschlechterrollen ablegen möchten – und sich für ein individuelles Verhältnis zu Familie und Sexualität entscheiden. „Ehrenmorde" sind nur der Gipfel des Eisbergs.

*Kommen wir auf Paris zu sprechen. Wie ordnen Sie die
Reaktion der muslimischen Community auf die Terroranschläge in der europäischen Metropole ein?*

Öffentliche Stimmen verurteilen den Anschlag, was wichtig ist – aber nicht ausreichend. Die muslimische Community muss tabulos über Radikalisierung sprechen und begreifen, was sie mit den jungen Muslimen anrichtet.

*Gerade hierzu gibt es sehr unterschiedliche Positionen. Viele,
wie auch der Sozialwissenschaftler Aladin El Mafaalani in
dieser Ausgabe, behaupten beispielsweise, die wesentlichen
Ursachen seien soziale Ausgrenzung und Benachteiligung
von Muslimen in Europa – nicht so sehr ihre islamische
Prägung selbst. Wie stehen Sie dazu?*

Sprechen wir nur von der sozialen Ausgrenzung von der Mehrheitsgesellschaft? Die ist da, ja. Aber nicht nur. Es sind vielmehr die Gegenkräfte von den muslimischen Communities und den Mehrheitsgesellschaften in Europa, die an den jungen Menschen zerren und die Lösung ihrer Identitätskonflikte kollektiv für sich beanspruchen. Viel zu selten schlagen die muslimischen Communities ihren Mitgliedern vor, einen individuellen Weg zu gehen und trotzdem Teil ihrer Community und der Gesellschaft zu sein. Bei der Analyse der Ursachen sollten wir uns nicht nur auf theologische Grundlagen stürzen – ohne uns mit den tatsächlichen Lebenswelten, Haltungen, Einstellungen und Normen der Muslime in Europa auseinandersetzen. Das Problem ist nicht, dass Muslime religiöser werden, sondern reaktionärer.

Nach Mafaalani ist der Salafismus als eine neue rebellische Jugendkultur und nicht als logische Folge des islamischen Glaubens zu verstehen.

Der islamische Glaube, so wie er in den muslimischen Communities in Europa gelebt wird, bietet sehr wohl eine Grundlage für Radikalisierungen. Als kulturelle und traditionelle Verbote und Gebote aus der muslimischen Region bei den jungen Menschen keine Wirkung gezeigt haben, wurde religiös argumentiert. Man begann also, jegliches Verhalten im Alltag dahingehend zu hinterfragen, ob es islamkonform sei. Junge Menschen haben aber nicht dagegen und für mehr Freiheiten rebelliert, sondern haben begonnen, konform zu leben – nicht unbedingt nur gegenüber ihren Eltern, aber gegenüber ihren Freunden, Predigern und der Gemeinschaft. Es ist richtig, dass nicht der islamische Glaube per se radikal ist, aber dass der islamische Glaube, so wie er momentan mehrheitlich gelebt wird, ein Radikalisierungsproblem hat.

Junge Menschen werden reaktionärer. Auch wenn die Eltern ab einem gewissen Grad damit nicht einverstanden sind, finden sie in Moscheegemeinden und auf dem Pausenhof genügend Glaubensbrüder, die genauso denken und fühlen. Inwiefern aber junge Menschen gewalttätig werden, da spielen sicherlich noch weitere Faktoren eine Rolle, die vom Psychologen Ahmad Mansour in seinem Buch „Generation Allah" sehr gut veranschaulicht werden. Zudem aber sehe ich ein weiteres Problem darin, dass junge Muslime mit ihren Lebenswelten überfordert sind. Sie verstehen oft nicht, wie eine moderne Gesellschaft funktioniert, empfinden Ungerechtigkeiten, Doppelmoral und Verrat deshalb so stark, weil sie nicht verstehen, welche Werte gelebt und verteidigt werden und werden sollen. Aber man bietet ihnen kaum Raum, sich mit diesen Sinnfragen und Identitätskonflikten zu beschäftigen – jedoch sehr wohl in den radikal-islamischen Kreisen.

Viele Salafisten, unter denen auch nicht wenige Konvertiten sind, waren vorher aber kaum religiös. Missbrauchen sie den eigentlich friedlichen Islam also nicht nur für ihre Zwecke?

Das sind zu einfache Erklärungen. Dass der Islam friedlich sein kann, sehen wir darin, dass die Mehrheit der Muslime friedlich lebt. Aber dass islamische Inhalte, Gebote und Verbote kritisch zu betrachten sind, das sollte die Pflicht eines jeden freiheitsliebenden, lebensbejahenden, demokratischen Menschen sein. Dass das nicht immer geschieht und Menschen für ihre Religion töten, zeigt, dass die muslimische Welt ein Radikalisierungsproblem hat. Und da kann man sich nicht einfach schulterzuckend herausreden und meinen, die friedliche Religion werde missbraucht.

Eine wesentliche Ursache für die Radikalisierung scheint auch in der Orientierungslosigkeit des Westens selbst zu liegen. Sprechverbote aus Rücksicht auf Gefühle von Gruppen, die sich meist als Opfer verstehen, haben ja nicht die Islamisten erfunden.

Ich würde sagen: Ignoranz des Westens. Wie kann man klare Regeln für jene aufstellen, die man überhaupt nicht kennt? Jahrzehntelang hat man sich in Deutschland für muslimische Migranten nicht wirklich interessiert. Im Türkischen gibt es das Sprichwort: Die Schlange, die mich nicht beißt, soll tausend Jahre leben.

Vielen Kritikern, auch liberalen Muslimen wie Hamed Abdel-Samad, wird Islamophobie vorgeworfen. Sind Bedenken davor, dass Kritik am Islam Wasser auf die Mühlen der extremen Rechten ist, aber nicht auch berechtigt?

Hamed Abdel-Samad ist eines der wichtigsten Beispiele dafür, was Meinungsfreiheit in diesem Land bedeutet. Er hat scharfe Thesen, aber er ist differenziert und kritisch. Man kann sich daran stören, aber man kann nicht sagen, dass Kritik am Islam zu feindlichen Haltungen gegenüber dem Islam führt. Denn dann blenden wir die Intention völlig aus: Abdel-Samad kritisiert, weil er bemüht um die Muslime ist, während Rassisten hetzen, weil sie gegen Muslime sind. Abdel-Samad streitet sich friedlich, beispielsweise in Diskussionen mit dem Theologen Mouhanad Khorchide.

Wie kann angesichts der aufgeheizten und polarisierenden Debatten eine humanistische Kritik am Islam aussehen?

Indem man nicht pauschalisiert und polarisiert. Vor allem kommt es auf die Absicht an; man kritisiert, damit es bessergeht. Man kritisiert für die Muslime – und nicht gegen sie. Vor allem sucht man den Dialog und schottet sich nicht mit Hassreden und Hetzen ab.

Immer wieder wird auch der kulturelle Dialog angemahnt.
Inwiefern spielen kulturelle Gruppenidentitäten in Deutsch-
land aber noch eine Rolle und inwieweit sollten sie dies in
Zukunft tun?

Kulturelle Identitäten sind wichtig, gerade wenn es um ein vielfältiges Zusammenleben geht. Aber es sollte sowohl von der Mehrheitsgesellschaft als auch von den kulturellen Communities selbst akzeptiert werden, dass Menschen mehrere Identitäten haben und somit auch unterschiedliche Loyalitäten. Daher ist es wichtig für mich, dass ich auch eine Loyalität gegenüber meiner deutschen Heimat entwickle – allen voran gilt meine höchste Loyalität dem deutschen Grundgesetz und seinen Werten. Aber gerade Menschen mit Migrationshintergrund sind nicht eindimensional, ihre Identitäten sind komplex. Wir sollten bemüht sein, diese Identitäten miteinander zu vereinbaren.

Gerade diese Fragen der Integration und der kulturellen
Unterschiede spielen in der aktuellen Flüchtlingsdebatte
eine große Rolle. Immer wieder werden dabei die Herausfor-
derungen der Integration betont. Welche Fehler dürfen wir
jetzt nicht wiederholen, damit sich auch Chancen ergeben?

Wir dürfen die Flüchtlinge nicht als Objekte unserer Gesellschaft, sondern sollten sie als Subjekte, als Menschen wahrnehmen. Momentan nehmen wir sie als ein Kollektiv wahr, weil sie zunächst abgeschottet sind, wir kaum Berührungen mit ihnen in unserem Alltag haben, weil wir sie noch nicht kennen. Aber die Fehler, die man mit den nachfolgenden Generationen der Gastarbeiter gemacht hat, dürfen nicht wiederholt werden. Man darf sie nicht ignorieren, man darf auch nicht hinnehmen, dass Menschenrechtsverletzungen mit kulturellen und religiösen Geboten und Traditionen gerechtfertigt und abgetan werden. Wir müssen aber ihren kulturellen und religiösen Identitäten genügend Raum geben – im Rahmen unserer demokratischen Werte.

Was können Aufnahmegesellschaft, Staat und was die Zu-
wanderer selbst für ein besseres Zusammenleben oder gar

eine gemeinsame Identität in einem vielfältiger werdenden Deutschland leisten?

Der Rapper Haftbefehl hat in einem Interview etwas sehr Beeindruckendes gesagt: Das Leben in einer multikulturellen Stadt wie Frankfurt wäre langweilig, wenn man gegen Deutsche, gegen Kurden, gegen Türken sei. Man hätte als Rassist wenig Spaß im Leben. Und genau darum geht es: Wir sollten verstehen, dass Zuwanderer sich nicht für die deutsche Mehrheitsgesellschaft integrieren, sondern für sich selbst. Es ist zunächst für sie selbst nachteilig, wenn sie die deutsche Sprache nicht lernen, wenn sie sich abschotten. Und wir müssen begreifen, dass wir zunächst uns selbst schaden, wenn wir fremdenfeindlich sind. Wir alle müssen für uns selbst, für die Zukunft dieses Landes, unseren Beitrag für das vielfältige Zusammenleben leisten. Dafür brauchen wir einen tiefen gesellschaftlichen Wandel, in dem wir uns bewusstwerden, was es bedeutet, in einem kulturell und religiös vielfältigen Land zu leben.

Ein Ausblick: Die antidemokratischen Ränder der Gesellschaft werden stärker, egal ob islamischer Fundamentalismus oder deutschnationaler Extremismus. Die Werte des Humanismus und der Aufklärung, wie etwa Toleranz und Offenheit, werden von beiden Seiten als Schwächen angesehen. Wie können wir Humanismus und Aufklärung öffentlich gegen diese Kräfte verteidigen?

Indem wir uns vehement gegen viel zu einfache Pauschalisierungen und Polarisierungen wehren. Formulierungen wie „die Muslime", „die Deutschen", „die Flüchtlinge" – seien „gut oder böse" – so können wir uns nicht die Welt erklären. Und indem wir uns weiterhin für unsere freiheitlichen und demokratischen Werte einsetzen und diese standhaft verteidigen. Erst dann wird man Menschen für Toleranz und Offenheit gewinnen können, wenn sie nachvollziehen können, in welchem demokratischen Rahmen Toleranz gezeigt und Offenheit gelebt wird. Erst durch dieses Selbstbewusstsein zeigt sich, was für ein Gewinn das nicht nur für unsere Gesellschaft, sondern für jeden Einzelnen von uns ist.

Das Interview führte Novo-Redakteur Robert Benkens.

Novo unterstützen

Das Projekt lebt von Ihrem Engagement

Seit März ist die neue Novo-Website online: technisch und gestalterisch voll auf der Höhe Zeit, optimiert für Smartphones und Tablets, übersichtlicher und ansprechender, besser lesbar und leichter zu bedienen. Deshalb haben wir auch das Layout des aktuellen Novo-Buches leicht modifiziert.

Inhaltlich bleibt Novo sich treu. Gemeinsam mit unseren Autoren wollen wir weiterhin Argumente für den Fortschritt im Netz und in unserer Printausgabe sammeln. Auf der Website werden wir in Zukunft noch stärker das aktuelle politische Tagesgeschehen kommentieren, der Fokus der Printausgabe liegt weiterhin auf umfangreichen Texten, wie Essays oder Analysen.

Da wir uns primär als Onlinemagazin verstehen, sind die über 70 gut sortierten Themendossiers auf der Website, von A wie Alkoholregulierung bis W wie Wirtschaftswachstum, das Herzstück unserer Arbeit. Sie dienen als Referenz- und Orientierungspunkt mit vielen Fakten und Argumenten zu den wichtigen Themen unserer Zeit.

Um die Dossiers auch gestalterisch hervorzuheben, haben wir eine Reihe Illustratoren gefragt, ob sie einzelne Themendossiers bebildern möchten. Dabei sind eine Menge fantastischer Arbeiten entstanden. Da der Platz in unserem Buch beschränkt ist, stellen wir Ihnen auf den folgenden Seiten eine kleine Auswahl vor. Alle der ausnahmslos ohne Honorar erstellten Arbeiten finden Sie auf unserer Website.

Als unabhängiges Projekt ist Novo auf solche Art von Engagement angewiesen. Wir suchen Unterstützer und Mitstreiter auf allen Ebenen: neben **Illustratoren** auch **Autoren**, **Übersetzer**, **Fotografen** und **Netzwerker**. Ebenso sind wir bei Veranstaltungen oder politischen Kampagnen auf Unterstützung angewiesen. In unserem Büro bieten wir Praktikantenstellen an. Kontaktieren Sie uns, wenn Sie sich einbringen möchten, oder unterstützen Sie Novo finanziell – durch eine **Einzelspende** oder einen dauerhaften **Förderbeitrag** auf unserer Website in der Rubrik „Unterstützen".

CHRISTOPH KLEINSTÜCK **Alkoholregulierung**

FRIEDERIKE HANTEL **Prostitution**

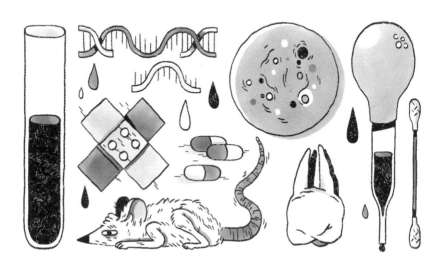

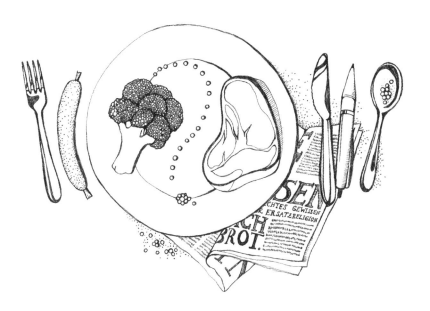

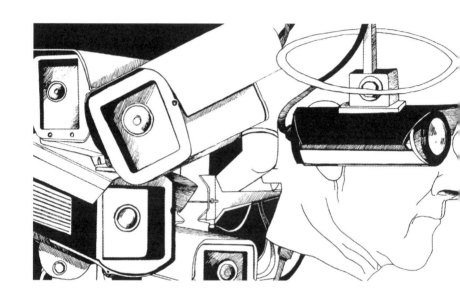

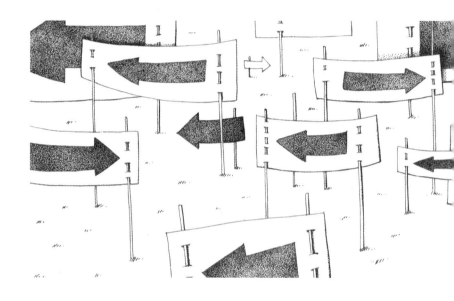

Flüchtlinge

Einleitung

Die neue Flüchtlingshysterie

**Beide Seiten in Debatte projizieren
ihre Ängste und ihr Misstrauen
auf die Flüchtlingsfrage. So ist keine
vernünftige Debatte möglich**

Selten wurde eine Debatte so hysterisch geführt wie jene über Flüchtlinge. Obschon jeden Tag Zeitungen, Nachrichtensendungen und unüberschaubare Twitter-Feeds damit gefüllt werden, sind die Standpunkte schnell umrissen. Die einen sehen das Land vor einer übermäßigen Belastung: ausgeplünderte Sozialkassen, ansteigende Ausländerkriminalität und schleichende Islamisierung. Man fühlt sich von einem politischen Establishment verraten und verkauft, das unser Land wegen Sentimentalitäten oder Gutmenschentum ins Chaos stürzen lässt. Die andere Seite sieht Deutschland den Flüchtlingen gegenüber in besonderer Verantwortung und erkennt im Grenzschutz unmenschliche Akte. Vor allem aber fürchtet man einen neuen Rechtsruck und betrachtet Menschen, die gegen die Flüchtlingspolitik sind, als eine Horde Wilder. Die Intensität und Unversöhnlichkeit der Debatte ist umso erstaunlicher, da die allermeisten Bundesbürger bislang noch nicht oder kaum in Kontakt mit Flüchtlingen gekommen und die Auswirkungen auf das tägliche Leben marginal sind. Dabei haben Befürworter und Gegner mehr gemein, als ihnen bewusst sein dürfte. Beide Seiten verbindet ein Misstrauen in die Demokratie und deren Potential, die Gesellschaft in eine positive Richtung zu entwickeln. Beide fürchten sich vor einer unberechenbaren Masse und fordern, diese zu kontrollieren. Die einen erkennen das Problem in „jungen arabischen Männern", die anderen in „alten weißen Männern". Und stets hören wir, der Status Quo sei die bestmögliche Welt – und jede Veränderung würde nur Verschlechterung bedeuten. Beide Lager projizieren ihre Ängste und negativen Erwartungen auf die Flüchtlingsfrage. Eine lösungsorientierte Debatte kann es so nicht geben.

ROBERT BENKENS

Offene Grenzen zwischen Einverständnis und Zwang

Niemand sollte an einem von Krieg bestimmten Ort bleiben müssen, gleichzeitig darf man Länder nicht zur Aufnahme von Flüchtlingen zwingen. Das Dilemma lässt sich nur durch offene Debatten auflösen

Das größte Problem in der sich zuspitzenden Migrationskrise ist, dass Einwanderung in erster Linie von vielen zunehmend als Belastung empfunden wird. Das übrigens nicht zu Unrecht, denn im Asylsystem müssen die Einheimischen für Unterbringung, Versorgung, Integrationsmaßnahmen und Verwaltungs- sowie Sicherheitsmaßnahmen finanziell aufkommen, ohne dass sie ein nennenswertes Mitspracherecht über die Einwanderungspolitik hätten. Das allerdings liegt nicht an den Flüchtlingen, sondern an einem System, in dem diese eben untergebracht, versorgt, integriert und verwaltet werden, anstatt sofort ihren Beitrag leisten zu müssen – eine „Lose-lose-Situation", die die Konflikte in der Gesellschaft weiter anheizen wird. Ein solches System stetig steigender Belastungen muss früher oder später an seine Grenzen kommen.

Bereits der US-amerikanische Wirtschaftswissenschaftler Milton Friedman hat herausgestellt, dass ein unbegrenzter Wohlfahrtsstaat und offene Grenzen gleichzeitig nicht funktionieren. Deshalb müssten aber nicht Grenzen geschlossen, sondern der Zugang zum Wohlfahrtsstaat begrenzt werden. Um eine dauerhafte Überlastung eines Sozialsystems bei dauerhaftem Zuzug Schutzsuchender also zu verhindern und gleichzeitig Lebensperspektiven für Flüchtlinge zu eröffnen, könnten Ansprüche auf Sozialleistungen für ein paar Jahre entfallen, gleichzeitig aber die Grenzen sowie der Arbeitsmarkt für alle geöffnet werden. Damit würde das Asylsystem und die damit verbundene ohnehin schwierige Aufteilung in Kriegs- und Wirtschaftsflüchtlinge hinfällig und eine sofortige Arbeitsaufnahme und eigenverantwortliche Integration möglich. Es käme weiterhin zu einer wirtschaftlichen Win-win-Situation ohne schädliches Neid- oder Anspruchsdenken, das die Gesellschaft zunehmend spaltet. Die Flüchtlinge wären Kollegen am Arbeitsplatz und keine Fremden in Massenunterkünften. Soweit die sympathische Theorie offener Grenzen aus libertärer Perspektive, die sich bedeutend von der des paternalistischen Betreuungsstaates unterscheidet.

Das bedeutet, dass der Arbeitsmarkt zwar nicht so begrenzt ist wie ein Asyl- oder Sozialsystem und bei brummender Konjunktur deutlich mehr Zuwanderer als bisher zum Vorteil beider Seiten aufnehmen könnte und sollte, dieser aber, wenn bei lahmender ökonomischer Entwicklung die Arbeitsplätze knapp werden, bei der Integration einer sehr großen Anzahl ungelernter und nichtsdestotrotz hochmotivierter Zuwanderer ebenfalls an seine Grenzen kommt. Dies ist global gesehen vor allem dann der Fall, wenn sich eine stetig zunehmende Zahl Auswanderungswilliger auf nur sehr wenige Länder konzentriert und es somit nicht zu einem Ausgleich im Sinne einer zirkulären Migration kommen kann. Neben die politisch nicht durchzusetzende und auch humanitär nicht zu vertretende Abschaffung des Asylsystems treten somit auch praktische Bedenken gegen eine dauerhafte und regellose Grenzöffnung. In der politischen Realität muss also mit der Unterscheidung zwischen Asyl und Einwanderung gearbeitet werden – was im Übrigen von der Bundesregierung auch getan wird, die trotz ihrer humanitär motivierten Grenzöffnung für syrische Kriegsflüchtlinge keinesfalls eine Vertreterin wirklich offener Grenzen ist.

Nun kann man als Vertreter einer Vision offener Grenzen natürlich dennoch auf dauerhafte und umfassende Grenzöffnungen pochen und sich damit gegen die überwältigende Mehrheit der Staaten in Europa und ihrer Bevölkerungen stellen. Man kann aber auch Alternativen anbieten, die die Einwanderungs- und Flüchtlingspolitik nach klaren Kriterien regeln und im beiderseitigen Interesse gestalten, um so eine schrittweise und vor allem freiwillige Öffnung zu ermöglichen. Im Folgenden sollen drei unterschiedliche liberale Konzepte und Gedankenexperimente rund um das Einwanderungs- und Flüchtlingsthema vorgestellt werden, die sich sowohl von bedingungsloser Öffnung als auch von rigoroser Abschottung unterscheiden, aber dennoch in meinen Augen im Rahmen einer Debatte über offene Grenzen diskussionswürdig sind.

Liberale Alternativkonzepte zur derzeitigen Flüchtlingspolitik

Erstens: Das Asylsystem ist nicht gleich Einwanderungssystem, da es nicht nach Job- und Integrationsperspektiven im Aufnahmeland, sondern allein nach dem Gesichtspunkt der humanitären Schutzpflicht zu behandeln und bei großen Zahlen langfristig nur gesamteuropäisch aufrechtzuerhalten ist. Die FDP hat diesbezüglich ein Konzept zur Flüchtlingskrise[1] vorgelegt, das einen relativ schnellen und wenig bürokratischen humanitären Schutz von Bürgerkriegsflüchtlingen für die Zeit des Konfliktes in Europa vorsieht – ohne damit ein dauerhaftes Einwanderungsrecht zu verbinden. Für Letzteres sollen Kriterien wie Beherrschung der Sprache, Achtung des Rechtssystems und ein Angebot für einen Arbeitsplatz gelten, die sich nach den Interessen und Bedürfnissen des Aufnahmelandes richten. Darüber hinaus können aber unter einem solchen Schutzstatus stehende Migranten einen dauerhaften Aufenthaltstitel erhalten, sofern sie die Kriterien des Einwanderungsrechts erfüllen. Treten sie also während ihres Schutzaufenthaltes einen Ausbildungsplatz oder Job an, was ihnen natürlich auch ermöglicht werden muss, lernen die Sprache und halten sich an die Gesetze, können sie nach einer Zeit in das klassische Einwanderungsrecht wechseln. Hierdurch sollen Anreize und Chancen zur Integration geschaffen und Parallelgesellschaften unwahrscheinlicher werden. Zugleich könnten aufgrund der durch das Modell erhofften Integrationserfolge mehr Flüchtlinge aufgenommen werden.

Zweitens: Auf europäischer Ebene müssen Alternativen gefunden werden, die nicht in kaum durchzusetzenden Zwangsverteilungen bestehen. Eine bedenkenswerte Möglichkeit wären europaweite freiwillige Sozialsysteme[2]. Hierbei wird die länderübergreifende Hilfsbereitschaft genutzt, ohne die trotzige Schar derjenigen, die jegliche Hilfe verweigern wollen, durch weitere Zwangsmaßnahmen zu vergrößern. Alle Gelder derjenigen Staaten und Privatpersonen, die helfen wollen, sowie Beiträge der Flüchtlinge selbst flössen in einen europaweiten Topf, aus dem die Aufnahme und Verpflegung sowie Verwaltungsangelegenheiten bezahlt werden. Die Aufnahme und Unterbringung von Flüchtlingen orientierte sich an den Kapazitäten dieser europaweiten und freiwilligen Sozialsysteme. Ihre Versorgung im Rahmen des humanitären Schutzes wäre also nicht mehr an die Aufnahme und Grenzkapazitäten eines bestimmten Asylsystems gekoppelt – den Gefahren zunehmender Verteilungskämpfe und Zwangsverteilungen von Flüchtlingen in Länder, in die diese gar nicht wollen und die diese nicht wollen, würden so entgegengewirkt.

Durch die freiwillige und sich selbst finanzierende Hilfe wäre ein entscheidendes Argument der Aufnahmegegner hinfällig. Bei einer Rückkehr aufgrund einer Verbesserung der Lage im Herkunftsland könnten die

1 Positionspapier der FDP zur Flüchtlingspolitik, FDP online, Aufruf 08.04.2016.
2 Bruno S. Frey / Armin Steuernagel: „Neue europaweite Sozialsysteme für Flüchtlinge", NZZ online, 02.11.2015.

Flüchtlinge zudem ihre in den flexiblen und dezentralen Sozialsystemen aufgebauten Ansprüche mitnehmen und ebenso dezentral für den Wiederaufbau nutzen. Eine Genossenschaft für Flüchtlinge könnte so entstehen.

Drittens: Fluchtursachen in den Herkunftsländern müssen tatsächlich bekämpft werden. Dies kann durch sogenannte Freizonen geschehen, um so all jenen eine Perspektive zu geben, die auch vom großzügigsten Verteilungsschlüssel nicht betroffen wären oder sich die Flucht gar nicht leisten können. In einem Beitrag der liberalen Studenten-Zeitschrift Peace, Love, Liberty[3] wird dieses Konzept von einigen Vertretern offener Grenzen vertreten, die die politischen Realitäten vorerst akzeptieren und gleichzeitig für die Masse der Flüchtlinge in der Herkunftsregion etwas tun wollen. Diese Freizonen würden demnach nicht einfach eine finanzielle Dauersubventionierung von Flüchtlingslagern bedeuten, sondern durch einen funktionierenden Rechtsstaat und Investitionssicherheiten wirkliche Arbeits- und Lebensperspektiven in Heimatnähe eröffnen. Solche Freizonen können – vorausgesetzt es finden sich Staaten, die dort freiwillig auf Souveränitätsrechte verzichten – zu Stätten des Wachstums und neuer Lebensperspektiven werden, in die Flüchtlinge freiwillig kommen, um den miserablen und gefährlichen Umständen in ihren Heimatländern zu entfliehen. Ein Vorteil für die Flüchtlinge, aber vor allem für die europäischen Staaten. Diese könnten durch ihre rechtsstaatliche Expertise und finanziellen Möglichkeiten sehr viel mehr in diesen Freizonen ermöglichen als in den bürokratisierten Asylsystemen ihrer Staaten und zugleich den Zuwanderungsdruck auf diese mindern.

Demokratisierung der Asylpolitik als Chance

Sicherlich hat jedes dieser drei Konzepte auch kritikwürdige Seiten. Aber wer sich auf den Weg zu einem noch utopischen Ziel wie offene Grenzen machen will, sollte eine Politik der kleinen Schritte gehen, seine theoretischen Überlegungen immer mit den realen Umsetzungsmöglichkeiten abgleichen und Mut zu konkreten Vorschlägen zeigen. Je mehr Bürger im Zuge eines solchen Konzeptes wirklich erleben statt nur von oben gesagt bekommen, dass die Einwanderung keine Überforderung, sondern eine Bereicherung ist und Integration funktioniert, desto mehr werden für offenere Grenzen eintreten. Bemerken sie hingegen eine komplette Regellosigkeit, wachsende Integrationsprobleme und fühlen sich zudem bei einem so wichtigen Thema übergangen, werden sie für geschlossene

---

3 Pieter Kleppe: „Freizonen für Flüchtlinge", Peace Love Liberty Studentenmagazin, 17.10.2015.

Grenzen votieren. Ironischerweise wird eine konzeptionslose und aufgezwungene Politik der offenen Grenzen somit am Ende zu geschlossenen Grenzen führen.

Ein Beispiel hierfür ist Schweden[4]. Ein seit jeher offenes und liberales Land gerät angesichts einer zunehmenden Überforderung bei Aufnahme, Versorgung und vor allem der Integration in eine Politik der Abschreckung und Grenzschließung. Dabei ist der finanziell-organisatorische Aspekt in Schweden wie vermutlich auch bei den meisten anderen europäischen Ländern nicht mal der ausschlaggebende, sondern die Befürchtung, dass eine dauerhafte und vor allem bedingungslose Zuwanderung – auch aus anderen Krisengebieten – bereits bestehende Parallelgesellschaften in europäischen Großstädten weiter vergrößern könnte. Denn wo viele Menschen unterschiedlicher Herkunft vor allem vom Wohlfahrtsstaat abhängig sind, sinken Integrationsanreize, wachsen Perspektivlosigkeit und gesellschaftliche Spannungen.

Als Gegenbeispiel kann hier Kanada gelten: Wer nach Kanada einreisen und ein dauerhaftes Aufenthaltsrecht erhalten möchte, kann einen Antrag stellen und über die Kategorien des Arbeitsmigranten, Familienangehörigen oder Schutzsuchenden einreisen. Allerdings ist Kanada bei der Arbeitsmigration von einer starren Fokussierung auf Hochqualifizierte aufgrund staatlicher Fehlplanungen abgewichen – auf kanadischen Straßen sind die meisten taxifahrenden Ärzte anzutreffen. Deshalb ist zu begrüßen, dass nun vielmehr ein Arbeitsangebot auch für einfachere und gesuchte Berufsfelder die Einreise erleichtern soll.

Genauso soll der Familiennachzug der Wirtschaftsmigranten erleichtert werden. Kanada achtet also bereits bei der Einreise darauf, dass die vielen Zuwanderer nach Möglichkeit auf eigenen Beinen stehen und ihren Beitrag leisten können und unterstützt sie dann aber auch bei erteilter Aufenthaltsberechtigung durch eine aktiv-fördernde Integrationspolitik, zu der eine gelebte Willkommenskultur und schnelle Einbürgerungen mit gleichen Rechten und Pflichten gehören. Diese zweifellos nicht perfekte, aber stets durchdachte, demokratisch legitimierte und auf jeweilige Herausforderungen angepasste Politik sorgt für eine im internationalen Vergleich vorbildliche Integration der Zugewanderten und eine überdurchschnittlich hohe Akzeptanz von Zuwanderern insgesamt. Sie sind nicht nur auf dem Arbeitsmarkt und im Bildungssektor erfolgreich, sondern verstehen sich häufig auch als neue „Kanadier"[5].

---

[4] Sebastian Balzter: „Abschied von der schwedischen Großzügigkeit", FAZ.NET, 10.01.2016.
[5] Georg Schwarte: „Kanada – Ein Land und sein Einwanderungsgesetz", Deutschlandfunk, 25.7.2015.

In Kanada gehört Einwanderung somit zur Erfolgsgeschichte und Identität des Landes. Nicht die Herkunft eines Zuwanderers entscheidet, sondern sein Wille, auch wirklich dazugehören zu wollen. Zuwanderung wird hier aus praktischer Erfahrung gemeinhin als Bereicherung und nicht als Bedrohung gesehen. Das wirkt sich auch auf die Offenheit der Kanadier für Schutzsuchende und Flüchtlinge aus. So sagte der kanadische Einwanderungsminister McCallum in einem beeindruckenden Interview mit der F.A.Z [6], dass sich Kanada angesichts der Flüchtlingskrise bereit erklärt hätte, weit mehr Flüchtlinge als bisher und auf Einladung aufzunehmen – und das nicht aufgrund ihrer Qualifikation oder rein ökonomischer Gesichtspunkte, sondern aus humanitärer Verantwortung. Ein wesentlicher Bestandteil der Aufnahmemöglichkeiten seien dabei freiwillige Hilfsinitiativen und Privatpersonen. Auch die Asylpolitik wird geordnet, dezentralisiert und demokratisch mitgetragen. Das Beispiel Kanada zeigt: Schrittweise Öffnung und bedachte Regulierung sind keine Gegensatzpaare, sondern ergänzen sich.

Verantwortungsbewusstsein auf allen Seiten

Es muss also darum gehen, möglichst vielen Menschen, die Krieg und Armut entkommen wollen, zu helfen, ohne dabei die bereits bestehenden Integrationsprobleme eines einzelnen Landes zu verstärken und so seine Integrationskraft zu überfordern. Wenn alle reichen Länder sich zu ihrer humanitären Verpflichtung in der Praxis bekennen und ihren Teil beitragen würden, hätten wir keine Flüchtlingskrise. Das ist von reichen und wohlhabenden Ländern nicht zu viel verlangt. Es ist ebenfalls nicht zu viel verlangt, wenn ein Land, das sich für Zuwanderer großzügig öffnet und ihnen Sicherheit und Chancen bietet, im Gegenzug erwartet, dass diese sich für die humanistischen Werte dieses Landes öffnen, sich grundsätzlich an seine Gesetze halten und möglichst schnell auch ihren materiellen Beitrag leisten. Wer also weiterhin das Ziel einer offenen und integrationsfähigen Gesellschaft verfolgt, sollte selbstbewusst Leitbilder und Konzepte vorlegen, wie dies gelingen kann.

---

[6] Johannes Leithäuser / Eckart Lohse: „Angela Merkel ist eine Heldin", FAZ.NET, 01.04.2016.

SABINE BEPPLER-SPAHL

Die Rebellion der Ausgegrenzten

Die jüngsten Erfolge der AfD sind nicht nur eine Reaktion auf die Flüchtlingskrise. Immer mehr Menschen fühlen sich vom grün-liberalen Konsens in Politik und Medien nicht mehr repräsentiert

Nun ist sogar Angela Merkel zum obersten Grenzschließer geworden. Nach den Kommunalwahlen ging es ganz schnell. Die Türkei wurde zum Türsteher ernannt (ungeachtet der großen Probleme, mit denen das Land selbst zu kämpfen hat) und der Tonfall gegenüber unseren Nachbarstaaten wurde verschärft: Es gereiche Europa nicht zur Ehre, sich bei der Lastenteilung so schwer zu tun, sagte die Kanzlerin im Bundestag. Politik, so heißt es, sei eben ein Rendezvous mit der Wirklichkeit.

Dabei ist ziemlich klar, dass die Politik der Grenzöffnung nicht an den administrativen Herausforderungen gescheitert ist. Diese waren zwar beträchtlich, wurden aber im Großen und Ganzen – manchmal besser, manchmal weniger gut – bewältigt. Registrierung, Unterbringung, „Willkommensklassen" usw. waren und sind mit Schwierigkeiten behaftet, aber keinesfalls unlösbar. Das viel größere Problem ist, dass der recht vernünftige Satz der Kanzlerin vom Sommer letzten Jahres („Wir schaffen das") zu wenig mit politischem Inhalt gefüllt wurde. Es fehlte die Substanz, die diesen Satz hätte stützen müssen. Das wurde in den Monaten nach dem angeblich so märchenhaften September immer deutlicher.

Warum sollten Menschen in Sachsen-Anhalt, wo die Arbeitslosigkeit noch immer bei über zehn Prozent liegt, das Diktum der Kanzlerin kritiklos hinnehmen? Viele Fragen, die die Finanzierung, die Sozialhilfe, die Veränderung des täglichen Lebens für die Alteingesessenen, die Meinungen der Zugezogenen oder auch einfach nur die noch zu erwartenden Einwanderungszahlen betreffen, wurden viel zu leichtfertig übergangen und häufig sogar als eine Art Tabubruch abgetan (nach dem Motto: „Wer so etwas fragt, muss eine Dumpfbacke sein"). Aber Wähler haben das Recht, kritische, harte Fragen zu stellen und Antworten zu verlangen.

Damit wären wir bei dem größten Problem: Hinter den hitzigen Streitereien der letzten Monate verbirgt sich ein ganz anderer, viel grundlegenderer Konflikt. Er hat mit der Flüchtlingskrise nur indirekt zu tun, macht aber eine offene, ehrliche Debatte über Einwanderung sehr schwer. Es ist eine Auseinandersetzung zwischen einer grün-liberal geprägten Mittelschicht, die den gesellschaftlichen Konsens über Jahre entscheidend beeinflusst hat, und einer Gruppe von Bürgern, die sich nicht als Teil dieses Konsenses fühlt. Viele von ihnen sind ehemalige SPD- oder CDU-Wähler mit ganz anderen Lebenserfahrungen und Überzeugungen als jenen der grün-liberal-kosmopolitischen Klasse. Und sie vertreten eher traditionelle Meinungen zu Fragen wie Familie, Homoehe oder Immigration.

Diese eher traditionell orientierten Gruppen fühlen sich seit langem in der etablierten Politik nicht mehr repräsentiert und haben andere Möglichkeiten gesucht, ihren Überzeugungen Ausdruck zu verleihen. Ein Beispiel für eine solche außerparlamentarische Opposition war die Mobilisierung gegen die Lehrplanreform in Baden-Württemberg vor fast zwei Jahren, als annährend 200.000 Menschen eine Petition unterzeichneten. (Damals sollte die sexuelle Vielfalt verpflichtend an Schulen unterrichtet werden.) Nun ist es die Öffnung der Grenzen, die im September für viele überraschend kam und die sie wie eine Überrumpelung empfanden, die den Protest angefeuert hat. Anders als vor zwei Jahren aber gibt es unterdessen eine Partei – die AfD – die es geschafft hat, den Unmut aufzugreifen und in parlamentarische Bahnen zu lenken.

Die Anti-Mainstream-Protestpartei

„85 Prozent bleiben cool (…) die übergroße Mehrheit wählt Parteien, die Angela Merkels Flüchtlingspolitik mittragen", titelte die taz nach den Wahlen[i]. Diese Überschrift zeigt, wie sich Mainstream und Anti-Mainstream in den vergangenen Jahren verschoben haben. Die taz, die sich als unabhängig und links beschreibt und vor über 30 Jahren selber als Stimme gegen die etablierte Politik gegründet wurde, wähnt sich heute auf der Seite einer satten Mehrheit von 85 Prozent der Bevölkerung. Ist sie damit noch anti-Mainstream? Ja, es gibt so viel Übereinstimmung zwischen den einstigen politischen Gegenpolen, dass der grüne Spitzenkandidat in Baden-Württemberg, Winfried Kretschmann, vor den Wahlen sagte, er bete täglich für Angela Merkel. (Man stelle sich vor, Willy Brandt hätte gesagt, er bete täglich für den Erfolg Helmut Kohls!).

Es ist, wie die Schriftstellerin Monika Maron schreibt: „Seit alle Parteien sich um den Platz in der Mitte streiten und die CDU den konservativen

---

i „85 Prozent bleiben cool", taz, 14.03.2016, S. 1.

Teil der Bevölkerung sich selbst überlassen (…) hat, seit das Wort Normalität nur noch in Anführungszeichen benutzt werden kann, aber jede Minderheit nicht nur Akzeptanz, sondern Deutungshoheit beansprucht, seitdem war es nur eine Frage der Zeit, wann sich am verwaisten konservativen Flügel der Gesellschaft eine politische Kraft ansiedeln würde."

Doch jetzt, da es diese Kraft gibt, hat sie Menschen mitgezogen, die früher nie auf die Idee gekommen wären, eine Protestpartei zu wählen. Geholfen hat ihr dabei, dass die Kanzlerin bei der Einwanderungsfrage – ähnlich wie bei dem Atomausstieg – ohne große Ankündigung und ohne die Debatte zu eröffnen gehandelt hat. Wie bei der Energiewende dürfte sie sich auf die Unterstützung der grün-liberalen deutschen Mittelschicht, die der Einwanderung tatsächlich in großen Teilen positiv gegenübersteht, verlassen haben. Doch die Einwanderungsfrage hat sich als polarisierender erwiesen als der Atomausstieg. Der Vorwurf, die Kanzlerin habe gegen ihr demokratisches Mandat gehandelt (oder dieses bei einer so weitreichenden Entscheidung überschritten) stand von Anfang an im Raum. Die AfD profitierte von dem Gefühl, dass sich mit der Öffnung der Grenzen schon wieder eine finanziell gut-situierte Schicht durchgesetzt habe, die für die normalen Menschen ohnehin mehr Verachtung als Verständnis aufbringt.

Leider sind die Reaktionen vieler Einwanderungsbefürworter sowie der etablierten Parteien nicht geeignet, diesen Eindruck zu korrigieren. Tatsächlich wurde mehr Energie darauf verwendet, die AfD zu beschimpfen, als sich deren kritischen Fragen zu stellen. Anständige Menschen wählten keine AfD, schrieb zum Beispiel der SPD Politiker Roger Lewentz aus Rheinland-Pfalz. (Besonders perfide ist, dass er die AfD im gleichen Schreiben vor allem dafür kritisiert, dass sie behauptet habe, seine Regierung täte nicht genug, um Flüchtlinge abzuschieben: „Die Aussage von Uwe Junge, Rheinland-Pfalz tue zu wenig bei Abschiebungen und Rückführungen, ist falsch. Das ist reine Stimmungsmache auf dem Rücken von Flüchtlingen", so der Politiker)[2].

Seine Regierungschefin, Malu Dreyer verweigerte sogar jede Fernsehdebatte mit der AfD. Für Dreyer war dieser Boykott eine Frage des Prinzips, da sie nicht mit Rechten spreche. Abgesehen davon, dass dies einiges über ihre Einstellung zur Redefreiheit und offenen Debatte aussagt, bringt dies auch eine deutliche Verachtung für die AfD-Wähler zum Ausdruck. Ist das die Art und Weise, mit der sich die SPD der Sorgen und

2   Roger Lewentz: „Lewentz: Anständige Bürger wählen nicht AfD", SPD Rheinland-Pfalz online, Januar 2016.

Ängste der normalen Bürger zuwenden möchte, wie sie in oft paternalistischem Ton behauptet?

Die Strategie schwankte zwischen Beschimpfung, Boykott und Anbiederung. Als die CDU-Kandidatin in Rheinland-Pfalz, Julia Klöckner, merkte, dass die AfD zu einer ernsthaften Gefahr wurde, begann sie (ähnlich wie Seehofer in Bayern) deren Parolen nachzuplappern. Fast lächerlich wirkte ihr Plan A2, mit dem sie panisch versuchte, sich von Angela Merkel abzugrenzen. Er ließ sie opportunistisch und unstet wirken. Ein noch traurigeres Bild gab die SPD ab, deren Vorsitzender Sigmar Gabriel beim Versuch, die unterschiedlichen Fraktionen seiner Partei zusammenzuhalten, aus seinem Schlingerkurs zwischen Abgrenzung und Anbiederung kaum mehr herauskam. Statt langfristiger Lösungen und Strategien, dachte er, man könne den Wähler mit Geldversprechungen zufriedenstellen, und schlug, parallel zur Flüchtlingskrise, ein Solidaritätsprojekt für die deutsche Bevölkerung vor. Das alles waren mehr als nur kleinere, taktische Fehler, sondern Ausdruck dessen, vor welch große Probleme die AfD die etablierten Parteien stellt. Zwar beklagte man sich jahrelang über die stetig wachsende Zahl der Nichtwähler, doch keine der Parteien bemühte sich ernsthaft, sie zurückzugewinnen. Jetzt, wo viele von ihnen als AfD-Wähler wieder aufgetaucht sind, finden die Funktionäre nicht einmal die richtigen Worte, um mit ihnen zu sprechen.

All dies hat in der Flüchtlingsdebatte viel Schaden angerichtet. Die AfD konnte punkten, weil sie die Arroganz und Abgehobenheit der etablierten Politik und ihrer Unterstützer bloßgestellt hat. Seit langem habe es keinen so spannenden Wahlabend mehr in diesem Land gegeben wie am 13. März, meinte z.B. die Journalistin Brigitte Fehrle von der Berliner Zeitung: „Wer wählt, befindet sich im demokratischen Spektrum und ist für öffentliche Debatten und hoffentlich auch für Argumente noch erreichbar", schrieb sie. Doch das hält sie nicht davon ab, im gleichen Kommentar noch hinzuzufügen, dass alle Anständigen wegen dieser neuen Partei in Zukunft noch einiges auszuhalten haben werden.[3]

Es ist dieser arrogante Tonfall, der viele verärgert. Es geht nicht darum, die AfD und ihre Wähler mit Samthandschuhen anzufassen. Ganz im Gegenteil: Gerade jetzt brauchen wir eine harte, klare *politische* Auseinandersetzung. Doch genau das ist das Problem, denn diese wird durch die Abwertung und Beschimpfung der AfD und ihrer Wähler vermieden. Bürger, die hart arbeiten, Steuern zahlen und sich Sorgen um die Zukunft ihres Landes machen, dürften es wenig schätzen, als unanständige Menschen

---

[3] Brigitte Fehrle: „Kommentar zu Wahlergebnissen – Keine Angst vor der AfD", Berliner Zeitung online, 13.03.2016.

bezeichnet zu werden, nur weil sie eine andere Meinung zur Immigration haben. Sie sehen nicht ein, weshalb ihre Gegner ihnen vorwerfen, nicht solidarisch genug zu sein, obwohl sie sich oft sehr viel solidarischer mit ihrem unmittelbaren Umfeld zeigen als ihre Kritiker. Sie sehen die Spannungen, die die Flüchtlingskrise hervorgerufen hat und glauben nicht, dass die Krise Europa zu einem besseren, humaneren Ort hat werden lassen (wer die Bilder aus Idomeni sieht, muss ihnen Recht geben). Sie sehen es als ihr gutes Recht an, die Flüchtlingspolitik der Kanzlerin zu kritisieren (viele waren schon zu DDR-Zeiten gegen die Vormundschaft einer lehrmeisterhaft auftretenden Elite). Vor allem aber erkennen sie die Widersprüche einer Politik, die vorgibt, demokratisch zu sein und trotzdem alles tut, um andere Meinungen zu diskreditieren. Dies alles hat dazu geführt, dass sich nicht nur alte, enttäuschte Konservative, sondern viel mehr Wähler als erwartet der AfD zugewandt haben.

Debatten
statt Kulturkämpfe

Die wahre Tragik ist, dass all diese Irrungen und Wirrungen auf dem Rücken der Flüchtlingskrise ausgetragen werden. Diejenigen, die für Immigration sind, haben den Gegnern vorgeworfen, die Krise für die eigenen Zwecke auszunutzen. Doch tun sie nicht das Gleiche, indem sie die Haltung zu Flüchtlingen zu einer Art Glaubensbekenntnis umwandeln? Das alles ist umso ärgerlicher, da keine Partei mehr für wirklich offene Grenzen eintritt. Die Krise, so der neue Konsens, könne nur europaweit gelöst werden. Damit aber werden die Konflikte nur weitergeleitet und ausgedehnt. Ist es etwa richtig, wenn die deutsche Regierung von anderen europäischen Regierungen (z.B. der polnischen) fordert, gegen den Willen der eigenen Bevölkerung vorzugehen? Was ist das für ein Demokratieverständnis, das hier zum Ausdruck kommt (noch dazu häufig mit dem Hinweis, diese Länder hätten schließlich schon viele Gelder von der EU erhalten und müssten nun eben tun, was wir verlangten)?

Tatsächlich wäre es das Beste, wenn Europa gemeinsam handeln könnte. Die Flüchtlingskrise war kein Naturereignis, das plötzlich über den Kontinent hereingerollt ist. Es wäre gut gewesen, wenn unsere Politiker schon viel früher dazu übergegangen wären, die Debatte zu eröffnen und ihre Bevölkerungen bei dieser zentralen Frage einzubeziehen. Was damals verpasst wurde, muss jetzt nachgeholt werden. Nur so werden wir wirklich weiterkommen. Es gibt gute und wichtige Gründe, für ein Europa mit offenen Grenzen einzutreten, aber nur mit – und nicht gegen – die eigene Bevölkerung. Nach wie vor sehen viele auch die großen Chancen, die mit der

Einwanderung verbunden sind. Hinzu kommt der ganz natürliche Wunsch, anderen zu helfen. Die Frage, die sich uns stellt, ist, wie wir für offene Grenzen eintreten können, ohne in einen unguten Kulturkampf hineingezogen zu werden, der viel zu viele Menschen ausschließt.

HANSJÖRG WALTHER

Braucht Deutschland jetzt Obergrenzen?

**Der Wind in der Flüchtlingsfrage hat sich
schnell gedreht. Im letzten September war die
Stimmung selbstbewusst, fast euphorisch,
nun überwiegen Sorgen und Ängste**

Wären „die Deutschen" ein einzelner Mensch, so könnte man an eine bipolare Störung denken. Doch das ist Unsinn. Verändert hat sich, welche Seite den Ton angibt. Wer an den Bahnhöfen klatschte, trottet heute nicht bei Pegida mit. Und wer schon im Herbst den baldigen Untergang vorhersagte, der behauptet das auch jetzt noch ohne eine Erklärung dafür, wieso er bislang falsch lag. Viele Menschen hatten einfach keine entschiedene Meinung. Sie ließen sich an ihrem Herzen anrühren, wollten aber deshalb noch keinen Blankoscheck ausstellen. Auch wenn die „Alternative für Deutschland" bejammert, wie man sie übergeht: Sie ist es mittlerweile, die die Debatte bestimmt. Die CSU ist ihr schon nachgesprungen, mancher in der CDU würde es auch gerne tun, und sogar Angela Merkel kommt mittlerweile nicht um Zugeständnisse herum, etwa mit der Ankündigung, man müsse die Flüchtlingszahlen deutlich senken. Eine zentrale Rolle bei diesem Umschwung spielt die Forderung nach Obergrenzen. Anstatt sich ihr zu stellen, weichen viele Befürworter der bisherigen Politik lieber aus, empören sich über Provokationen und versuchen ansonsten, Volkserziehung und Verbote anzubahnen. Eine Debatte kommt nicht zustande, und so überlässt man denjenigen das Feld, die für Abschottung eintreten. Wie kam es dazu?

Die politischen
Stämme

Der amerikanische Wirtschaftswissenschaftler und Blogger Arnold Kling stellt in „The Three Languages of Politics" die These auf, dass man politische Auseinandersetzungen ethnographisch betrachten sollte. Es treffen Stämme aufeinander, die die Welt jeweils auf eine eigene Weise deuten, sich um ihre Symbole scharen und sogar unterschiedliche Sprachen sprechen. Der politische Kampf zwischen den Stämmen hat nicht die Wahrheit zum Ziel; vielmehr geht es um Selbstvergewisserung und den eigenen Zusammenhalt. Für die USA geht Kling dabei von drei politischen Stämmen aus: Progressives, Conservatives und Libertarians.

Der Stamm der Progressives würde in Deutschland von weit links bis in die Mitte reichen, mit einem Schwerpunkt bei den Grünen. Für ihn stellt sich die Welt dar als ein Kampf „Unterdrückte gegen Unterdrücker". Mit ersteren hat man sich zu solidarisieren, letztere zu bekämpfen. Deutsche Konservative sind etwas anders strukturiert als ihre amerikanischen Pendants. Während Kling den Conservatives die Leitidee „Zivilisation gegen Barbarei" zuordnet, denkt man in Deutschland eher entlang einer Achse „Ordnung gegen Chaos". Libertarians schließlich gibt es hierzulande fast gar nicht, sodass ihre Sichtweise „Freiheit gegen Zwang" nur am Rande vorkommt. Viele, die sich in Deutschland „liberal" oder „libertär" nennen, sind auch eher ein Teil des konservativen Spektrums. Im Wesentlichen wird der politische Meinungsstreit deshalb in Deutschland nur zwischen dem linken und dem konservativen Stamm ausgetragen.

Eine Debatte –
zwei Selbstgespräche

Die Wirklichkeit gleicht für die beiden Stämme einem Rohrschachtest im Großen. Der syrische Bürgerkrieg ist für die einen die Folge deutscher Waffenlieferungen, ja sogar des Klimawandels, also unserer Unterdrückung, während er für die anderen Ausdruck einer barbarischen Religion und Kultur ist. Geschundene „Refugees" für die einen sind für die anderen die Vorhut einer neuen Völkerwanderung. Sie zu unterstützen, ist Verbrüderung mit den Elenden dieser Erde bzw. naives Gutmenschentum, das Deutschland abschaffen wird. Integration ist einerseits gelebte Solidarität mit denen, die angefeindet werden von „Rassisten" (als wenn wir uns in den Südstaaten circa 1960 befänden!) und andererseits ein verzweifelter Versuch, den Wilden wenigstens etwas Benimm anzudressieren. Man könnte diese Liste leicht verlängern.

In den meisten Ländern formierten sich die beiden Stämme in der Flüchtlingsfrage ganz idealtypisch, fast immer mit einem Übergewicht der Konservativen. Angela Merkel gelang in Deutschland zunächst etwas Ungewöhnliches, nämlich eine mit dem linken Stamm verbundene Politik für den konservativen Stamm zu übersetzen: Es gehe darum, unsere zivilisierten Werte zu vertreten und Ordnung in das Chaos zu bringen. Ominös wurde ein Zerfall Europas angedeutet, wenn man das nicht schaffe. Damit konnte sie ihre Partei zunächst mitziehen. Dass sie selbst als Garant alternativloser Stabilität wahrgenommen wurde, half natürlich. Rebellion ist aber auch nicht wirklich der Stil der CDU.

In der neuen Rolle fühlten sich große Teile der Union allerdings äußerst unwohl. Der weitere Verlauf konterkarierte auch einige Argumente für die Regierungspolitik, weil vieles chaotisch blieb, womit sich die zeitweilig überrannten Konservativen um die scharten, denen der Einbruch fremder Positionen von vornherein nicht gepasst hatte. Der Rückhalt für Angela Merkel schwand zunächst in der CSU und dann auch immer mehr in der CDU. Als symbolischer Sammelpunkt des konservativen Stammes diente dabei die Forderung nach Obergrenzen, die wieder Ordnung in das „Asylchaos" bringen sollten. In dem Maße, wie die konservative Seite zu sich zurückfand, gerieten die Grünen in die Rolle der neuen Kanzlerpartei, und die Unterstützung für die Merkel'sche Politik zog sich auf den linken Stamm zusammen. Damit setzten sich auch die entsprechenden Muster durch: geblasen wurde zum Kampf „gegen Rechts", in den sich sogar die CDU einreihen sollte. Steigende Umfragewerte der AfD und Attacken auf Flüchtlingsheime verschwammen zu einem Bild, in dem man sich als Widerstandskämpfer gegen den Nationalsozialismus inszenieren konnte.

Wie dramatisch ist die Lage überhaupt?

Es ist symptomatisch, dass man es überhaupt begründen muss, aber eigentlich besteht kein Anlass zu kurzfristigem Aktionismus: Wenn Deutschland mit einem Anteil von 10,9 Prozent Einwanderern per 2013 am Rande eines Abgrundes gestanden hätte, dann müsste die Schweiz mit einem Anteil von 28,9 Prozent schon lange darin verschwunden sein. Die Kosten für eine Million Flüchtlinge haben etwa die Größenordnung *nur des Zuwachses 2015* bei den Steuereinnahmen. Es sollte also nicht verwundern, dass Schäuble bislang aus der Portokasse zahlt. Und wenn sich Orbán und Lawrow um die Sicherheit in Deutschland sorgen: Es gibt hierzulande 0,8 vollendete Tötungsdelikte auf 100.000 Einwohner. Wenn 2 Prozent Flüchtlinge 80 Mal so bösartig wie Deutsche wären, wovon keine Rede sein kann, so würde man hier immer noch sicherer leben als in Ungarn mit einem Niveau von 2,7 im Jahre 2013. An die russische Rate von 9 (!) käme man nicht einmal heran, wenn die Flüchtlinge 400 Mal so übel wären. Horst Seehofer muss ja wissen, von wem er etwas lernen kann. Auch Fantasien, Deutschland werde bald von den Flüchtlingen übernommen, kann man mit der Frage beantworten: Wo und wann hat es in der gesamten Weltgeschichte jemals den Fall gegeben, dass eine kleine, isolierte, unorganisierte, mittellose und unbewaffnete Minderheit ein Land gekapert hätte?

Noch einfacher kann man die Luft aus der Aufgeregtheit auch so herauslassen: Investoren haben Hunderte Milliarden in deutsche Staatsanleihen investiert. Kämen auch nur leise Zweifel an der Stabilität Deutschlands auf – sei es wegen der Flüchtlinge, wegen einer Machtergreifung der AfD oder weil Europa zerfiele –, so würden die Renditen massiv ansteigen. Der angebliche „Fehler" von Angela Merkel im September müsste ein Erdbeben an den Märkten ausgelöst haben. Schaut man sich aber die zehnjährige deutsche Rendite an, so sieht man: NICHTS. Im September musste der deutsche Staat noch eine Verzinsung von fast 0,8 Prozent anbieten, aktuell ist es weniger als die Hälfte. Eigentlich sollte Angela Merkels „Wir schaffen das" so kontrovers klingen wie „Bier muss kalt sein".

Ganz so einfach
ist es nicht

Die Diskussion über Obergrenzen hat einen ernsten Kern, kommt aber meist als Hütchenspiel daher. Gestellt wird zunächst die banale Frage, ob es *irgendeine* Obergrenze gibt. Banal deswegen, weil etwa die Zahl aller Menschen außerhalb Deutschlands eine Obergrenze darstellt. Mehr können einfach nicht kommen! Doch unter der Hand wird dann die Frage ausgewechselt: Muss es *jetzt* eine *bestimmte* Obergrenze geben, *wegen der man Menschen abweist*? Das ist alles andere als selbstevident. Was die Diskussion über die Obergrenzen so effektiv macht, ist nicht ihre logische Stärke. Vielmehr wirft sie Fragen auf, mit denen sich so mancher schwertut, der für die Aufnahme von Flüchtlingen eintritt.

Dazu muss man sich einige Zahlen klarmachen: Weltweit gibt es 60 Millionen Flüchtlinge. Mehr als 600 Millionen Menschen würden nach Umfragen von Gallup gerne dauerhaft auswandern, wenn sie denn könnten, mehr als eine Milliarde, wenn man zeitweilige Auswanderung einschließt. Bedenkt man, dass nur ein kleiner Bruchteil davon wirklich irgendwo einwandern darf, dann sind die Grenzen dicht, und das gilt auch für Deutschland. Man sollte sich nicht davon täuschen lassen, dass es keine Grenzanlagen gibt. Bei wirklich offenen Grenzen könnte weltweit jeder auf sicherem Wege einreisen, legal hier wohnen und arbeiten. Der deutsche Staat verhindert das ganz ohne Zäune, etwa durch Verbote für Fluglinien, Vermieter und Arbeitgeber. Und ansonsten liegt man bequem hinter den Grenzen anderer Länder, die einem das Grobe abnehmen.

Aus diesem Blickwinkel wird verständlich, wieso bereits minimale Lockerungen – und mehr war Angela Merkels „Einladung" auch nie – eine sehr große Nachfrage zum Vorschein bringen. Wenn man zusätzlich einen Rückstau hat und Europa eine Torschlusspanik fast mutwillig fabriziert, dann darf man sich über einen raschen Anstieg der Zahlen gar nicht wundern. Es kommen allerdings nur diejenigen, die sich trotz Lebensgefahr, versperrter Wege und hoher Kosten durchkämpfen. Natürlich würden sehr viel mehr kommen, wenn sie billig, sicher und legal einreisen könnten.

Befürworter einer Aufnahme von Flüchtlingen mögen solche Zahlen nicht, denn sie werfen vertrackte Fragen auf: Wie könnte der deutsche Staat so viele Menschen versorgen? Würde ein rascher Andrang vielleicht zu ernsten Problemen führen? Es ist leicht zu argumentieren, dass eine Minderheit von wenigen Prozent kaum eine Rolle spielt. Für einen deutlich größeren Anteil wäre das jedoch nicht mehr so offensichtlich. All das macht verständlich, warum die Diskussion über Obergrenzen so zentral wurde. Man kann damit sowohl den linken Stamm argumentativ in die Defensive bringen, der keine Antworten auf diese Fragen hat, als auch den konservativen Stamm um ein Symbol sammeln, das perfekt in dessen Weltsicht passt.

Fazit

Deutschland befindet sich aktuell an keiner Leistungsgrenze. Man könnte auf dem gegenwärtigen Niveau noch eine ganze Zeit weitermachen, ohne dass irgendwelche katastrophalen Folgen drohen würden. Eine starre Obergrenze oder gar ein panisches Absenken der Zahlen stehen von daher aktuell einfach nicht an. Das mag den konservativen Stamm frustrieren. Aber auch der linke Stamm hat einige Illusionen zu verlieren: Man muss sich der Größe der Frage stellen. Die Leistungsfähigkeit Deutschlands ist groß, aber nicht unbegrenzt. Die knappen Ressourcen sind deshalb zu schonen, und das heißt: Einwanderung muss in jeder Hinsicht möglichst neutral für die Inländer gehalten werden. Je weniger man pro Kopf aufwendet, umso mehr Menschen kann man aufnehmen. Nur wenn man eine stimmige Antwort auch auf die schwierigen Fragen hat, kann man die Debatte wenden.

KENAN MALIK

Die EU-Einwanderungspolitik ist blind

Der Deal mit der Türkei ist ein Beispiel für die fatale Migrationspolitik der Europäischen Union. Die agiert nach dem Motto: Aus den Augen, aus dem Sinn

Wie löst man eine Krise? Indem man sie weit genug wegschiebt, bis man so tun kann, als ob sie nicht mehr da wäre. Zumindest scheint das der Ansatz zu sein, den die Europäische Union verfolgt. Seit über einem Jahr nagt die Flüchtlingskrise am Herzen der EU. Sie verursacht tiefe Gräben zwischen den Mitgliedsstaaten und wirft Fragen zur Zukunft der Bewegungsfreiheit innerhalb der EU und zur Freiheit der Union selbst auf.

Das Führungspersonal der EU ist auf der verzweifelten Suche nach Lösungen. Nach monatelangen Verhandlungen wurde schließlich ein Deal mit der Türkei zusammengeschustert. Dessen Ziel ist es, das Problem weit genug von sich wegzuschieben, bis man sich vormachen kann, dass es nicht mehr existiert.

Dem Deal zufolge sollen alle zusätzlichen Migranten, die über die Türkei nach Griechenland gelangen, direkt zurückgeschickt werden. Eine „Eins-zu-Eins"-Übereinkunft erlaubt es, für jeden syrischen Flüchtling, der aus Griechenland in die Türkei zurückkehrt, einen Syrer aus einem türkischen Flüchtlingslager in die EU zu verlegen. Für alle Nicht-Syrer ist diese Route nach Europa nun vollkommen gesperrt.

Im Gegenzug versprach die EU, ihre Pläne zu beschleunigen, Türken visumfreie Bewegungsfreiheit innerhalb der Union zu ermöglichen und Ankara tatsächlich etwas von den versprochenen drei Milliarden Euro zu zahlen. Diese Summe wurde der Türkei im Oktober 2015 für die Schließung der Grenze zugesichert. Darüber hinaus hat die Türkei angeblich weitere drei Milliarden Euro gefordert. Eine Forderung, die noch verhandelt wird. Des Weiteren wurden konkrete Schritte bezüglich einer Beitrittsverhandlung der Türkei zur EU gefordert.

Donald Tusk, Präsident des Europäischen Rates, beschrieb den Deal als „Durchbruch" und als „historisch". Tatsächlich ist er unmoralisch und nicht umsetzbar.

Die Europäische Union weist eine Bevölkerung von mehr als 500 Millionen Menschen sowie ein Bruttoinlandsprodukt von 30.000 US-Dollar pro Kopf auf. Die Türkei hingegen hat eine Population von 75 Millionen Menschen mit einem BIP von 10.500 US-Dollar pro Kopf. Wenn die Ankunft von einer Million Flüchtlinge auf europäischem Boden eine inakzeptable Zumutung und Grundlage einer ernsthaften Krise ist, so stellt sich die Frage, wie das Ausladen von einer Million Migranten in die Türkei weniger Zumutung und keine Krise darstellt? Der EU-Kommissar für Migration, Inneres und Bürgerschaft, Dimitris Avramopoulos, beschrieb den Engpass von Flüchtlingen in Griechenland, der die Grenzschließung weiter nördlich zur Folge habe, als eine „potenziell große humanitäre Katastrophe". Warum sollte die Einpferchung von Migranten in der Türkei etwas anderes zur Folge haben als in Griechenland?

Ist der Türkei-Deal umsetzbar?

Lassen wir die moralischen Folgen beiseite und konzentrieren wir uns für einen Moment auf die tatsächliche Durchführbarkeit. Die Übereinkunft zwischen Türkei und EU sieht die massenhafte gewaltsame Ausweisung von Migranten aus Griechenland in die Türkei vor. Glaubt die Union tatsächlich, Zehntausende würden stillschweigend ihr Schicksal hinnehmen und einfach gehen? Wenn uns das letzte Jahr eine Sache gelehrt hat, dann, dass diese Menschen gewillt sind, enorme Risiken auf sich zu nehmen und große Schwierigkeiten zu ertragen. Ebenso hat sich gezeigt, dass sie sich den Autoritäten entgegenstellen, sollten sie zu lange herumgeschubst werden. Man denke nur an die Szenen in Ungarn letzten Sommer oder an die aktuellen Bilder der griechisch-mazedonischen Grenze. Sollte nur eine kleine Minderheit der gewaltsam Repatriierten Widerstand leisten, kann man sich leicht vorstellen, in welchem Chaos und in welcher Brutalität das münden würde.

Die Zahl von Flüchtlingen, die Europa erreicht, ist tatsächlich riesig. Aber es lohnt sich, diese Zahlen im Kontext zu betrachten. Eine Million Migranten stellt weniger als 0,2 Prozent der EU-Bevölkerung dar. Die Türkei hingegen, mit einer Bevölkerung von einem Siebtel der EU, unterhält bereits 2,7 Millionen syrischer Flüchtlinge. (Das sind die offiziellen Hochrechnungen. Die tatsächliche Zahl wird eher bei drei Millionen liegen.) Im Libanon befinden sich schon 1,3 Millionen Flüchtlinge, was sich auf 20 Prozent der Bevölkerung beläuft. Das wäre so, als ob sich 100 Millionen Geflüchtete auf europäischem Boden aufhalten würden. In Pakistan und Iran befinden sich jeweils eine Million Flüchtlinge innerhalb der jeweiligen Staatsgrenze.

Schon jetzt nehmen einige der ärmsten Länder der Welt die größte Bürde bei der Flüchtlingshilfe auf sich. Würden diese Länder die europäische Herangehensweise übernehmen, gäbe es eine ganz andere Krise. Das ist wohl der unmoralischste Aspekt der EU-Flüchtlingspolitik: Der Umgang mit Einwanderern und Flüchtlingen soll vor allem eine Angelegenheit der ärmsten Nationen sein.

Somit ist der Türkei-Deal alles andere als historisch, folgt er doch nur den Kontinuitäten der EU-Einwanderungspolitik. Diese besteht seit den 1990er-Jahren aus einer Drei-Säulen-Strategie: Kriminalisierung von Migranten, Militarisierung der Grenzkontrollen und schließlich das Outsourcen des Problems durch Zahlungen an Nicht-EU-Staaten, welche sich als Europas Immigrantenpolizei aufspielen sollen. Das wiederum bedeutet, dass Europa seine Grenzen weit hinter Europa verlegt. Das berüchtigtste Beispiel für diese Vorgehensweise wäre das vom libyschen Oberst Gaddafi. Das Motto: das Problem einfach aus Europa herausdrängen und so tun, als sei es gar nicht da.

Viele Beobachter der Lage beklagen, die Türkei habe die EU um ein Lösegeld erpresst. Der Sache näher käme die Beschreibung, dass die EU sich in ihrer Verzweiflung, eine Migrationsvereinbarung abzuschließen, selbst erpresst hat.

Moral
muss warten

Über die letzten Jahre hat sich die Türkei unter Erdogans AKP zu einem autoritären Regime entwickelt, das Kritiker zum Schweigen bringt, Journalisten wegsperrt und die freie Meinungsäußerung beschneidet. Mit der staatlichen Übernahme von Zaman, der größten Zeitung der Türkei, wurde effektiv das letzte bisschen Pressefreiheit eliminiert.

In der Vergangenheit, zu einem Zeitpunkt, als die Lage bei weitem nicht so schlimm war, hat die EU solche Menschenrechtsverstöße gerne genutzt, um einer Mitgliedschaft der Türkei entgegenzuwirken. Nun „erfordert" die politische Zweckmäßigkeit jedoch selbst bei den ernsthaftesten Entwicklungen, mehr als ein Auge zuzudrücken. Die EU versucht so verzweifelt, *irgendeinen* Deal zur Bewältigung der Flüchtlingskrise einzugehen, dass sie gewillt ist, auf Migrantenrechte zu pfeifen und dabei zuzusehen, wie Erdogan auf der Freiheit der türkischen Bevölkerung herumtrampelt. Der Deal entlarvt das Gerede von den Werten der Europäischen Union, Demokratie und Freiheit, als heiße Luft.

Das einzige Land, das in diesem Debakel noch etwas Würde behält, ist Griechenland. Obwohl Griechenland von der EU praktisch aufgegeben worden ist, als Mazedonien und andere nördliche Länder die Balkanroute geschlossen haben, und trotz der ökonomischen Krise und der von der EU auferlegten Sparpolitik haben die Menschen Griechenlands eine bewundernswerte moralische Hingabe gegenüber den Flüchtlingen gezeigt. Es ist wahr, dass es auch ein paar Demonstrationen von rechtsextremen Gruppierungen gegeben hat und die rechtsradikale Goldene Morgenröte letztes Jahr bei den nationalen Wahlen auf ein Ergebnis von sieben Prozent kommen konnte. Aber überwiegend haben die Griechen eine enorme Solidarität bewiesen.

Nachdem die mazedonische Regierung beschlossen hat, Tag für Tag nur noch eine Handvoll Menschen passieren zu lassen, sind über 14.000 Menschen in Idomeni auf der griechischen Seite der Grenze gefangen. „Ich hege große Bewunderung für diese Menschen, denn sie haben immer noch Hoffnung", sagte Idomenis Bürgermeisterin Evelina Politidou mit dem Hinweis, die Hilfe für die Flüchtlinge sei eine „moralische Verpflichtung".

Im Zentrum der Krise, nahe der türkischen Küste, liegt die griechische Insel Lesbos. Die Zahl der Migranten, die dort innerhalb der ersten zwei Monate des Jahres 2016 angekommen sind, ist schon größer als die Bevölkerung von Lesbos selbst. Dennoch fahren die Bewohner damit fort, den Flüchtlingen Essen und eine Herberge zu bieten.

Während alldem hat es die EU geschafft, gerade einmal 325 Geflüchteten Unterkunft zu bieten (trotz der Zusage, 66.400 Menschen unterzubringen). „Es ist unglaublich, dass eine kleine Insel das schafft, was das große Europa mit einer halben Milliarde Menschen so schwierig findet", sagte António Guterres, Vorsitzender des UNO-Hilfswerkes.

Es ist eine Lektion über Moral und Solidarität, von der sich alle Europäer eine Scheibe abschneiden könnten.

Waffen

Einleitung

Waffen im Visier

**Anstatt Schusswaffen pauschal
zu dämonisieren, sollten wir lieber
nach den eigentlichen Ursachen
von Gewalt fragen**

Bei kaum einer politischen Angelegenheit gibt es hierzulande einen so breiten Konsens wie bei der Frage des Waffenbesitzes. Waffen gelten per se als übel. Nur mit immer strengeren Regeln und härteren Kontrollen gegenüber den Besitzern legaler Waffen, z.B. Jägern oder Sportschützen, glaubt man ihr Bedrohungspotential bändigen zu können. Gerade die vergleichsweise liberalen Waffenkontrollgesetze in den USA werden immer wieder in den hiesigen Medien problematisiert. Der US-Verfassungsartikel, der den freien Waffenbesitz garantiert, gilt als historischer Fehlgriff und Zeichen für die kulturelle Rückständigkeit Amerikas. Schließlich sterben in den USA im Jahr 30.000 Menschen durch Schusswaffengewalt. Darunter auch die Opfer von „Mass Shootings", also Vorfällen, bei denen ein Bewaffneter auf mehrere Menschen schießt. Wären Waffen nicht so frei verfügbar, so die einfache Logik, könnten Menschen auch nicht so einfach erschossen werden. Dabei wird leicht vergessen, warum der Waffenbesitz einst zu einem Bürgerrecht erklärt wurde. Dies geschah nicht, um schießwütigen Bürgern zu gefallen oder auf Betreiben der Waffenlobby. Der Bürger sollte mit Waffen seine Freiheit verteidigen können. Die US-Bürger haben seit Jahrhunderten Waffen besessen – aber plötzlich scheint es, als würde der Besitz einer Waffe automatisch dazu führen, dass man damit um sich schießt. Bewaffnete Menschen werden als großes Problem angesehen – statt nach der Ursache zu fragen, warum es heute vermehrt zu individuellen Gewaltausbrüchen kommt. Daran würde nämlich auch kein Waffenverbot etwas ändern können. Vielmehr sagt die Forderung nach Waffenkontrolle etwas über das trostlose Menschenbild unserer Tage aus.

CHRISTOPH LÖVENICH

Bürger, die sich wappnen

**Privater Waffenbesitz steht im Fadenkreuz
der Regulierung. Ein staatliches Waffenmonopol
schränkt nicht nur Jäger und Schützen ein;
es ist undemokratisch**

„Die Waffe der Kritik kann allerdings die Kritik der Waffen nicht ersetzen" [1]

„Es wird Zeit für ein liberales Waffenrecht", schlug ein Zuschauer der ARD-Sendung „Hart aber Fair" per verlesener Textmitteilung vor, als Moderator Frank Plasberg gerade eine Folge zum Thema mangelnde Sicherheit in Deutschland – nach den Vorfällen in der Kölner Silvesternacht – moderierte. Das konnte Plasberg als Vertreter des Establishments im öffentlich-rechtlichen Rundfunk so nicht stehen lassen und antwortete: „Sie lesen schon, was in Amerika los ist, wo es dieses liberale Waffenrecht gibt. […] Würde ich mir nochmal überlegen". [2]

Freilich weiß Plasberg wenig über das US-Waffenrecht, in vielen Bundesstaaten kann von liberalen Regelungen keine Rede sein. Wie viele andere lässt er sich aber von dem Vorurteil leiten, dass mehr Freiheit beim Schusswaffenbesitz Probleme verursacht; dass sie zu mehr Kriminalität führt, darf aber angezweifelt werden. [3] Aber na ja, antiamerikanische Reflexe über unkultivierte Cowboys aus dem „Reich des Trivialen jenseits des Atlantiks, in dem Hinterwäldler aus Jux ein Magazin nach dem anderen leer ballern" [4] und „stets den Finger am Trigger [haben], um Mitmenschen en passant zu durchlöchern" [5] werden gerne gepflegt.

Vielleicht bevorzugt der ARD-Moderator das Waffenrecht in Frankreich, wo dem Anfang 2015 ermordeten Charlie-Hebdo-Chefredakteurs keine

---

[1] Karl Marx: „Zur Kritik der Hegelschen Rechtsphilosophie. Einleitung" in: „Deutsch-Französische Jahrbücher", 1844, S. 385.
[2] Bettina Fath: „‚Hart aber fair': Frank Plasberg spricht über Angst und Unsicherheit in Deutschland", Web.de, 02.02.2016.
[3] Siehe dazu den Beitrag von Tim Black und das Interview mit John Lott in diesem Kapitel.
[4] Johannes Thumfart: „Das Recht, zu schießen", taz.de, 25.01.2013.
[5] Wolfgang Röhl: „No farewell to arms", Die Achse des Guten, 16.12.2015.

Schusswaffe zur Selbstverteidigung genehmigt worden war.[6] Musiker Jesse Hughes von der Rockband Eagles of Death Metal, während deren Konzerts in Paris letzten November islamistische Terroristen zuschlugen, stellt die Frage: „Haben die französischen Waffengesetze eine einzige Person davon abgehalten, im Bataclan zu sterben?"[7]

Demokratie mit Waffen erkämpft

In Paris bestimmten danach Sicherheitskräfte mit vollautomatischen Waffen das Straßenbild. Dem einfachen Volk sollen aber sogar die halbautomatischen verboten werden.[8] Und da sind wir gleich an einem Punkt angelangt, wo es nicht nur um privaten Schutz vor Kriminalität geht, sondern um eine öffentliche Angelegenheit: Soll der Staat Schusswaffen monopolisieren? Illegalisierung fördert immer einen Schwarz- oder Graumarkt – siehe Drogen, Prostitution oder Glücksspiel. Interessierte Kriminelle beschaffen sich ihre Waffen ohnehin aus dunklen Kanälen, während denjenigen, die sich einfach nur schützen wollen, erhebliche Steine in den Weg gelegt werden. Geht nicht gerade davon eine viel größere Gefahr aus als von friedliebenden Bürgern, die sich als Sportschützen betätigen?[9]

Waffenverbote gründen sich auf der historisch naiven Vorstellung, dass keine Tyrannei entstehen könne, und schwächen so die Bürger, kritisiert der britische Soziologie-Professor Frank Furedi. Er hält es lieber mit Ländern wie der Schweiz, „wo man begreift, dass Demokratie auf aktiver Bürgerschaft beruht, auf Bürgern, die in der Lage sind, sich selbst zu verteidigen."[10] Und in der Tat, Demokratie und Rechtsstaat sind nicht mit warmen Worten allein erkämpft worden. Die Französische Revolution oder amerikanische Unabhängigkeit wären ohne geeignete Bewaffnung nicht denkbar gewesen. „Möglicherweise wäre auch die so folgenreich gescheiterte demokratische Revolution von 1848 in Deutschland geglückt, hätte es im Vorfeld liberalere Waffengesetze gegeben", merkt der Ideenhistoriker Johannes Thumfart an.[11]

---

6 Nicolas Delesalle: „Antonio Fischetti: ‚Bien sûr, on s'engueulait, à ‚Charlie'", Télérama.fr, 20.01.2015.

7 Zit. n. Carsten Heidböhmer: „Eagles-of-Death-Metal-Sänger fordert Waffen für alle", Stern online, 16.02.2016.

8 Christoph Lövenich: „Waffenregulierung: Entwaffnende EU-Logik", NovoArgumente online, 27.11.2015.

9 Hierbei ist zu beachten, dass das Führen jeder Waffe, auch legaler Sprays zum Selbstschutz, Kompetenz und Training erfordert, siehe z.B. kenntnisreich Thore Wilkens: „Waffen und Selbstverteidigung", Website des Autors, Aufruf 02.05.2016.

10 „Magna Carta 800 years of Freedom: A spiked debate", worldwrite, Youtube, 05.06.2015.

11 Thumfart (Anm. 4)

So nimmt es denn auch nicht Wunder, dass Diktaturen großen Wert auf die Entwaffnung der Bevölkerung legen. Als Beispiel aus der deutschen Geschichte mag dienen, dass zwei Tage nach der Reichspogromnacht eine Verordnung des Reichsinnenministeriums erging, nach der Juden „der Erwerb, der Besitz und das Führen von Schusswaffen und Munition sowie von Hieb- und Stoßwaffen verboten" war, diese hatten entschädigungslos bei der Polizei abgeliefert zu werden.[12] Eine Vereinigung US-amerikanischer Juden pro Waffenbesitz hat noch viele weitere Fälle aufgelistet, bei denen politischer Völker- und Massenmord auf Entwaffnungsvorschriften gefolgt ist.[13] Nun mögen Genozide Extrembeispiele sein, aber auch unterhalb dieser Schwelle können Waffengesetze der Unterdrückung dienen: In den USA verfolgten sie lange den Zweck, die Wehrhaftigkeit der Schwarzen zu verhindern und damit ihre Emanzipation.[14] Der Status des vollwertigen Bürgers war eng mit dem Recht auf das Waffentragen verknüpft.

Grüne für Waffenverbot

Von derlei historischen Hintergründen vermutlich unbeleckt, tun sich in Deutschland insbesondere die Grünen dabei hervor, den legalen Waffenbesitz immer weiter einschränken zu wollen. Ihre Bundestagsfraktion brachte gegen Ende der letzten Legislaturperiode einen Antrag unter dem Titel „Mehr öffentliche Sicherheit durch weniger private Waffen" ein, der kontrovers im Plenum debattiert wurde.[15] Das Verbot bestimmter halbautomatischer Waffen und die zentrale Lagerung von Waffenbeständen gehörten zu den Forderungen.

Selbst der Redner der Linkspartei, deren Fraktion als einzige dem Grünen-Antrag zustimmte, bezweifelte die Zweck- und Verfassungsmäßigkeit der grünen Vorschläge. Besonders deutlich in der Diskussion wurde Serkan Tören, Abgeordneter der der damals noch im Bundestag vertretenen FDP: „Schritt für Schritt gehen Sie an die verschiedenen Waffenarten heran. Ihr eigentliches Interesse, nämlich Waffen generell zu verbieten, bekennen Sie nicht. Stattdessen suchen Sie irgendwelche anderen Wege und Instrumentarien."[16] Ein solches Vorgehen kennen wir auch auf anderen Feldern, wie etwa der Tabakbekämpfung. Es geht um eine Schlinge, die sich

---

[12] „Verordnung über den Waffenbesitz der Juden. Vom 11. November 1938", RGBl. 12.11.1938.
[13] „The Genocide Chart, Jews for the Preservation of Firearms Ownership", 2002.
[14] Kevin Yuill: „USA: Gesetze gegen Waffen sind Gesetze gegen Schwarze", NovoArgumente online, 18.09.2015.
[15] Deutscher Bundestag: „Stenographischer Bericht, 17. Wahlperiode, 232. Sitzung", Berlin, 22.03.2013, S. 29076–29083.
[16] Ebd., S. 29080.

immer fester zuziehen soll. Während beim Rauchen Gegenpositionen mit dem Vorwurf „Tabaklobby" kaltgestellt werden sollen, zog in der Waffendebatte ein grünes Mitglied des Bundestages in gleicher Absicht die Glaubwürdigkeit von „Waffenträgern" generell in Zweifel.[17]

FDP-Politiker Tören verwies darauf, dass laut BKA-Einschätzung unter ein Prozent der Straftaten mit legalen Waffen begangen werden und nahm Sportschützen wie auch Jäger wegen ihrer sozialen beziehungsweise ökologischen Funktion gegen grüne Vorwürfe in Schutz.[18] Diese Gruppen gelten den Vertretern der Neuen Linken schon lange als suspekt. Der Beitrag der Jagd zum Natur- und Landschaftsschutz wird übersehen und Schützen gelten wahlweise als Waffennarren (wenn Sport im Vordergrund steht) oder als Spießer (wenn das Brauchtum im Mittelpunkt steht).

Wenn Spießer sich durch Vorurteile und mangelnde Toleranz leiten lassen, stellt sich Frage, wer in der heutigen Zeit die wahren Spießer sind. Eine Düsseldorfer Bezirksvertretungs-Fraktion der Linkspartei sprach sich vergangenes Jahr gegen einen Zuschuss an die örtlichen Brauchtumsschützen aus; selbst die rheinische Schützentradition, bei der es wie im Karneval großteils um Umzüge und geselliges Feiern geht, bedeutet in ihren Augen „Gleichschritt [...,] Gewaltverherrlichung [und] Alkoholkonsum", sei Kindern ein schlechtes Vorbild sowie gegen Frauen, „Migranten und Homosexuelle" gerichtet.[19]

Ein sozialdemokratisches Stadtratsmitglied, Schützenbruder und Schwuler, ließ sich ob dieser Darstellung eine empörte Antwort nicht nehmen, in der er mit diesen ignoranten Stereotypen aufräumte: Von Frauen als Schützenköniginnen und in Führungspositionen, begeisterten Kindern bei den Paraden, fehlenden Berührungsängsten nach seinem Coming-Out, sozialem Engagement der Vereine und vielem anderem mehr konnte er aus seiner Erfahrung berichten.[20] Aber ein Vorurteil zu zertrümmern, ist schwieriger, als ein Atom zu spalten, soll Albert Einstein bekanntlich gesagt haben. Das gilt erst recht für gesellschaftliche Milieus, die sich von den bodenständigen Massen längst arrogant abgewandt haben – und schon gar keine Atome spalten wollen.

[17] Ebd.
[18] Ebd.
[19] Zit. n. René Krombholz: „Unwahr, diskreditierend und falsch!", Website Schützen in Europa, 10.07.2015.
[20] Ebd.

Legaler Waffenbesitz
zunehmend eingeschränkt

Das im Wesentlichen in Nordrhein-Westfalen verankerte Brauchtum musste 2013 schon ein totales Rauchverbot in seinen Heimen, Zelten und bei
Feiern hinnehmen. Im Vorjahr hatte das Bundesinnenministerium im
wahrsten Sinne den Vogel abgeschossen: In seinen neuen „Schießstand-
richtlinien" war die Abmessung von Schützenvögeln – den hölzernen „Ziel-
scheiben" beim Königsschießen in vielen Vereinen – detailliert und praxis-
fern reguliert worden, ohne Einbezug der betroffenen Verbände.
Traditionelles Schießen hätte diese – offenbar von unterausgelasteten
Bürokraten erdachte – Regelung nicht mehr zugelassen. Immerhin war der
Protest der Schützenbünde und ihnen nahestehender Politiker (etwa aus
dem westfälischen Sauerland) laut genug, um das Ministerium zurückru-
dern zu lassen.[21]

Im Jagdbereich werden gesetzgeberische Knebel schon angewendet.
Das neue NRW-Landesjagdgesetz etwa, von den Grünen durchgesetzt, be-
inhaltet allerhand Schikanen zulasten der Jäger, aber auch des Natur- und
Artenschutzes.[22] Dazu gehört z.B. das Jäger drangsalierende Verbot bleihal-
tiger Munition.[23] Höhere Priorität als die Jäger sollen beispielsweise die
durch ein solches Verbot angeblich vor dem Verenden geschützten Seeadler genießen. Abgesehen davon, dass der Kausalzusammenhang zwischen
dem Verspeisen von Geschossresten und einer Bleivergiftung biochemisch
nicht ganz unumstritten ist[24], kommt der Seeadler in weiten Teilen Deutschlands gar nicht vor, in Nordrhein-Westfalen z.B. findet keine Brut statt. In
Niedersachsen gab es 1980 null Brutpaare, sie siedelten sich erst später
wieder an. Vermisst haben wird die Seeadler zu diesem Zeitpunkt außer
ein paar Vogelfreaks niemand. Vor dem Reichstierschutzgesetz der Nazis
war der Bestand reichsweit besonders gering.[25]

[21] Siehe z.B. Katja Triebel: „Adler statt Spatz – Artenschutz für Schützenvögel", Blog der Autorin,
legalwaffenbesitzer.wordpress.com, 14.03.2013.
[22] Claudia Wilms: „Gegen Mensch und Natur", NovoArgumente online, 14.04.2015 und Joachim
Karpa: „Jäger denken über Klage gegen neues Jagdgesetz nach", Westfalenpost online,
21.05.2015.
[23] Näheres bei Karpa (s. Anm. 22) und Manfred Nolting: „Blei auf der Abschussliste", Novo-
Argumente online, 27.10.2015.
[24] Nolting (s. Anm. 23) bezweifelt diesen. Die Gegenseite bringt keine glasklare Argumentations-
linie zu Fragen des Verdauungstraktes von Seeadlern vor.
[25] Dennoch scheint der Adlerschutz ein scharfes Schwert, das schon ganz anderes Unheil
angerichtet hat; in seinem Namen kam es zum Verbot des Insektizids DDT, dessen Nutzung in
der Malariabekämpfung dadurch so erschwert wurde, dass bis zu zig Millionen Toten in
Entwicklungsländern auf den Schutz des Weißkopfseeadlers – Wappentier der USA – zurück-
gehen, siehe Horst Demmler: „Wider den grünen Wahn", Monsenstein u. Vannerdat 2015, S. 233.

Der legale Waffenbesitz steht weiter unter Beschuss. „Man hätte es als Sport-schütze und Jäger in Deutschland viel einfacher, wenn man sich seine Waf-fen auf dem Schwarzmarkt besorgte", meint der Jäger und Blogger Manfred Nolting.[26] Der zunehmend übergriffigen Regulierung des Privaten – auch wenn es, wie bei der Jagd, einer öffentlichen Funktion dient –, steht auf der anderen Seite ein Versagen bei der politischen Gestaltung öffentlicher He-rausforderungen gegenüber. Grund genug, dem Staat gerade in der heuti-gen Zeit kein Waffenmonopol zuzubilligen und nicht nur aus freiheitlichen, sondern auch aus demokratischen Gründen dem Recht auf Waffenbesitz Wertschätzung entgegenzubringen.

---

[26] Manfred Nolting: „Die Jäger im Visier", Novo120 (II / 2015), S. 315–323.

TIM BLACK

Der Narzissmus hinter den Amokläufen

Amokläufe in US-Schulen führen reflexhaft zu Forderungen nach härterer Regulierung. Tatsächlich sinken dort Waffenverbrechen seit Jahren. Es wächst hingegen ein militanter Narzissmus

Im Nachgang der Massenerschießung an einer Bildungseinrichtung im US-amerikanischen Roseburg (Oregon) Anfang Oktober letzten Jahres wurden wieder einmal die bekannten emotionalen Appelle formuliert. Waffengesetze sollen verschärft oder – noch besser – der Verkauf von Waffen gleich ganz verboten werden. Schließlich, so mental instabil und unberechenbar der 26-jährige Täter Chris Harper-Mercer auch war: Wäre er nicht an Waffen herangekommen – er hat insgesamt sechs benutzt – hätte er die neun Unglücklichen nicht töten können. „Für Menschen, die anderen Schaden zufügen wollen, darf es nicht dermaßen einfach sein, an Waffen heranzukommen", sagte US-Präsident Barack Obama.[1]

Für diejenigen, die bereits auf seiner Seite sind, ergibt Obamas Predigt sicher Sinn. Amerika hat ein Waffenproblem. Das Recht Waffen zu tragen, wurde vor über 200 Jahren gesetzlich verankert und Amerika verehrt Waffen, fetischisiert sie, betet sie an. So ist eine Waffenkultur gediehen, die sich aus der „Haltung der Siedler, krassem Individualismus und den Profiten der Waffenlobby"[2] speist. Jetzt, da sich tragischerweise ein weiterer waffenschwingender Nihilist seinen Weg zur kurzfristigen zweifelhaften Berühmtheit freigeschossen hat – Oregon war 2015 der 45. Schulamoklauf – wird diese Waffenkultur immer tödlicher. „Waffengewalt ist eine Epidemie und eine öffentliche Bedrohung, der wir zum Schutze unserer Moral und unseres physischen Überlebens entgegentreten müssen", sagte Senator

---

[1] „Statement by the President on the Shootings at Umpqua Community College, Roseburg, Oregon", Weißes Haus online, 01.10.2015.
[2] Gary Younge: „America's gun massacre blues seem to play on an endless loop", The Guardian online, 02.10.2015.

Richard Blumenthal nach Oregon. „Wir können einer solchen Tragödie nicht noch mal nur mit Worten der Trauer und des Bedauerns begegnen."[3]

Blumenthal hat Recht. Wir können einer weiteren Tragödie wie Oregon oder Charleston oder Sandy Hook oder Virginia Tech nicht nur mit Worten der Trauer und des Bedauerns begegnen. Wir müssen dem Schrecken dieser Amokläufe ins Angesicht blicken. Wir müssen ehrlich mit uns und mit anderen sein. Und wir müssen begreifen, was eigentlich los ist. Um das aber anzugehen, um dem Wesen der Massenschießerei die Stirn zu bieten, müssen wir aufhören, alles auf die Waffen zu schieben. Das wäre zu einfach. Nimmt man den Leuten das Werkzeug ab, können sie es nicht mehr benutzen – ist doch klar, oder? Einfach den Zweiten Zusatzartikel der US-Verfassung einschränken, denjenigen Grenzen aufzeigen, die sich an „Waffen und Religion klammern"[4] und Amerika wird ein sicherer, vernünftiger, fortschrittlicherer Ort? Ja, das klingt klar und einfach. Aber es geht an der Realität vorbei.

Waffen als Ursache?

Wenn Waffen das Problem wären, wenn Gewehre und Pistolen für die Zunahme der Massenerschießungen Pate stünden, warum ist deren Anstieg erst in den letzten paar Jahrzehnten zu verzeichnen? Als wären Waffenbesitz oder das Recht Waffen zu tragen, ein neues Phänomen. Spiked-Chefredakteur Brendan O'Neill hat spezifisch im Zusammenhang mit Schulamokläufen geschrieben: „Zwischen den 1760er- und den späten 1970er-Jahren waren die meisten Erschießungen in Schulen, mit ein paar Ausnahmen, lediglich eine Fortsetzung von krimineller Aktivität im Allgemeinen. […] Das Phänomen von Massenerschießungen in Schulen, die zum Ziel haben, so viele junge Leute wie möglich ohne erkennbaren oder wahrnehmbaren oder sogar altmodischen kriminellen Grund zu töten, ist erstmals in den 1960er- und dann viel spürbarer ab den 1980er-Jahren aufgetreten."[5] Tatsächlich ist der Anstieg von Massenerschießungen erst während der letzten 15 Jahre immer deutlicher ausgefallen. Zwischen 2000 und 2006 gab es im Jahr durchschnittlich 6,4 Schießereien, zwischen 2007 und 2013 waren es 16,4.

3   Richard Blumenthal: „Blumenthal Statement on Oregon Shooting", Website des Senators, 02.10.2015.
4   So eine Formulierung von Barack Obama vor seiner Präsidentschaft als Senator hinsichtlich frustrierter Angehöriger aus der Arbeiterschicht, zit. n. Mayhill Fowler: „Obama: No Surprise That Hard-Pressed Pennsylvanians Turn Bitter", The Huffington Post, 17.11.2008.
5   Brendan O'Neill: „It isn't redneck ‚gun culture' that causes mass school shootings – it's the culture of narcissism", The Telegraph online, 17.12.2012.

Noch auffälliger ist, dass diese Zunahme von Massakern, bei denen Opferzahlen das Ziel sind, diese Zunahme von Massenerschießungen (innerhalb und außerhalb von Schulen), bei denen es um Spektakel und nicht um Verbrechen geht, sich dem anhaltenden Trend bei gewalttätigen Verbrechen in den USA widersetzt. Gemäß amtlicher Statistik[6] ist die Mordrate in den USA um 49 Prozent gesunken, nämlich von 9,3 pro 100.000 Einwohnern im Jahr 1992 auf 4,7 im Jahr 2011 – das niedrigste Niveau seit 1963. Der Gebrauch von Waffen bei Morden ist zwischen 1992 und 2011 ebenfalls um 49 Prozent zurückgegangen.

Patrick Egan, Politikwissenschaftler an der Universität New York, formuliert es so: „Wir sind jetzt ein weniger gewalttätiges Land als in den vergangenen 40 Jahren. 2010 haben Gewaltverbrechen das Tief von 1972 erreicht. Die Mordraten sind auf ein Niveau gesunken, das es das letzte Mal während der Kennedy-Regierung gab. Unsere Wahrnehmung von der eigenen Sicherheit hat sich ebenfalls verschoben. In den frühen 1980er-Jahren gab die Hälfte der Amerikaner im General Social Survey (GSS) an, sie hätten in ihrer eigenen Nachbarschaft Angst, nachts alleine zu Fuß zu gehen. So geht es derzeit nur einem Drittel."[7] Und angesichts all der Aufmerksamkeit, die Amerikas Waffenkultur erhalten hat, ist erwähnenswert, dass sich der Feuerwaffenbesitz ebenfalls auf einem Tiefstand befindet. In den 1970er-Jahren hat ungefähr die Hälfte der Amerikaner eine Waffe besessen, heute ist es nur noch ein Drittel.

Sind Waffen also das Problem? Sind es die Produkte von Smith & Wesson, die die Zunahme von aufmerksamkeitsheischenden Massenerschießungen anheizen? Wenn dem so wäre, warum nimmt die Häufigkeit dieser zwecklosen mörderischen Taten zu, während sich gleichzeitig alle andere waffenbezogenen Straftaten auf einem Tiefstand oder in dessen Nähe befinden? Käme es entscheidend auf die Schusswaffen an, müssten doch wohl alle Waffenverbrechen zunehmen. Wären Pistolen die treibende Kraft, müssten wir angesichts des Rückgangs beim Waffenbesitz eigentlich auch einen Rückgang von Massenerschießungen erleben.

Aufstieg
des Narzissmus

In der sogenannten Waffenkultur nach dem Grund für die Zunahme von Massenerschießungen zu suchen, führt in die Irre. Man schaut dann nur

---

[6] Alexia Cooper / Erica L. Smith: „Homicide in the U.S. Known to Law Enforcement, 2011", Bureau of Justice Statistics, 30.12.2013.
[7] Patrick Egan: „The Declining Culture of Guns and Violence in the United States", The Monkey Cage, 21.07.2012.

auf die Technologie statt auf den sozialen Kontext, in dem die Technologie verwendet wird. Das Problem sind nicht die Waffen. Das waren sie nie. Vielmehr berührt der Anstieg der Massenerschießungen ein kulturelles Problem, nämlich die gesellschaftliche Tendenz, pathologische Formen des Narzissmus zu kultivieren. Zerbrechliche Charaktere, die nach ständiger selbsterhöhender Anerkennung durch andere lechzen, sind höchst anfällig für die vermeintlichen Beleidigungen anderer, gieren nach deren Bestätigung und geraten in Rage, wenn ihnen diese verwehrt wird. Diese Charaktere sind besessen davon, sich selbst im Weltgefüge wahrzunehmen, und brechen in kindische Wut aus, wenn sich die Welt weigert, ihren Ansprüchen nachzukommen.

Der Originalton der jeweiligen Schützen bringt fast immer dasselbe narzisstische, nach Bestätigung dürstende Wesen zum Vorschein, dieselbe infantile Entschlossenheit, sich selbst in den Mittelpunkt der Welt zu setzen – gerade das Hinterlassen einer „Nachricht an die Welt" zeigt den Drang zur Selbstverherrlichung. Vom Oregon-Schützen Harper-Mercer wissen wir, dass er bewundernd über einen anderen Massenmörder geschrieben hat: „Viele wie er sind ganz alleine und unbekannt und erst, wenn sie ein bisschen Blut vergießen, kennt sie die ganze Welt. Ein Mann, den niemand kannte, ist nun jedem bekannt. Sein Gesicht war auf jedem Bildschirm, sein Name auf den Lippen eines jeden Menschen auf der Welt, und zwar binnen eines Tages. Offenbar steht man umso mehr im Rampenlicht, je mehr Leute man umbringt."[8]

Dieses narzisstische Verlangen nach Bestätigung spiegelt den Durst der Promikultur nach Ruhm wieder, aber mit einem nihilistischen Dreh. Dass jemand Anspruch auf Bestätigung allein deswegen hat, weil er er selbst ist – Ruhm um des Ruhmes willen – treibt den Schützen an, diejenigen zu vernichten, deren Ablehnung er erfahren hat. Dasselbe verdrehte Verlangen nach Bestätigung wird in der aufgezeichneten Nachricht von Elliot Rodger, dem Santa-Barbara-Schützen, deutlich, der „Rache an dem ganzen hedonistischen Abschaum" schwor, „der ein frohes Leben genießt, das er nicht verdient hat. Was ich nicht haben kann, werde ich zerstören."[9] Ähnlich klingen die Worte von einem der zwei Columbine-Schützen: „Ich hasse euch, weil ihr mich bei so vielem außen vorgelassen habt, was Spaß macht. Und wehe, ihr sagt ‚Das ist dein Fehler', das stimmt nicht, ihr hattet meine Telefonnummer und ich hatte euch gebeten und so, aber nein."[10]

[8] Zit. z.B. n. Rob Crilly: „Chris Harper-Mercer: Everything we know about the Oregon school gunman on Saturday", The Telegraph online, 03.10.2015.
[9] Zit. z.B. n. Richard Winston et al.: „Isla Vista shooting: Read Elliot Rodger's graphic, elaborate attack plan", 25.05.2014.
[10] Zit. n. Jefferson County Sheriff's Office: „Columbine Documents", JC-001-025923 through JC-001-026859, S. 99.

Das Problem sind also nicht die Waffen oder deren Verfügbarkeit. Das Problem ist eine Kultur, in der die schlimmsten narzisstischen Persönlichkeitszüge gepflegt werden, eine Kultur, in der Kinder und junge Leute ermuntert werden, ihren Selbstwert an oberster Stelle zu sehen. In dieser Kultur haben sie ein Recht auf Lob und Bestätigung, verdienen keinerlei Kritik und Ablehnung. In dieser Kultur steht die eigene Selbstidentität über allem anderen, und wer sie nicht bejaht und achtet, hat eben Pech gehabt.

Dieses Problem ist nicht auf die USA beschränkt. In Europa findet man Spuren der Massenkiller-Mentalität bei den jungen Narzissten, die mit dem Islamischen Staat flirten, oder davor mit Al-Qaida. Ihr Wissen über den Islam mag oberflächlich sein, aber ihr Verlangen nach Bestätigung und ihre Empfindlichkeit gegenüber Beleidigungen und Angriffen ist sehr ausgeprägt. Der Fokus auf die Waffenkultur lenkt nur vom eigentlichen Problem in unserer Mitte ab – dem Aufstieg des militanten Narzissten, des Einzelnen, dem die Welt ein Spiegel sein muss; um jeden Preis.

„Bürger unter General- verdacht"

Die Waffenrechtsaktivistin KATJA TRIEBEL **setzt Verbotsforderungen empirische Erkenntnisse und Vertrauen in die Menschen entgegen**

NOVO: *Frau Triebel, Sie sind Waffenhändlerin und betreiben ein Waffengeschäft in Berlin-Spandau. Wer sind Ihre Kunden und was treiben die mit dem Schießgerät?*

KATJA TRIEBEL: In Deutschland wird das Bedürfnis Selbstverteidigung bei Schusswaffen – im Gegensatz zu Österreich, Schweiz und Tschechien – fast nie akzeptiert, daher sind unsere Kunden vorwiegend Sportschützen, Jäger und Sammler. Auch sind viele Polizisten darunter, die als Sportschützen mehr trainieren können als die vom Staat erlaubten 50 Schuss pro Jahr. Täglich kommen auch Leute aus der Nachbarschaft, die freie Waffen kaufen. Bei denen ist die Selbstverteidigung der Hauptzweck, oft haben sie schon Gewalterfahrungen gehabt, von denen sie uns berichten. Diese Kunden kaufen Pfefferspray, Gaswaffen, Elektroschocker und Schrillalarm. Andere Artikel dürfen sie nicht erwerben. Der Absatz dieser Selbstschutzmittel hat im Oktober und insbesondere nach der Silvesternacht in Köln stark zugenommen.

Haben Sie eine Schusswaffe zu Hause und wenn ja, warum?

Privat besitze ich nur frei verkäufliche Schusswaffen, da mir die behördlichen Auflagen für Feuerwaffen zu hoch sind. Ich habe weder Zeit noch Lust, zwölf Mal im Jahr auf den Schießstand zu gehen und für die Jagd fehlt mir die Passion, obwohl ich als Teenager die Prüfung bestanden hatte. Mit den freien Airguns schießen wir zum Spaß im Garten und mit den Signalwaffen zu Silvester Feuerwerkskörper in die Luft. Die Gaswaffe liegt zu Hause zur Verteidigung mit Gaspatronen bereit, musste aber zum Glück für diesen Zweck noch nie eingesetzt werden.

Beruflich äußere ich mich nicht zum Besitz – Waffenhändler sind Zielobjekte der Extremisten. Unser Geschäft wurde in den 1970er-Jahren von der linksextremistischen RAF überfallen. Auch stehen viele Händlerkollegen auf einer entdeckten rechtsextremistischen Liste. Wegen dieser Gefährdung erhalten Waffenhändler, im Gegensatz zu Juwelieren, in den meisten Bundesländern auf Antrag Waffenscheine. Manche werden sogar von der Polizei dazu überredet.

Seit einigen Jahren sind Sie politisch und publizistisch aktiv. Wie kam es dazu?

Die Waffenrechtsdebatte interessierte mich solange nicht, wie ich Vertrauen in die Politik hatte. Dieses Vertrauen wurde jedoch nach dem Schulmassaker in Erfurt angeknackst und nach dem Amoklauf von Winnenden erschüttert. Vollends verloren habe ich es durch die getroffenen Entscheidungen bei der Klimaerwärmung, den angeblichen Pandemien, den Änderungen im nationalen Waffenrecht und an den betreffenden EU-Richtlinien sowie bei den Debatten um ACTA, indect und ESM.

Bei all diesen Themen fiel mir auf, dass die Medien einseitig berichteten, die Politiker medienkonform agierten und skeptische Meinungen unterdrückt bzw. lächerlich gemacht wurden. Und dies nicht nur im deutschsprachigen Raum, sondern auch im englischsprachigen – und dort ganz besonders bei der UN und deren angeschlossenen Gremien und Projekten. Vergeblich suchte ich nach Gegenargumenten bei unseren deutschen Verbänden. Doch die hatten das Thema Forschung, Fakten und öffentliche Meinung jahrzehntelang vernachlässigt. Von daher machte ich mich 2009 selber auf die Suche und publiziere seitdem meine Erkenntnisse. Inzwischen ist mein Wissen um Gewaltkriminalität so angewachsen, dass promovierte Kriminologen sich mit mir austauschen, die an Fakten und nicht an Ideologie Interesse haben.

Wie beurteilen Sie die Veränderungen im bundesdeutschen Waffenrecht seither?

Sehr negativ. Aktuell gibt es Bestrebungen, auch die bisher „freien" Waffen wie Luftgewehre und Gaswaffen stärker zu reglementieren. Einflussreiche Politiker und Autoritäten sehen nicht das Volk in Gefahr, sondern als Quelle der Gefahr. Die US-Kulturhistorikerin

Rebecca Solnit beschreibt dies als „Panik der Eliten".[1] Sie glaubt, dass Politiker hier von sich auf andere schließen; man wird nicht mächtig, wenn man sich wie der durchschnittliche Bürger benimmt. Die Bevölkerung ist jedoch – wie die Katastrophenforscher der letzten 60 Jahre und auch die Statistiken der Polizei empirisch belegen – in der überwiegenden Mehrheit altruistisch und besitzt einen „Bürgersinn".

Wenn sich aktuell wegen des fehlenden Polizeischutzes die Bürger stärker bewaffnen, bedeutet dies nicht, dass sie das Gewaltmonopol des Staates aushebeln, sondern sich und ihre Umgebung schützen möchten. Notwehr und Nothilfe sind keine Selbstjustiz, die dem Gewaltmonopol entgegensteht.

Der ehemalige Bundespräsident Köhler umschrieb Bürgersinn mit „sozialen Normen, sittlichem Empfinden, Maß und Takt. Das sind Tugenden, die Fremdkontrolle überflüssig machen, weil sie auf Selbstkontrolle und Selbstbeherrschung zielen."[2] Natürlich gibt es Spielverderber, die sich nicht daran halten. Daher ist die Haftung nach dem Verursacherprinzip zwingend erforderlich. Vertrauensvorschuss als grundsätzliche Präferenz, unterstützt von flankierenden Maßnahmen, ist sinnvoll. Doch chronisches Misstrauen ist krankhaft.[3]

Chronisches Misstrauen fördert die wirtschaftlichen Interessen der Innenministerien, Polizei und der Menschen, die in der „crime control industry" (professionelle Verbrechensbekämpfung) arbeiten. Hierzu gehören u.a. Gefängnisse, Gerichte, Sicherheitsdienste, Institute und Projekte zur Prävention oder Rehabilitation. Diese haben als Stakeholder und Experten einen ungeheuren Einfluss darauf, wie Steuergelder und private Gelder ausgegeben werden sollen. Hier stellt sich die Frage nach der Kosten-Nutzen-Relation und danach, wer die Kontrolleure kontrolliert.

Im Waffenrecht wird, obwohl der Missbrauch mit legalen Waffen statistisch insignifikant ist, seit Jahrzehnten versucht, jeden schädlichen Einzelfall mit neuen Verboten zu verhindern. Präventiv werden Menschen, die unser Vertrauen verdienen, unter Generalverdacht gestellt. Bereits kleinere Vergehen oder auch nur Verdachtsmomente führen zum Widerruf der Erlaubnis des Waffenbesitzes. Müssten Politiker und Autofahrer die gleichen Auflagen

---

[1] „Die Angst der Elite vor der Bevölkerung", 11k2, 20.04.2013.
[2] „Rede von Bundespräsident Horst Köhler anlässlich der Verleihung des Max-Weber-Preises für Wirtschaftsethik", Berlin, 27.05.2008.
[3] Siehe hierzu Thomas Straubhaar: „Warum ist Kontrolle gut, Vertrauen aber besser?", FAZ.NET, 20.12.2006.

wie Waffenbesitzer erfüllen, wären die Plenarsäle und Straßen halbleer.

Sehen Sie Waffenbesitz als Bürgerrecht?

Ich denke, dass jeder unbescholtene Bürger die Möglichkeit haben sollte, die Voraussetzungen zum Besitz für Waffen zu erwerben. Es ist nicht demokratisch, wenn reiche Menschen sich von Bodyguards beschützen lassen, wir Steuergelder für den Schutz von Politikern und VIPs aufwenden, jedoch dem normalen Bürger keinen Schutz gewähren. Am Beispiel der Schweiz sieht man deutlich, dass unbescholtene Bürger ihre Waffen auch im Verteidigungsfall vernünftig einsetzen. Studien beweisen, dass Waffenbesitz nicht zu Gewalt führt, jedoch Gewalttäter sich zu Waffen hingezogen fühlen. Der Staat sollte sich daher auf die Gewalttäter konzentrieren und Armut, Ungerechtigkeit und die dadurch entstehenden sozialen Probleme reduzieren.

Anfang des Jahres war die Ermordung der Charlie-Hebdo-Mitarbeiter mit brutaler Schusswaffengewalt ein großes Thema. Welche Bedeutung hat dies aus Ihrer Sicht?

Charlie Hebdo ist – so wie wir alle – ein „Soft Target". Chefredakteur Charb war Sportschütze, besaß Schusswaffen und hatte einen Waffenschein beantragt. Dieser wurde ihm verweigert. Hätte er sich mit einer eigenen Waffe wehren können? Vielleicht nicht, aber mit großer Wahrscheinlichkeit hätte das Attentat weniger Opfer beschert, wenn alle Redaktionsmitglieder eine Waffe besessen hätten. Ein einzelner Bodyguard war jedenfalls nicht genug; er gehörte mit Charb zu den ersten Opfern. Vielleicht wäre die Redaktion dadurch sogar komplett von der Liste der Attentatsziele der Islamisten gestrichen worden. Man sieht ja deutlich, dass sich die Islamisten trotz ihres Hasses auf die USA vornehmlich Ziele bei deren weniger bewaffneten Verbündeten aussuchen (England, Australien, Kanada, Dänemark).

Wo wir bei Charlie Hebdo sind: Welche Waffe ist mächtiger – die Feder oder das Schwert, der Zeichenstift oder die Kalaschnikow?

In demokratischen Staaten ist die Feder mächtiger als das Schwert. Wir können einigermaßen darauf vertrauen, dass die Justiz unsere Rechte durchsetzt und Gewalttäter verfolgt. Problematisch wird es, wenn der Staat selber das Schwert führt und seine Bürger unterdrückt oder wenn er so wenig Macht hat, dass er seine Bürger nicht schützen kann.

Im ersten Fall „verschwinden" die Leute, die Feder und Zeichenstifte benutzen, wie z.B. der oppositionelle Journalist Itai Dzamara in Simbabwe, der seit März 2015 vermisst wird, oder der saudi-arabische Blogger Raif Badawi, der zu zehn Jahren Gefängnis verurteilt wurde. Im zweiten Fall müssen sich die Bürger gegen Warlords oder gewalttätigen Gruppen behaupten. Der arabische Frühling in Libyen und Syrien begann demokratisch. Doch wurden nur die islamistischen Kräfte mit Kalaschnikows ausgestattet, nicht die Demokraten, die vergebens auf die Hilfe aus dem Westen warteten. Gegen IS oder Boko Haram hilft kein Zeichenstift. Aber selbst der Jemen mit seinen vielen Privatwaffen in den Händen der Stämme läuft direkt auf einen Bürgerkrieg zu, da Jagdgewehr und Kalaschnikow zunehmend auf Panzer und Manpads (Einmann-Raketen) stoßen.

Welche Tendenzen im Zusammenhang mit Waffen-regulierung zeichnen sich international ab?

Nachdem seit den 1990er-Jahren die Waffenkontrollbefürworter die Oberhand hatten, tauchen mehr und mehr Studien mit empirischen Daten auf, die zwischen legalem und illegalem Waffenbesitz unterscheiden. Auch wird ersichtlich, dass die Studien, die eine Korrelation zwischen Waffenbesitzdichte und Gewaltkriminalität herstellen, schlecht gemacht sind, indem sie nicht alle Variablen berücksichtigen oder die Grundgesamtheit (absichtlich?) einschränken.[4] Von daher ist mittlerweile bewiesen, dass der Spruch „Mehr Waffen führen zu mehr Verbrechen" falsch ist. Diese Beweislage setzt sich langsam durch.

---

[4] Christian Westphal: „The Social Costs of Gun Ownership: Spurious Regression and Unfounded Public Policy Advocacy" in: Joint Discussion Paper Series in Economics, 32/2013, „The Impact of Gun Ownership Rates on Crime Rates. A Methodological Review of the Evidence" in: Journal of Criminal Justice, 43/1, Jan./Feb. 2015, S. 40–48. und John R. Lott: „Fraudulent study in the American Journal of Public Health inaccurately claims that states with more guns have more police deaths", Crime Prevention Research Center, 17.08.2015.

Diese Studien haben das peruanische Parlament veranlasst, ein permissives Waffengesetz zu verabschieden – mit 90 Prozent Unterstützung, obwohl am Anfang des Prozesses weitere Restriktionen verlangt wurden. Diese Studien veranlassten den Minister für öffentliche Sicherheit in Panama, das Importverbot für Waffen aufzuheben. Diese Studien – zusammen mit Gerichtsprozessen – veranlassten alle 50 US-Bundesstaaten, das Tragen von Waffen zu erlauben (in neun Staaten mit hohen Auflagen). Im Jahr 1984 waren es nur 13 US-Staaten.

Leider sind diese Fakten noch nicht bei der EU in Brüssel und auf deutscher Regierungsebene angekommen. Aktuell arbeitet die EU-Kommission an weiteren Restriktionen. Zuerst mit falschen Daten, indem behauptet wurde, dass Schusswaffen bei 20 Prozent aller Morde verwendet werden. Dann mit Übertreibung: 10.000 Selbstmorde pro Jahr werden immer mit 10.000 Schusswaffen-Mordopfern pro Jahrzehnt verglichen. Das Wort „Jahrzehnt" überhört man und bei Selbstmorden ist das Tatmittel zweitrangig.

Woran liegt es, wenn Verschärfungen des Waffenrechts auf der medialen und politischen Agenda stehen?

Eigentlich stehen diese Verschärfungen in Europa gar nicht so oft auf der politischen Agenda, da bei uns das Waffenrecht ein Randthema ist, das fast niemanden interessiert. Die mediale Welle wird von einschlägigen NGOs und den vielen internationalen Regierungsprojekten geschürt, die damit Geld verdienen (Spenden bei den NGOs und Jobs, Bücher, Studien bei den Regierungsstellen).

Seit 1977 gab es keine weiteren Abrüstungsverträge. William Hunter, damaliger Direktor des Arms Trade Resource Center, eines amerikanischen Thinktanks, sagte in den 1990er-Jahren, dass konventionelle Waffentransfers, Kleinwaffen ausgenommen, Geschichte seien. Sein Institut musste sich andere Themen suchen. Auch das Büro der Vereinten Nationen für Abrüstungsfragen kämpfte um seine Existenz. Sie fanden in der Abrüstung von Kleinwaffen und Leichten Waffen (SALW), die nun als Hauptproblem erfunden wurden, ein neue Aufgabe und gründeten zusammen mit NGOs 1998 das International Action Network on Small Arms (IANSA).

Das IANSA startete zusammen mit Oxfam und Amnesty International die Kampagne „Control Arms" und arbeitet international auf einen weltweiten Waffenhandelsvertrag hin. Ihre Ziele sind: Verringerung des Zugangs zu Waffen für Zivilisten, Entmutigung von Waffenbesitz und Waffengebrauch, Delegitimierung des Waffenbesitzes, Eliminierung des Vertrauens in und des Gebrauchs von Waffen für die Selbstverteidigung, Stigmatisierung von Staaten und nicht-staatlichen Akteuren, die Kleinwaffen gebrauchen.

Welche Methoden werden dabei eingesetzt?

Um diese Ziele zu erreichen, wird jede nationale Massenschießerei (Amoklauf oder Terroranschlag) ausgeschlachtet. Das Netzwerk nimmt Kontakt mit den nationalen Abrüstungsinitiativen auf, die wiederum die Hinterbliebenen kontaktieren. So entstand nach dem Amoklauf in Winnenden innerhalb von drei Wochen das Aktionsbündnis Amoklauf Winnenden, das als erste Aktion Buttons und Pins verkaufte und als zweite Aktion eine Konferenz mit dem Gründer des IANSA ausrichtete. Weitere Kooperationen folgten vermutlich mit dem Weißen Ring und den Grünen. Unisono wurde der Slogan „Die Waffe ist schuld" in den nächsten drei Jahren propagiert. Ähnliches können wir in anderen Ländern beobachten. Dabei ist es den Waffengegnern egal, ob ihre Aktionen zu mehr Kriminalität führen. Bestes Beispiel ist hier Großbritannien, wo sich nach dem Verbot aller halbautomatischen Handfeuerwaffen im Jahr 1997 die Kriminalität (auch mit Handfeuerwaffen) in den nächsten fünf Jahren verdoppelte, während sie in allen anderen westlichen Industrienationen sank.

Gegenüber bestimmten Waffennutzern wie Jägern und Schützenvereinen bestehen offenbar Vorbehalte, die nur teilweise etwas mit Schusswaffen selbst zu tun haben. Wie bewerten Sie solche Ressentiments?

Diese Ressentiments sind in der veröffentlichten Meinung größer als in der öffentlichen Meinung. Der typische Politikjournalist schätzt sich laut einer Studie der FU Berlin leicht links von der Mitte ein und neigt am stärksten der Partei Die Grünen zu.[5] Diese Partei setzt sich seit 20 Jahren zusammen mit den Menschenrechtsorganisationen für die „Abrüstung im Schlafzimmer" ein und propagiert seitdem auch mit Naturschutzorganisationen das Motto „Wald vor

---

5 Magreth Lünenborg / Simon Berghofer: „Politikjournalistinnen und –journalisten. Aktuelle Befunde zu Merkmalen und Einstellungen vor dem Hintergrund ökonomischer und technologischer Wandlungsprozesse im deutschen Journalismus", FU Berlin online, 2010, S. 13.

Wild" und die „Abschaffung der Jagd". Von daher ist es kein Wunder, dass die veröffentlichte Meinung Stimmung gegen Schützen und Jäger macht.

Die Verbände der Schützen und Jäger hingegen waren medial nicht existent. Sie hatten sich ins Schneckenhaus verzogen und auf ihre „guten Kontakte" mit den Politikern gesetzt. Erst seit fünf Jahren sind die Jagdverbände in den Medien zu sehen, indem sie über die Jagd aufklären und auch Aufklärungskampagnen starten. Die örtlichen Schützenvereine schaffen es ab und zu, in den Lokalzeitungen aufzutreten und dort ihre Erfolge in der Jugendarbeit, bei der Integration von Migranten und der Inklusion darzustellen, sowie natürlich ihre sportlichen Erfolge in Landes-, Bundes- und Weltmeisterschaften. Hier möge man beachten, dass der Schießsport der viertgrößte Sportverband Deutschlands ist, unzählige Weltmeisterschaften und Olympia-Medaillen gewinnt – aber noch seltener als die Ruderer im Sportteil der Mainstreampresse erwähnt wird.

Ob die Aufklärungsarbeit der Jagdverbände Früchte zeigt oder der gesunde Menschenverstand die Propaganda der Grünen ablehnt, weiß ich nicht. In jedem Fall haben zwei Drittel der Bevölkerung einen eher positiven Eindruck von der Jagd, wogegen nur acht Prozent sie völlig ablehnen. 2015 wurde das Schützenwesen zum deutschen Kulturerbe erklärt. Das ist der erste Schritt zum Weltkulturerbe und zeigt, dass Waffenbesitz zu unserer Kultur gehört.

Eventuell sehen die Gegner von Waffen deswegen ihre Felle davonschwimmen. Anders lässt es sich kaum erklären, dass die EU-Kommission im November 2015 – sechs Tage nach dem Attentat in Paris – einen Gesetzesvorschlag zum Verbot vieler legaler Waffen mit unwahren Behauptungen vorgestellt hat.[6] Die Verbände und sozialen Netze zeigten diese Schwachstellen auf[7], woraufhin Zehntausende von EU-Bürgern ihre Politiker informierten. 300.000 Mitzeichner hat die Petition gegen diese Pläne.[8]

Bisher haben sich bereits viele Innenminister von diesem Gesetzesvorschlag distanziert und auch die Ausschüsse des Europäischen Parlaments sind sehr kritisch. Wir können nur hoffen, dass

[6] Christoph Lövenich: „Entwaffnende EU-Logik", NovoArgumente online, 27.11.2015.
[7] Siehe z.B.: Verband Deutscher Büchsenmacher und Waffenfachhändler: „Stellungnahme zu EU-Plänen Verschärfung des Waffenrechts", 30.11.2015.
[8] Petition: „EU: You cannot stop terrorism by restricting legal gun ownership", change.org, Aufruf 08.02.2016.

sich die EU-Politiker bei der Abstimmung, die im Laufe dieses Jahres erfolgen soll, auf Fakten verlassen und nicht den Ideologen folgen.

Vielen Dank, Frau Triebel.

Das Interview führte Novo-Redakteur Christoph Lövenich.

CARLOS A. GEBAUER

Colt statt Notrufknopf

**Privater Waffenbesitz genießt
in Deutschland einen zweifelhaften Ruf.
Das erfreut Kriminelle. Den unbeschol-
tenen Bürgern schadet es**

Ich bin ein Kind der Bundesrepublik. Meine Welt war aufgeräumt, geordnet
und gewaltfrei. Die Straßenschlachten meiner Jugend fanden im Fernsehen
statt. Doch selbst diejenigen, die sich vor Wasserwerfer stellten oder im
Staatsforst gegen Großprojekte protestierten, sie riskierten nicht wirklich
ernsthafte Verletzungen. Denn die Polizisten meines Landes hatten zuvor
geübt, wie man demonstrierende Sitzblockierer ohne weitere Gewalteska-
lation von der Straße hebt. Wirkliche Prügeleien gab es nur in der Nähe
von Fußballstadien. Und wer nicht den Fehler beging, sich mit einem roten
Schal in eine blaue Kurve zu setzen, der blieb unbehelligt.

In einem solchen Umfeld schien selbstverständlich, dass Waffenbesitz
ein Privileg des Staates war. Allenfalls behördlich handverlesen ausgesuch-
te Bürger in Jagd- oder Sportlerkreisen hatten die Chance auf eine eigene
Schusswaffe. Wo kämen wir denn hin, sprach ich meinen Lehrern nach,
wenn jeder Dummkopf die Möglichkeit hätte, nach Belieben überall her-
umzuballern?

Meine Einstellung zur Frage des Waffenbesitzes hat sich inzwischen
völlig gewandelt. Ich bin heute der Auffassung, dass jeder unbescholtene
Erwachsene das Recht hat, in angemessenem Umfang selbst privat Waffen
zu besitzen, wenn er sie nachweislich technisch beherrscht und wenn er
für deren möglichen Fehleinsatz Versicherungsschutz organisiert hat. Staatliche Gesetze können dieses grundlegende menschliche Recht nicht wirksam beseitigen. Im Gegenteil ist es sogar die Aufgabe eines Staates, dieses
Recht auf privaten Waffenbesitz positiv zu respektieren. Woher kam der
Wandel in meiner Auffassung?

Recht auf
Selbstverteidigung

Die traditionelle europäische Staatsphilosophie geht bekanntlich spätestens seit Thomas Hobbes am Ende des 17. Jahrhunderts davon aus, dass der einzelne Bürger sich im Befriedungsinteresse aller entwaffnen solle, um sein ursprüngliches Selbstverteidigungsrecht den legitimierten und ordnungsgemäß kontrollierten staatlichen Stellen zu überantworten. Wenn dann dereinst alle Bürger entwaffnet seien, könne der Staat durch seine nach wie vor bewaffneten Bediensteten schnell und dauerhaft den allgemein wünschenswerten Frieden sicherstellen und nötigenfalls herbeiführen. Der bedrohte Bürger greift dann nicht mehr selbst zum Schießeisen, um haarige Situationen zu bestehen, sondern er telefoniert rasch einen polizeilichen Profi herbei, der dies für ihn besorgt.

Diese weit verbreitete Sicht auf die Dinge übersieht allerdings mindestens drei ganz wesentliche Gesichtspunkte: Erstens verkennt sie den Umstand, dass ausgerechnet die aggressivsten Angreifer sich selbst nicht an das gesetzliche Verbot halten, keine Waffen zu benutzen. Die Entwaffnung der Bevölkerung durch den Gesetzgeber ist also im Kern die Entwaffnung der möglichen Opfer, nicht aber die Entwaffnung der wahrscheinlichen Täter. Zweitens verkennt sie den Umstand, dass Täter und Waffen unter den heutigen technischen Möglichkeiten äußerst schnell ihren Einsatzort wechseln können. Thomas Hobbes hatte nicht die Möglichkeit, mit einem Mobiltelefon binnen Minuten eine Polizeihundertschaft herbeizurufen. Die Angreifer zu seiner Zeit waren aber auch nicht in der Lage, mit ein paar Lieferwagen schnell größere Tätergruppen flexibel von einem Ende der Stadt an das andere zu fahren. Kurz: Auch das schnellste Telefon mit Notrufknopf kann niemals einen Polizisten so schnell in Verteidigungsstellung bringen wie jeder Täter seine illegalen Waffen in Angriffsstellung.

Drittens aber verkennt die heute noch herrschende Doktrin weitgehender Waffenlosigkeit den Umfang ihrer eigenen Rationalität. Die Entwaffnungsgesetze der Gegenwart werden von Menschen gemacht, die selbst in bestens bewachten Sonderbiotopen inmitten unserer Metropolen leben. Ministerbüros und Ministerfahrzeuge verfügen über Panzerglas, Ministerien und Abgeordnetengebäude über Eingangskontrollen. Bewaffnete Bedienstete chauffieren die Entscheider bisweilen viele Jahre und Jahrzehnte durch hauptstädtische Gefilde. Niemals ist ein waffentragender Beamter mit Blaulicht und Kollegen weiter als ein paar Schritte entfernt.

Völlig anders ist die Lage dort, wo die Feldwege enden, wo einsame Bauernhäuser fern aller Siedlungen in Wäldern stehen, wo kein Laternenschein die Szene erleuchtet und wo über weite Flächen Funklöcher im

Mobilnetz klaffen. Die Zeiten der Dorfgemeinschaft, in der man jedes Gesicht kannte und die dahinter wohnende Seele einzuschätzen wusste, sind vorbei. Die meisten Menschen, die uns tagtäglich begegnen, haben wir noch nie gesehen. Globalisierung mobilisiert Menschenmassen in Ausmaßen, wie sie die Welt noch nie sah. Offene Grenzen tun ihr Übriges dazu. Der Kontakt zu einem Fremden ist nicht mehr die Ausnahme, sondern geradezu die Regel.

Wo die persönliche Vertrautheit aber schwindet, da erwächst der Bedarf nach einem kleinen zeitlichen und räumlichen Zusatzabstand, um erst einmal eine gewisse Lageklärung betreiben zu können. An wenigsten Stellen versinnbildlicht sich dieses Bedürfnis besser sichtbar als in der Architektur unserer Gerichtsgebäude. Nicht mehr nur wenige örtlich zugelassene Anwälte haben dort heute unbeschränkten Zugang, sondern ungezählte Unbekannte begehren Einlass. Deswegen werden sie dort von bewaffnetem Personal zuerst durch Hochsicherheitsschleusen geleitet. Man will ja wissen, mit wem man es zu tun hat. Man will wissen, ob der Gast nichts Böses im Schilde führt. Man will ihn waffenlos begrüßen.

Im Zentrum des ganzen Themas steht dies: Das Waffenrecht einer Gesellschaft verrät die Erwartungshaltungen ihrer Mitglieder. Dabei sind wir stets auf Spekulationen über das künftige Verhalten unserer Mitmenschen angewiesen. Basiert diese Spekulation einem Fremden gegenüber auf der Möglichkeit, er könne uns angreifen, während wir von uns selbst wissen, unbewaffnet zu sein, dann verschafft diese Balancelosigkeit ein Gefühl der Unsicherheit. Beruht das wechselseitige Spekulieren über das künftige Verhalten eines Fremden zudem auf der gemeinsamen Annahme, es sei wenig wahrscheinlich, dass einer von beiden sich im Angriffsfalle mit Waffen würde wehren können, dann intensiviert sich dieses Unbehagen in einer Konstellation besonders: In der Konstellation nämlich, in der ein gesetzestreuer (d.h. waffenloser) Akteur sich vorstellt, sein Gegenüber sei mutmaßlich nicht gesetzestreu (d.h. bewaffnet). In diesem Fall wird jedes Aufeinandertreffen Unbekannter von einer potentiellen Handlungsasymmetrie geprägt. Wer in solcher Lage die Waffe tatsächlich besitzt – und sei es illegal –, der weiß sich im taktischen Vorteil.

Im allgemeinen Diskurs über Waffen in Deutschland ist heute das Argument weit verbreitet, man wünsche nicht, dass jedermann jederzeit freien Zugang zu einer Waffe habe. Denn dann könne zu viel und zu unkontrolliert geschossen werden. Dieses Argument beruht ersichtlich auf der Annahme, die ganz überwiegende Mehrzahl der Beteiligten werde sich regeltreu an das gesetzliche Verbot unerlaubten Waffenbesitzes halten. Diese Ansicht geht zumeist einher mit der Darstellung, man würde sich nicht mehr sicher fühlen in der Öffentlichkeit, wenn jedermann die Möglichkeit hätte, eine Waffe zu führen.

Mehr Sicherheit
mit bewaffneten Bürgern

Interessanterweise wird mir in einschlägigen Debatten allerdings immer wieder bestätigt, dass sich dieses vermeintliche Unsicherheitsgefühl bei allen Beteiligten noch nie eingestellt hat, wenn sie durch einen Ort in der Schweiz gegangen sind, obwohl dort alle Armeeangehörigen bekanntlich eine Schusswaffe im eigenen Haus vorhalten. Mithin könnte doch mindestens dort in jedem Augenblick ein Unglücklicher wild aus seinen Fenstern schießen. Ebenfalls hat mir noch nie jemand erklärt, er fühle sich an Flughäfen deswegen unsicher, weil dort junge Männer, die er noch nie gesehen hat und deren Namen er nicht kennt, schwer bewaffnet umherlaufen. Die bloße Tatsache, dass diese Waffenträger in einer bestimmten Farbe gekleidet sind und ihr Hemd einen bestimmten Aufdruck aufweist, sorgt hier bereits für Entspannung.

Dass nicht einmal der Dienstherr dieser Polizisten heute noch genügend Vertrauen zu ihnen hat, um ihnen zu erlauben, Strafmandate vor Ort in bar zu kassieren, scheint an diesem Vertrauensvorschuss der Bevölkerung nichts zu ändern. Dieselbe Bevölkerung, die in einer großen innerstädtischen Menschentraube wenige Zentimeter vor den kraftstrotzenden SUV-Fahrzeugen wildfremder Menschen mit laufenden Motoren die Fußgängerfurt überquert, fürchtet um ihre Gesundheit, wenn ihr Leben nicht am Kupplungsfuß eines Autofahrers, sondern am Abzugsfinger desselben Menschen hinge.

Wir alle neigen dazu, unsere erfahrenen Realitäten zu verabsolutieren. Nur weil wir noch nie gesehen haben, dass ein Autofahrer aus seiner Warteposition plötzlich in eine Fußgängermenge hinein rast, nur deswegen halten wir diese Möglichkeit für fernliegend. Und was wir für fernliegend erachten, dafür glauben wir, keine Vorsorge treffen zu müssen. Politiker jedoch, die bislang – aus ihrer beschriebenen Sicherheit heraus – glaubten, bürgerliche Erwartungserwartungen mit allgemeiner Entwaffnung zur generellen Friedfertigkeit hin gestalten zu können, werden mittelfristig umdenken müssen. Ein Täter, der nicht mehr mit an Sicherheit grenzender Wahrscheinlichkeit annehmen darf, ein unbewaffnetes Opfer vor sich zu haben, der wird sich eher defensiv verhalten wollen. Wie wahrscheinlich ist es beispielsweise, dass sich das Kölner Silvester 2015/16 in der gesehenen Art ereignet hätte, hätte seitens der Angreifer die Überlegung bestanden, jede zehnte angegriffene Frau oder ihr Begleiter könne möglicherweise über einen Colt verfügen?

Waffen wirken bereits, wenn sie unsichtbar sind. Denn schon allein die bloße Möglichkeit ihrer Gegenwart ändert das Möglichkeitsspektrum der Verhaltensweisen aller Beteiligten. Und selbst wenn man nicht weithin allen Bürgern das Recht einräumen wollen mag, sich überallhin mit einer Waffe zu begeben, etwa weil es in unseren Innenstädten doch jedenfalls hinreichend polizeilichen Schutz gebe, so bleibt ein bürgerliches Recht nach meinem Dafürhalten heute kaum noch bestreitbar: Das Recht, sein eigenes Haus mit einer dort stationierten Waffe verteidigen zu dürfen. Denn niemand zwingt einen Fremden, mein Haus zu betreten. Wenn er es doch tut, dann weiß er, wer dort das Hausrecht hat und wie lange er dort freundlich empfangen ist. Ob das liberal sei, werde ich in letzter Zeit bisweilen gefragt. Nichts könnte liberaler sein, antworte ich. Denn der Liberalismus schützt Leben, Körper, Gesundheit, Eigentum, Privatheit und Selbständigkeit. So wie ein Colt.

„Mehr Waffen, weniger Verbrechen"

Führt ein liberales Waffenrecht zu weniger Verbrechen? Statistische Erkenntnisse lassen diesen Schluss zu, meint der US-amerikanische Ökonom JOHN LOTT

NOVO: *Amerikaner, die Waffen stärker regulieren (oder sie sogar verbieten) möchten, berufen sich häufig auf internationale Vergleiche. Der Anteil an Gewaltverbrechen allgemein und genauer der Anteil an mit Waffengewalt ausgeübten Gewaltverbrechen ist in den USA höher als in Kanada, Australien und in verschiedenen westeuropäischen Nationen. Was können uns solche internationalen Vergleiche sagen?*

JOHN LOTT: Wir können etwas aus internationalen Vergleichen lernen, aber man sollte bedenken, dass die Häufigkeit von Gewaltverbrechen aus zahlreichen Gründen von Land zu Land verschieden ist. Man vergleicht etwa häufig die geringe Häufigkeit von Tötungsdelikten in England im Verhältnis zu den USA und geht davon aus, dass dies einfach an den strengen Waffengesetzen in England liegt. Allerdings ist die Häufigkeit von Tötungsdelikten in England nach dem Handfeuerwaffenverbot von 1997 in den folgenden acht Jahren um 50 Prozent gestiegen.[1] Erst, als man 18 Prozent mehr Polizisten einstellte, fiel die Häufigkeit wieder auf das Niveau der Zeit vor dem Verbot zurück.

Tatsächlich ist das auch anderswo geschehen. In jedem Land, in dem Waffen verboten wurden, ist die Mordrate gestiegen.[2] England hat zwar eine geringere Häufigkeit von Tötungsdelikten, aber die Häufigkeit stieg im Verhältnis zu den USA nach einem Waffenverbot an. Den Unterschied zwischen den beiden Ländern kann also nicht der Waffenbesitz, sondern nur ein anderer Faktor erklären. Die Kriminalitätsrate von Australien hat sich auch nicht so entwickelt,

---

[1] „Murder and homicide rates before and after gun bans", Crime Prevention Research Center, 01.12.2013.
[2] Ebd. (s. Anm. 1).

wie sie es nach der Logik der Waffenregulierer hätte tun müssen.[3] Der staatliche Waffenrückkauf der Jahre 1996 und 1997 hat dazu geführt, dass eine Million Feuerwaffen abgegeben und zerstört wurden. Dadurch ging die Zahl der Waffen im Land von 3,2 Millionen auf 2,2 Millionen zurück. Seitdem hat der private Waffenbesitz allerdings stetig zugenommen. Im Jahr 2010 war der private Waffenbesitz wieder auf dem Niveau von 1996.

Der Anteil an Tötungsdelikten mit Schusswaffen war im Jahrzehnt vor dem Rückkauf stetig gesunken. Er sank im selben Verhältnis nach dem Rückkauf weiter. Es gab keinen plötzlichen Einbruch der Waffengewalt, sondern einen ziemlich gleichmäßigen Rückgang, der sogar weiterging, als der Waffenbesitz wieder das vorherige Niveau erreicht hatte.

Was bedeutet Ihre Wendung „Mehr Waffen, weniger Verbrechen" für das verdeckte Tragen von Waffen? Meinen Sie, dass eine liberalisierte Gesetzgebung bezüglich des verdeckten Tragens dazu geführt hat, dass die Leute mehr Waffen zur Selbstverteidigung besitzen, sie häufiger bei sich tragen oder beides? Wie schätzen Sie die Auswirkungen dieser Gesetze auf Waffenbesitz und auf das Mitführen von Waffen ein?

Die Strafverfolgungsbehörden verhüten Verbrechen mit Hilfe von häufigeren Festnahmen, mehr Verurteilungen oder längeren Haftstrafen. Die Tatsache, dass sich Opfer verteidigen können, macht das Begehen von Verbrechen ebenfalls riskanter.[4] Das gilt nicht nur für Waffen Zuhause, sondern auch für Waffenscheine, die einem das Mitführen von Waffen erlauben. Die Zahl ausgestellter Waffenscheine ist in den letzten Jahren explodiert – sie stieg von 4,6 Millionen im Jahr 2007 auf 12,8 Millionen im letzten Jahr an.[5] Das ist noch eine Untertreibung, weil die Zahl der Staaten, in denen man Waffenscheine für den Waffenbesitz benötigt, von fünf auf zehn angestiegen ist.

[3] „CPRCS Report to the parliament of Australia on ‚the ability of Australian law enforcement authorities to eliminate gun related violence in the community'", Crime Prevention Research Center, 21.10.2014.
[4] „Do Right-to-Carry-Laws reduce violent crime?", Crime Prevention Research Center, 01.11.2014.
[5] „New study: Over 12,8 million concealed handgun permits, last year saw by far the largest increase ever in the number of permits", Crime Prevention Research Center, 16.07.2015.

Der Kriminologe Gary Kleck hat beide Aspekte Ihrer Behauptung, dass mehr Waffen zu weniger Verbrechen führen, in Frage gestellt, wie Sie wissen. Er sagt, dass liberalisierte Gesetze für das verdeckte Tragen von Waffen tatsächlich nicht dazu führen, dass Menschen häufiger Waffen besitzen oder sie gar häufiger verdeckt mitführen. Er sagt auch, dass Verbrechen in Folge dieser Gesetze nicht erkennbar abnähmen. Ich weiß, dass diese Auseinandersetzung äußerst komplex ist, aber könnten Sie die wichtigsten Belege diesbezüglich zusammenfassen?

Gary und ich haben verschiedene Auffassungen davon, wie sich Menschen verhalten. Ökonomen gehen davon aus, dass es so etwas wie das Gesetz der Nachfrage gibt: Wenn etwas günstiger wird, machen Leute mehr davon oder sie kaufen sich mehr davon. Das trifft auf die Leute zu, die mehr Äpfel kaufen, wenn deren Preis sinkt, aber es gilt auch für Waffenscheine. Es gibt eine Menge Nachweise, dass die Zahl der Waffenscheine zunimmt, wenn die Kosten sinken, an sie heranzukommen, seien dies die Gebühren oder die Ausbildungskosten für den Umgang mit einer Waffe.[6]

Gary ist nicht der Meinung, dass Preise das Verhalten von Menschen beeinflussen. Soziologen im Allgemeinen neigen zu dieser Auffassung. Meiner Auffassung nach stützt die Faktenlage diese Meinung nicht und es ergibt für mich auch nicht viel Sinn. Ich kann auch nicht nachvollziehen, warum Gary und andere Soziologen nicht davon ausgehen, dass die Polizei Verbrechen verhütet.

Wo wir gerade dabei sind: Gary behauptet, dass der Besitz von Waffenscheinen, die das verdeckte Tragen erlauben, von 2007 bis 2015 von 4,6 auf 13 Millionen zugenommen hat, während nicht mehr Menschen als zuvor Waffen legal mit sich führen.[7] Sicher trägt nicht jeder eine Handfeuerwaffe bei sich, der sich einen Waffenschein besorgt. Wenn jedoch der Anteil der Leute mit Waffenschein, die Waffen mit sich führen, nicht drastisch gesunken ist, muss die Zahl der Menschen, die Waffen tragen, in den letzten 20 Jahren dramatisch zugenommen haben. Alleine zwischen 2007 und vor einer Weile im Jahr 2015 hat sich die Zahl der Waffenscheinbesitzer, die verdeckt Waffen mit sich führen dürfen, von 4,6 auf 13 Millionen

---

[6] John Lott: „More guns, less crime. Understanding crime and gun control laws", 3. A.,
     The University of Chicago Press 2010.
[7] a.a.O. (s. Anm. 5).

verdreifacht. Da ist die schnell wachsende Zahl der Staaten noch nicht einbezogen, die nicht mehr den Erwerb von Waffenscheinen für das verdeckte Mitführen verlangen.

Ich habe herausgefunden[8], dass die Besitzer von Waffenscheinen, die ihnen das verdeckte Mitführen erlauben, extrem gesetzestreu sind.[9] Ich muss davon ausgehen, dass sie keine Waffen mehr mit sich führen, wenn es ihnen nicht mehr erlaubt ist. Es gibt eine Menge Studien, die Folgendes aufzeigen: Wenn die Zahl der Waffenscheine für verdecktes Tragen als Folge einer Gesetzesänderung ansteigt, dann nimmt die Verbrechenshäufigkeit ab.[10] Zu diesem Ergebnis gelangt sogar die große Mehrheit der Studien.[11]

Ich stelle gerne denjenigen, die nicht an Abschreckung glauben, folgende Frage: Würden Sie ein Schild aufstellen, das Ihr Haus als waffenfreie Zone ausweist? Würden Sie sich sicherer fühlen? Meiner Erfahrung nach würden auch die überzeugtesten Waffenregulierungs-Befürworter niemals „Waffenfreie Zone"-Schilder zuhause anbringen. Das sieht für mich nach einem klaren Beleg dafür aus, dass selbst die Befürworter von Waffenkontrolle an eine funktionierende Abschreckung glauben.

Kleck behauptet: „Es gibt Regionen übergreifend keine Auswirkung von Waffenbesitz auf Verbrechensraten, inklusive Tötungsdelikte." Was sagen Sie dazu?

Nun, ich weiß, dass Gary sehr überzeugt ist, dass Waffenbesitz keine größere Sicherheit verschafft, aber ich würde sagen, dass die Beweislage ziemlich eindeutig ausfällt. Ein Beispiel: Können Sie mir auch nur einen Ort auf der Welt nennen, wo die Mordrate nach einem Waffenbesitzverbot gesunken ist? Ich kann es nicht. An jedem Ort der Welt, wo entweder Handfeuerwaffen oder alle Waffen verboten wurden, ist die Mordrate gestiegen.[12] Amerikaner wissen, was in Chicago und Washington D.C. geschehen ist, aber die Regel gilt auch für das ideale Waffenkontrollexperiment: Inselnationen, die keinen Nachbarn für ihre Waffen verantwortlich machen können.

[8] „Comparing conviction rates between police and concealed carry permit holders", Crime Prevention Research Center, 19.02.2014.
[9] John Lott: „Let's not be so quick to believe gun-control rhetoric", Fox News, 16.02.2015.
[10] a.a.O. (s. Anm. 4).
[11] John Lott: „What a balancing test will show for right-to-carry laws", Crime Prevention Research Center, 2012.
[12] „Murder and homicide rates before and after gun bans", Crime Prevention Research Center, 01.12.2013.

Hätte Gary Recht, müsste es zumindest ein paar eindeutige Fälle geben, bei denen die Mordrate unverändert geblieben ist.

Es liegen zudem Belege vor, dass die Staaten mit dem größten Zuwachs an Waffenbesitz den stärksten Rückgang an Gewaltverbrechen verzeichnen konnten.[13] Gary gewichtet reine Querschnittsdaten viel stärker. Ich habe vorhin erklärt, warum dieser Ansatz sehr irreführend sein kann, aber selbst in diesem Fall, auch wenn ich diese Belege nicht stark gewichte, zeigt sich, dass Länder mit den niedrigsten Waffenbesitzraten tendenziell die höchste Häufigkeit an Tötungsdelikten verzeichnen.

Kleck zufolge haben die amerikanischen Waffengesetze „keine Auswirkung" auf die Häufigkeit von Waffenbesitz und „zielen nicht einmal auf eine Auswirkung ab". Was halten Sie davon?

Diese Aussage ist eindeutig falsch. Würde es zum Beispiel die Waffenbesitzhäufigkeit nicht beeinflussen, wenn Waffen verboten wären? Sie ist in noch einfacherer Hinsicht unzutreffend. Die Gesamtkosten, um einen Waffenschein für verdeckt getragene Waffen zu erhalten, betragen in Illinois 500 US-Dollar, in Pennsylvania aber nur 19 US-Dollar. Glaubt irgendwer ernsthaft, dass dies nicht zu relativ gesehen weniger ausgegebenen Waffenscheinen in Illinois führen wird? Damit kommen wir wieder zu unserer vorherigen Diskussion über die Unterschiede zwischen Ökonomen und Soziologen zurück.

Mit Garys Weltanschauung kann man wohl nicht nachvollziehen, warum Befürworter der Waffenregulierung die Art von Waffengesetzen fordern, die sie nun einmal fordern. Es erscheint mir zumindest eindeutig, dass die Regulierungen auf eine Erhöhung der Kosten des Waffenbesitzes abzielen, um den Waffenbesitz zu reduzieren und schließlich Waffenkontrolle einfacher durchsetzen zu können. Der Waffenkontrollaktivist Tom Smith, der den amerikanischen General Social Survey (eine große Bevölkerungsumfrage) leitet, sagte mir zum Beispiel im Jahr 1997, dass ein großer Rückgang des Waffenbesitzes es „Politikern erleichtern würde, in Punkto Waffen das Richtige zu tun" und restriktivere Regulierungen einzuführen.[14]

---

[13] a.a.O. (s. Anm. 6).
[14] John Lott: „The bias against guns. Why almost everything you've heard about gun control is wrong", Regnery Publishing 2003.

*Wie soll der Laie an widersprüchliche Behauptungen
herangehen, die auf einer Regressionsanalyse beruhen?
Ist es fair zu sagen, dass die statistischen Trends nicht
offensichtlich sind und dass verschiedene Forscher sie un-
terschiedlich interpretieren, also eine allgemeine Skepsis
eine vernünftige Ausgangsposition ist?*

Das ist eine hervorragende Frage. Es ist auch eine schwierige Frage. Es gibt da draußen eine Wahrheit, die auf ihre Entdeckung
wartet. Viele Menschen, die sich an der akademischen Debatte
beteiligen, sehen sich nur ihre Schlussfolgerungen an und nicht,
wie sie an diese gelangt sind. Dennoch sollte man bei jeder Studie
auf bestimmte Dinge achten:

Verwenden die Forscher alle verfügbaren Daten? Falls jemand
nicht alle verfügbaren Daten verwendet, sollte er besser einen
äußerst guten Grund dafür haben und ich wäre sehr skeptisch.
Stellen Sie sich vor, sie werfen 20 Mal eine Münze und haben zehn
Mal Kopf und zehn Mal Zahl. Falls sich jemand nun selektiv die
Münzen aussucht, kann er das von ihm gewünschte Ergebnis erhalten (wie fünf Mal Kopf).

Verwenden sie sogenannte „Paneldaten"? Das sind Daten, die
sich auf viele verschiedene Orte über einen bestimmten Zeitraum
beziehen. Nur sehr wenige Akademiker sehen sich entweder nur
Querschnittswerte an (die sich auf verschiedene Orte zu einem
Zeitpunkt beziehen) oder nur Zeitreihen (die einen Ort über einen
bestimmten Zeitraum betrachten). Paneldaten kombinieren die
beiden Ansätze und ermöglichen viele Experimente, mit denen
man viele verschiedene mögliche Erklärungen entwirren kann.
Sehen sie sich nur ein Waffenkontrollgesetz an? Viele Linksliberale behaupten, dass alle möglichen Waffenkontrollgesetze wichtig
wären, aber dann befasst sich ihre Studie nur mit einem davon.
Daran erkennt man, wie viel Rosinenpicken sie mit ihren Ergebnissen betrieben haben könnten.

Gehen sie ihre Untersuchung zumindest mit einer Herangehensweise von anderen Akademikern an? Wenn sie zum Beispiel
Paneldaten verwenden, beachten sie dann geografische und zeit-
liche Unterschiede (so genannte „fixe Effekte"[15])?

---

15 Joshua Blumenstock: „Fixed Effect Models", Joshua Blumenstock online, 27.02.2015.

Fassen sie die Forschung anderer falsch zusammen?

Davon abgesehen ist es viel Arbeit, Studien durchzuarbeiten (vor allem Studien mit gegensätzlichen Ergebnissen), aber mit je mehr Studien man sich beschäftigt, desto mehr versetzt man sich in die Lage, seine eigenen Schlussfolgerungen zu ziehen.

Die vorgeschlagene Waffengesetzreform, die den meisten Menschen am vernünftigsten erscheint, ist wohl die Erweiterung und Verbesserung des Systems zur Hintergrundprüfung von Leuten, die eine Waffe kaufen möchten. Sie haben dieses System allerdings auf der Grundlage kritisiert, dass es nicht allzu gut funktioniert und sogar einige sehr gefährdete Bürger davon abhält, eine Waffe für die Selbstverteidigung zu beschaffen. Kann man das System verbessern oder sollte man es einfach aufgeben? Falls man es aufgeben sollte, was sollte man stattdessen machen?

Durch die Hintergrundprüfung fühlen sich die Leute offenbar sicherer, aber das System ist tatsächlich Murks. Praktisch jeder, der davon abgehalten wurde, sich eine Waffe zu kaufen, ist ein gesetzestreuer Bürger, der das Recht gehabt haben sollte, sich eine zu kaufen. Man hielt ihn einfach davon ab, weil er einen ähnlichen Namen hatte wie jemand anderes, den der Staat eigentlich am Waffenkauf hindern wollte.

Der US-Präsident behauptet immer wieder, dass „Hintergrundprüfungen über zwei Millionen gefährliche Menschen daran gehindert haben, eine Waffe zu kaufen."[16] Jemanden, der einen ähnlichen Namen wie ein Verbrecher hat, davon abzuhalten, eine Waffe zu kaufen, ist aber nicht dasselbe, wie einen Verbrecher am Waffenerwerb zu hindern.

Das ist dasselbe Problem wie mit der Flugverbotsliste. Erinnern Sie sich, dass der inzwischen verstorbene Senator Ted Kennedy ganze fünf Mal „zunächst" nicht fliegen durfte, weil sein Name auf der „No-Fly"-Liste steht, auf der eigentlich nur Terroristen auftauchen sollten?[17] Sein Name hatte schlicht eine zu große Ähnlichkeit mit dem Namen von jemandem, den wir wirklich nicht in einem Flugzeug haben wollen. Nach Obamas Zählweise bedeutet

---

[16] John Lott: „Fact vs. fiction on background checks and the gun control debate", Fox News, 09.04.2015.
[17] „Ted Kennedy got off the no-fly-list, but what about Joe Normal?", Aero News Network, 23.08.2004.

dies aber, dass die Flugverbotsliste fünf Terroristen vom Fliegen abgehalten hat.

Die Sicherheitsbehörde für Alkohol, Tabak, Schusswaffen und Sprengstoff hat ganze 94 Prozent ihrer „vorläufigen Ablehnungen" nach der ersten Vorab-Überprüfung zurückgezogen.[18] Der jährliche Bericht über das System zur Hintergrundprüfung von Kriminellen zeigt auf, dass diese Ablehnungen zurückgezogen wurden, weil entweder zusätzliche Informationen zeigten, dass die falschen Leute gestoppt wurden oder weil die Vergehen so viele Jahrzehnte zurücklagen, dass sich die Regierung gegen eine Verfolgung entschied. Wenigstens fünf der verbliebenen sechs Prozent stellten sich als weitere falsche Ablehnungen heraus.

Diese ganzen Ablehnungen bedeuten Verzögerungen für viele gesetzestreue Waffenkäufer. Während das den meisten Betroffenen nur eine Unannehmlichkeit bereitet, bedeuten diese vorläufigen Ablehnungen eine gefährliche Verzögerung für diejenigen, die schnell aus einem legitimen Grund eine Waffe für die Selbstverteidigung brauchen, wie etwa eine Frau, die von einem Exfreund oder einem Ehemann verfolgt wird.[19]

Vom Abstürzen der Computer, die für die Hintergrundprüfungen genutzt werden und den vorläufigen Ablehnungen abgesehen, sollte man die sechs Prozent der Prüfungen bedenken, die nicht innerhalb von zwei Stunden beendet werden, wobei die meisten Verzögerungen bis zu drei Tage dauern.

Präsident Obama ignoriert, was mit denen geschieht, die sich auf einmal bedroht fühlen. Eine Waffe kann wirklich entscheidend sein, um sich vor Angreifern verteidigen zu können. Meine eigene Forschung legt nahe, dass diese Verzögerungen im System zur Hintergrundprüfung die Gewaltverbrechen wahrscheinlich sogar in die Höhe treiben, wenn auch nur geringfügig. Die Vergewaltigung scheint das Verbrechen zu sein, das am ehesten von diesen Verzögerungen profitiert – was wohl nicht allzu überraschend ist.

Weder Kriminologen noch Ökonomen können echte wissenschaftliche Belege vorweisen, dass Gewaltverbrechen durch Hintergrundprüfungen wirklich reduziert werden. Ein Ausschuss der Nationalen Akademie der Wissenschaften kam im Jahr 2004 sogar zum Ergebnis, dass die Hintergrundprüfungen nach dem Brady-Gesetz

---

[18] John Lott: „The Problem with Brady Background Checks: Virtually all of those denied purchasing a gun are false positives", John Lott's Website, 13.06.2011.
[19] a.a.O. (s. Anm. 6).

von 1993 keine Art von Gewaltverbrechen verringern konnten. Auch spätere Studien haben keine positive Wirkung feststellen können. Es wurden auch nur wenige Kriminelle durch die Hintergrundprüfungen aufgehalten. Im Jahr 2010 gab es über 76.000 vorläufige Ablehnungen, aber nur 44 der Antragsteller wurden strafrechtlich verfolgt und nur 13 Individuen wurden verurteilt.[20] Selbst diese 13 Fälle sind eher nicht die „gefährlichen" Kriminellen, von denen Obama glaubt, dass sie gestoppt würden.

Die Verzögerungen haben noch weitere Folgen. In 20 Prozent der Staaten, die bei Privatbürgern Hintergrundprüfungen durchführen lassen, finden weniger Waffenausstellungen statt, die sogenannten „Gun Shows".[21] Diese sind für viele Ärmere eine relativ günstige Quelle, um an Waffen heranzukommen. Gun Shows dauern für gewöhnlich nur zwei Tage, also kommt bei einer Verzögerung von drei Tagen kein Kauf zustande.

Das Interview führte der US-amerikanische Journalist Ari Armstrong.

---

[20] „Enforcement of the Brady Act, 2010: Federal and State Investigations and Prosecutions of Firearm Applicants Denied by a NICS Check in 2010", US-Amerikanisches Justizministerium, August 2012.
[21] Lott, s. Anm. 14.

Diverse

MONIKA FROMMEL

Wider die Remoralisierung des Strafrechts

Kampagnen und Skandalisierungen können zu überflüssigen und rechtsstaatlich problematischen Verschärfungen des Strafrechts führen, insbesondere bei Vergewaltigung, Prostitution und Jugendpornografie

Offenbar ist das 21. Jahrhundert eine Zeitenwende. War Strafrecht immer ein Unterfangen, das als repressiv und eher ungeeignet zur Konfliktlösung galt, soll es nun „Menschenrechte" schützen, und zwar nicht punktuell, sondern umfassend. Strafrecht soll nicht mehr dem Schutz von Rechtsgütern dienen, es wird nicht mehr konzipiert als Ultima Ratio und soll auch nicht mehr fragmentarisch sein, sondern umfassend opferschützend. Gelegentlich wird auch von Menschenrechten gesprochen, die es strafrechtlich zu schützen gelte. Das ist ein neuer punitiver, also an Bestrafung orientierter Ton. Menschenrechte sind doch bereits auf vielfältige Weise rechtlich geschützt.

Wieso soll Strafrecht eingreifen, wo bislang Bürgerrechte öffentlich- und zivilrechtlich geschützt wurden? Eine Antwort geben diejenigen, die solche Forderungen stellen, nicht. Sie diskutieren auch nicht über diese Fragen. Ihr Gesellschaftsbild ist paternalistisch oder besser maternalistisch. Das liberale Denken gilt ihnen als überholt. Verfolgen wir zunächst einmal ein besonders augenfälliges Projekt.

Die Schutzlückenkampagne der Frauennotrufe und anderer Frauennetzwerke

Forderungen nach einer Reform der Sexualdelikte – also selbst der bereits mehrfach reformierten Straftatbestände[i] – sind nicht neu. Dennoch war es

---

[i] Zu nennen sind etwa die Reformen der Jahre 1997/1998 und 2004 (§§ 177, 179 StGB), 2008 (Kinder- und Jugendpornographie) und Anfang 2015 (das sog. Nacktfotogesetz nach dem Fall

überraschend, mit welcher Vehemenz sich dieser Ton im Jahre 2014 bemerkbar gemacht hat und wie lange er wirkt. Die Kampagne mit den angeblichen oder eingebildeten Schutzlücken bei den Straftatbeständen der Vergewaltigung und dem sexuellen Missbrauch wurde im Sommer 2014 unüberhörbar. Es wurde behauptet, dass die jetzige Fassung, welche verlangt, dass Gewalt, Drohung mit Gefahr für Leib oder Leben oder „Ausnutzen einer hilflosen Lage" vorliegt, nicht ausreiche, sondern die Gesetzgebung an deren Stelle jede sexuelle Handlung „gegen den Willen" setzen müsse. Das Thema steht noch immer auf der politischen Agenda und es kann sein, dass es neue Gesetzesentwürfe geben wird.

Der Kampagne waren zahlreiche Aktivitäten vorangegangen, sodass die Thesen nach einer gewissen Zeit „Reformdruck" erzeugen konnten. Man denke nur an einen im September 2010 in Berlin abgehaltenen Kongress der sog. Frauennetzwerke und die fortwährende Pressearbeit, welche mit immer wieder neuen Nachrichten über internationale Gewalt-Studien – subjektive Wahrnehmung von Frauen über Gewalt – den Eindruck erweckten, als sei Gewalt gegen Frauen allgegenwärtig, die Hilfe unzureichend und auch das Sexualstrafrecht nicht annähernd auf dem Niveau, das eine egalitäre Gesellschaft nun einmal erwarten darf.[2]

In einer Mediengesellschaft kann dieser Eindruck durch regelmäßige Aktionen geweckt und gefestigt werden. Das Publikum denkt, dass die jeweils aktuelle Debatte die erste sei; denn es wird schnell vergessen, dass bestimmte Themen seit 40 Jahren längst justiziell abgearbeitet sind. Schließlich funktioniert das Gewaltschutzgesetz seit über einem Jahrzehnt. Auch die Strafverfolgung ist kontinuierlich intensiver und extensiver geworden. Dennoch werden Schutzlücken der jeweiligen nationalen Vergewaltigungsparagraphen beklagt. Behauptet wird, dass Deutschland als defizitär gelten müsse, das Ideal sei vielmehr das uferlos weite schwedische Sexualstrafrecht (mit Sexkauf-Verboten und frühem polizeilichen Zugriff bei einem entsprechenden „Verdacht").

Anhand einiger, nicht gerade repräsentativer, Fälle wird gefordert, den deutschen Vergewaltigungstatbestand erheblich zu erweitern und jede sexuelle Handlung „gegen den Willen" zu bestrafen. Auch die Strafdrohung sei insgesamt zu verschärfen, weil angeblich Beziehungsdelikte bagatellisiert würden. Dies soll sehr wirksam durch Streichen der Spielräume bei der Strafzumessung erfolgen, was bei einer Mindeststrafe von zwei

---

Edathy, s.u. und vgl. Monika Frommel: „Der Fall Edathy – Eine neue Sanktionsform gegen Prominente: die exkludierende öffentliche Beschämung" in: Neue Kriminalpolitik, 3/2014, S. 131–135, 205–210.

[2] Die auf europäischer Ebene durchgeführten und finanzierten Studien werden in den Medien und in der Fachliteratur sehr unkritisch vorgestellt.

Jahren folgenreich ist und „Gefängnis" bedeutet.[3] Es handelt sich bei dieser Kampagne also um ein klassisches – nun international und national insze-niertes – Moralunternehmen.

Interessant ist, dass es zunächst nicht unmittelbar an den deutschen Gesetzgeber gerichtet war, sondern den Umweg über Brüssel nahm und eine Vielzahl von transnationalen Abkommen generierte. Stichworte sind die Gleichstellung der Geschlechter und Opferschutz. Nach herrschender Rechtsprechung des Bundesverfassungsgerichts und des Bundesgerichts-hofs gelten hier unmittelbar oder zumindest mittelbar die entsprechenden Prinzipien der Europäischen Menschenrechtskonvention und die Recht-sprechung des Europäischen Gerichtshofs für Menschenrechte. Sie müssen die nationale Rechtsprechung prägen. Dies bedeutet, dass erst dann, wenn die Rechtsprechung nicht reagiert, die nationale Gesetzgebung ins Spiel kommt. Bislang haben sich die Strafsenate des BGH mit den Prinzipien der Gleichstellung der Geschlechter nicht befasst, sondern sehr schematisch Wortlautauslegung betrieben. Dies rächt sich nun.

Aber die Kampagne übertreibt die behaupteten Mängel. Einzelfälle werden als Strukturproblem definiert und einzelne Fehlurteile als Versagen der Gesetzgebung dargestellt. Die sich ergebenden Auslegungsprobleme werden nicht fachlich diskutiert, sondern es wird ausschließlich politisch argumentiert. Der Stil dieser Debatte ist maternalistisch[4]. Die Prinzipien einer liberalen, rechtsstaatlichen Gesetzgebung und Rechtsprechung wer-den mit Opferschutz-Argumenten überspielt.

Reflexhaftes Strafrecht

Wie reagiert die Gesetzgebung auf solche Kampagnen? Sie wartet ab, ob die öffentliche Meinung die Kampagne aufnimmt oder eher nicht. Aber eine Gesetzgebung, die nicht mehr in erster Linie Probleme lösen, sondern medienwirksam auf Skandale reagieren will, neigt dazu, reflexhaft Forde-rungen nach mehr Strafrecht aufzugreifen und schämt sich zugleich, dass sie so populistisch agiert. Strafrecht eignet sich dafür, weil es traditionell Probleme personalisiert. Dieser Stil ist seit dem 19. Jahrhundert bekannt

---

[3] Bundesverband Frauenberatungsstellen und Frauennotrufe (bff) / Frauen gegen Gewalt e.V.: „‚Was Ihnen widerfahren ist, ist in Deutschland nicht strafbar', Fallanalyse zu bestehenden Schutzlücken in der Anwendung des deutschen Sexualstrafrechts bezüglich erwachsener Betroffener" (erstellt von Katja Grieger et al.), Frauen gegen Gewalt online, 2014.
[4] Da es ein frauenpolitisches Anliegen ist, passt das Wort „paternalistisch" nicht. Aber der Politikstil ist derselbe, nur wählen die Aktivistinnen eine sich „feministisch" nennende Begründung. Da stellt sich die Frage, ob ein derartig staatstragender „Feminismus" dem ursprünglichen Anliegen der Emanzipation noch gerecht wird.

(etwa täterorientierte Versionen des Schuldprinzips). In einer Mediengesellschaft lässt sich mit dieser Tradition spielen. Man kann „Zeichen" setzen. Ohne Personalisierung kein Skandal. Praktisch ist diese leere Botschaft insbesondere für diejenigen, welche sich über die mittel- und langfristigen Folgen ihres Tuns erst einmal keine genauen Gedanken machen wollen, weil sie das Tempo der sich überstürzenden Skandale ohnehin überfordert. Beides, die Inszenierung eines Skandals und das Ingangsetzen eines spektakulären Strafverfahrens, funktioniert nur, wenn komplexe Geschehen unangemessen reduziert werden. Besonders auffällig ist dieser Verdummungseffekt, wenn ein Prominenter vor aller Augen von ganz oben nach ganz unten fällt.

Die Kosten dieses Politikstils sind beträchtlich, da regelmäßig versäumt wird, die komplexen Rahmenbedingungen eines von den Medien kurzatmig skandalisierten Problems zu analysieren. Reagiert wird in Deutschland ohnehin reflexhaft mit der Forderung nach und dem Beschließen von Gesetzen. Wer weiß schon, was alles wie und warum geregelt worden ist. Beliebt ist neuerdings „unbestimmtes Strafrecht". Es entsteht, wenn angenommene oder auch nur fantasierte Lücken geschlossen werden. Gesteigert wird die Unsicherheit, weil es in einem Ermittlungsverfahren nicht darauf ankommt, was bewiesen ist, sondern ob ein „Verdacht" angenommen werden kann. Wird dieser dann – unter Missachtung der Unschuldsvermutung – öffentlich breitgetreten, ist so gut wie immer das symbolische Kapital der (öffentlich) verdächtigten Person zerstört. Wie langfristig ihr dieser Schaden nachhängen wird, kommt auf den Zufall an.

Aber es gibt noch weitere Kosten. Gewöhnt sich eine Gesetzgebung an diesen Stil – und in dieser Bundestags-Legislaturperiode kann man ihn schon als Routine beobachten – dann ignoriert sie systematisch die schon vorhandenen Instrumente, insbesondere die nicht-strafrechtlichen Instrumente. Sie könnten – meist sehr viel besser – Prävention und Kontrolle ermöglichen. Anstelle des Strafrechts könnte man sie nutzen und ggf. verbessern. Stattdessen vernachlässigt die aktuelle Politik systematisch die Analyse, Prognose und Bewertung der Probleme und der Wirkungen der geforderten oder bereits beschlossenen neuen Strafnormen (bzw. Ordnungswidrigkeiten).

Die Kosten der sich steigernden Unsicherheiten werden zurzeit in Kauf genommen, weil man den symbolischen Nutzen der Skandalisierung überbewertet. Denn eine Politik, die im Wesentlichen nur noch „Zeichen" setzen will (und Lobbyisten fordern gerade diese „Zeichen"), ist weder rational noch wirksam. Es entsteht lediglich eine neue Art des Klientelismus. Deswegen kommt es auch fast nur noch auf Signale an. Außerdem gewöhnt man sich in einer Mediengesellschaft an diesen manipulativen und bisweilen geradezu heuchlerischen Stil. Politiker meinen, sie müssten dem Publikum vorgaukeln, dass eine von allen Online-Medien verbreitete Meldung als solche schon Wirkung zeige. Gewöhnt man sich aber daran, reflexhaft zu verkünden, dass ein Verhalten strafbar sei, die Staatsanwaltschaft bereits einschreite, und permanent Gesetze zu ändern (wie etwa im Sexualstrafrecht seit 15 Jahren üblich), dann hat das leider nicht nur symbolische, sondern sehr reale, zerstörerische und für die Gesellschaft äußerst fatale Wirkungen. Strafrecht verliert langfristig seine Glaubwürdigkeit.

Auch die öffentliche Moral, von der ständig die Rede ist, wird korrumpiert. Verloren geht das Wissen, dass jede Moral auf innerer Überzeugung beruhen muss und gerade nicht beliebig instrumentalisiert werden darf. Strafrecht hingegen lebt vom äußeren Zwang. Es wirkt nur, wenn es sparsam genutzt wird. Wer es in gesellschaftlich umstrittenen Debatten (etwa der Sterbehilfe) einsetzt, zerstört es. Vergessen wird außerdem, dass jedes Recht nicht nur die intendierten Folgen erzeugt, sondern zugleich auch unerwünschte und paradoxe Effekte. Deshalb soll Strafrecht möglichst auf ein (zwar historisch wandelbares, aber dennoch jeweils eng begrenztes) Kernstrafrecht reduziert bleiben, sonst überwiegen die langfristig negativen Folgen die ohnehin viel zu kurz gedachten symbolischen Wirkungen.

Eine Straftheorie, die zu einer hyperaktiven Mediengesellschaft passt, verzichtet zunehmend auf die bislang übliche empirische Forschung, um die spezialpräventiven Wirkungen zu testen, und setzt ganz auf die symbolische Funktion. Es geht um indirekte Generalprävention. Dies bedeutet, dass der Nutzen der Begrenzung des Strafrechts auf Rechtsgüterschutz systematisch unterschätzt wird. Zerstört wird durch unbestimmtes Strafrecht nicht nur die Legitimität, auch die systematische Stimmigkeit der jeweiligen Regelungsbereiche verschwimmt. Permanent geändertes Strafrecht wird überkompliziert, undurchschaubar und – im Einzelfall manipulierbar. Wer also nur auf öffentlichkeitswirksam geschürte Empörung reagiert, verliert schnell den Überblick. Dies kann man an zwei Beispielen zeigen: Dem Fall Edathy und dem geplanten Prostituiertenschutzgesetz.

Jugend-
pornografie

Homosexuelle, die junge Männer begehren, profitieren nicht von der Akzeptanz, die ansonsten homosexuellen Menschen entgegengebracht wird. Reste der alten Homophobie produzieren neue moralische Kreuzzüge. Männer, die zwar abweichend, aber nicht pädosexuell sind, können seit den Änderungen des Sexualstrafrechts 2008 mit dem Etikett „Kinder- und Jugendpornografie" belegt und zur Unperson erklärt werden. Überspielt wird, dass nur bei klaren Fällen der Kinderpornografie ein gesellschaftlicher Konsens besteht.

Das unbestimmte Strafrecht des Jahres 2008 hat einen Straftatbestand der Jugendpornografie (Schutzaltersgrenze 18 Jahre) geschaffen. Da unklar ist, wie alt eine abgebildete Person wirklich ist, ermöglicht diese Strafnorm ein an Willkür grenzendes Vorgehen im Ermittlungsverfahren. Während der Edathy-Affäre[5] legte das Bundesjustizministerium noch nach und schuf mit dem Verbot der Verwendung von Bildmaterial nackter Jugendlicher (§ 201 a StGB – ein Vergehenstatbestand unterhalb der Schwelle der Jugendpornografie) ein weiteres, nun beliebig manipulierbares Instrument gegen die Nutzer kommerzieller Produkte dieser Art.[6]

Wieso setzen Strafverfolgungsorgane (zuständig für „Pornografie" ist das BKA) auf die Ermittlung und Sanktionierung der Konsumenten? Wieso nutzt man nicht die Instrumente des Bundesdatenschutzgesetzes (Persönlichkeitsrechte der Dargestellten), das doch ebenfalls Strafnormen kennt und den Vertrieb wesentlich besser kontrollieren könnte als das unbewegliche Strafrecht? Wieso behindert man nicht mit Hilfe eines angemessenen Jugend-Datenschutzes die Entstehung solcher – in der Tat unangemessenen – Märkte? Zuständig für Datenschutz sind die Innenministerien der Länder. Sie sind – im Gegensatz zum BKA – notorisch schlecht ausgestattet. Rational ist dies nicht zu erklären. Gewollt ist offenbar die exkludierende Beschämung von einzelnen, sexuell abweichenden Männern.

Maternalismus beim Thema Prostitution

Die Forderung schwedischer Feministinnen beim Thema Prostitution gleicht dem, was früher Moralismus bewirkt hat. Schwedische Politikerinnen wollen jede Prostitution (den in Schweden verbotenen „Sexkauf") verhindern und greifen zu einem Instrument, das die Käufer beschämt. Sie fordern für ganz Europa eine möglichst weit gefasste Freierbestrafung. Nahezu unbeschränkt sind die Ermittlungsmöglichkeiten, weil zugleich behauptet wurde und wird, dass fast jede Prostituierte (sexuell) ausgebeutet werde und folglich „Opfer" sei. Opferschutz statt Sittenwidrigkeit. Die Zuschreibung einer strukturellen Opferrolle führt ohne weitere Umstände zu einem entsprechend strategisch formulierbaren Verdacht gegen Freier. Dies ist gewollt.

---

5 Siehe Sabine Beppler-Spahl: „Im Zweifel für den Angeklagten", Novo online, 04.03.2014 und Monika Frommel: „Exkludierende öffentliche Beschämung", Novo online, 18.02.2014.
6 Siehe auch Sebastian Scheerer: „Moralstrafrecht aus der Mottenkiste", Novo online, 09.05.2014.

Man hält Abschreckung durch peinliche Ermittlungen für angemessen, um „Frauenrechte" durchzusetzen. Dass eine solche Strategie nicht wirksam sein kann, wissen alle Politiker, aber das hat schwedische Feministinnen bislang nicht daran gehindert, ihren Ansatz zu exportieren. In Deutschland wurde die Freierbestrafung 2013 und 2014 aggressiv gefordert. Dass es hier nicht so weit kam, liegt lediglich daran, dass die Strafrechtsreform der 1970er-Jahre noch das deutsche Denken prägt. Aber wie lange hält diese Skepsis? Wie schwer es ist, Prostitution angemessen zu regeln, zeigen die Widerstände gegen eine angemessene gewerberechtliche Regulierung der Prostitutionsstätten. Behauptet wird, dass es darum gehe, Menschenhandelsopfer aufzuspüren. Solange diese Opferideologie wirkt, schafft es die Bundesregierung in dieser Legislaturperiode eher nicht, ein wirksames Kontrollinstrument zu schaffen, damit Prostituierte nicht übervorteilt werden. Propaganda hemmt nun einmal effektive Reformen.

Prostitution müsste eigentlich seit über zehn Jahren – seit dem ProstG 2002 – gewerberechtlich reguliert werden. Aber auch dies gelingt in dieser Legislaturperiode wohl eher nicht, weil es einen Parteien übergreifenden Konsens gibt, die einzelnen Prostituierten mit einer moralisierenden Ordnungspolitik in Schach zu halten, was sie dann eher in den Untergrund treibt als zu selbstbewussten Sexarbeiterinnen werden lässt, die sich ihre Gewerbeakte besorgen, um finanzielle Ausbeutung und unangemessene Arbeitsbedingungen zu beseitigen.

Unverhohlen werden Zwangsuntersuchungen und Zwangsberatungen als „Hilfe" deklariert – trotz des Wissens der Schädlichkeit solcher Eingriffe in die persönliche Freiheit der angeblich Geschützten. Der Entwurf heißt heuchlerisch Prostituiertenschutzgesetz, verdient aber diesen Namen nicht, weil er diejenigen, welche er zu schützen vorgibt, in die Illegalität treibt. „Schutz" ist oft eine Metapher für Bevormundung.

Historischer Wandel

Schlagen Paternalismus oder Maternalismus in unreflektierte Strafrechtsgläubigkeit um, wird es bedenklich. Der Schweizer Kriminologe Karl-Ludwig Kunz diagnostiziert für die Schweiz einen punitiven Populismus, der sich auf die Intensität des Strafens beschränkt.[7] Die Schweizer Bevölkerung will mehrheitlich Sexualstraftäter unter bestimmten Bedingungen lebenslang verwahrt sehen und hat dies über Volksbegehren durchgesetzt; sie will

---

[7] Karl-Ludwig Kunz: „Kriminalpolitik in der Schweiz heute", Neue Kriminalpolitik, 2/2015, S. 131–135.

auch auf Alltagskriminalität mit kurzen Freiheitsstrafen reagieren. In Deutschland ist die Intensität des Strafens eher moderat. Hier hält sich das milde Strafklima, das vor knapp 50 Jahren eingesetzt hat. Aber die neuen Moralisten weiten den Umfang des Strafrechts schleichend aus und scheuen sich auch nicht, ihre jeweils für richtig gehaltene Moral strafrechtlich oder ordnungsrechtlich zu stabilisieren – was per se schon illegitim ist. Wer die Reform-Debatte der 1970er-Jahre noch kennt, ist folglich besorgt über diese irrationale Wendung und die Re-Moralisierung des Strafrechts. „Moral" gilt nicht mehr als „Herrschaft stabilisierend", sondern als „kritisch".

Um das überkommene Strafrecht zu rationalisieren, forderten liberale Strafrechtler in den 1970er-Jahren, zu einem Kernstrafrecht zurückzukehren. Bei strittigen Fragen müssten ferner außerstrafrechtliche Regelungen Vorrang haben. Übersetzt in die Gegenwart würde dies z.B. heißen: Keine Ermittlungsparagraphen für die Nutzer von Bildern und Dateien, die an der „Grenze" zur strafbaren Kinderpornografie angesiedelt sind, die also eigentlich erlaubt, wenn auch extrem peinlich für den Nutzer sind, sondern ein effektives Bundesdatenschutzgesetz und eine angemessene Implementierung der dort geregelten Instrumente, um kommerzielle Angebote und Tauschbörsen zu verfolgen und – so weit möglich – zu unterbinden.

Statt derartiges auch nur zu überlegen, wurden Ermittlungsparagraphen geschaffen. Wo sie gelten, kann durchsucht und beschlagnahmt werden, weil der pauschal geäußerte Verdacht gegen eine „verdächtige Person" im Ermittlungsverfahren gar nicht mehr zu widerlegen ist. Wer irgendwelches Bildmaterial bestellt hat, könnte ja auch problematische Nacktfotos von Kindern und Jugendlichen erhalten haben. Außerdem kann es ja noch schlimmer gewesen sein. Strafrecht auf Halde schafft in einer Rechts(un)kultur mit einem ausgefransten Ermittlungsverfahren und einer großzügigen Praxis, wenn es um Einstellungen nach dem Opportunitätsprinzip geht, fatale Routinen. Zwar gilt theoretisch die Unschuldsvermutung, aber sie ist praktisch wertlos geworden.

HEINZ HOREIS

Kohle und Kernenergie: Was denn sonst?

**Das viele Kohlendioxid – wer hat's gemacht?
Die Grünen. Die Atomkraftgegner. Hätten sie nicht
den Ausbau der Kernenergie verhindert, hätten
wir eine saubere und reichere Welt**

Angesichts des Hypes um Wind- und Sonnenenergie kann man es kaum glauben: Derzeit decken fossile Brennstoffe nahezu neunzig Prozent des weltweiten Energiebedarfs. Aus gutem Grund, denn Erdöl, Erdgas und Kohle sind natürliche Energiespeicher. Mittels geeigneter Technologie sind sie zu jedem Zeitpunkt verfügbar. Windmühlen und Solarzellen kommen da nicht mit. Sie liefern nur unstetig, abhängig von Tag- und Jahreszeit, von launischem Wetter und sich wandelndem Klima. Hier setzt die Natur unerbittlich Grenzen. Macht aber nichts. Was sie auf der einen Seite nimmt, gibt sie auf der anderen – nämlich noch bessere Energiespeicher: Uran und Thorium. Verglichen mit Kohle et al. sind diese um Größenordnungen energiedichter. Das macht sie zur ersten Wahl für die bevölkerte urbane Welt der Zukunft.

Fossile und nukleare Energiespeicher sind uralt. Das Gros der Kohle entstand vor einigen hundert Millionen Jahren aus Pflanzenmaterial, Uran vor Milliarden von Jahren in explodierenden massereichen Sternen, den Supernovae. Fossile und Kernbrennstoffe sind Gaben der Natur oder, wenn man es aus religiösem Blickwinkel sehen will, Geschenke eines dem Menschen wohlgesonnenen Schöpfers. Mit dieser und nur mit dieser urzeitlichen Mitgift kann der Mensch dauerhaft dem „Jammertal" der erneuerbaren Ressourcen entkommen, in dem er seit Beginn seiner Existenz gesteckt hat.

Schöpfung, Zufall oder einfach der Lauf der Natur – der Mensch kann sich glücklich schätzen, dass diese immensen Energiespeicher schon vor Jahrmillionen von Jahren entstanden. Heute hat er gelernt, sie zu nutzen; dies abzulehnen ist ignorant, ist Dummheit. Fossile und Kernbrennstoffe sind genau das, was eine intelligente, schöpferische Spezies braucht, um sich aus biosphärischen Beschränkungen lösen zu können. Nur so kann sie sich entfalten – irgendwann auch über die Erde hinaus.

Atomkraft war
die Zukunft

Kohle und Uran sind physikalisch/chemisch grundverschieden. Vom Standpunkt menschlicher Entwicklung betrachtet, bilden sie allerdings eine untrennbare Einheit. Ohne Industrialisierung durch die Kohle gäbe es heute keine Kernreaktoren, und Kernenergie ist der logische, natürliche Nachfolger der Kohle. Nicht ohne Grund bekämpfen die Grünen beides mit Vehemenz.

Vor einem halben Jahrhundert hatten Wissenschaft und Politik diese Zusammenhänge noch verstanden. Kernenergie galt als die Zukunftstechnologie. Sie sollte fossile Brennstoffe zunehmend ersetzen und Energie für die Industrialisierung der armen Länder liefern. Europäische Länder forcierten die Kernenergie, um sich von ausländischen Energielieferungen unabhängiger zu machen. Sie zehren noch heute davon (siehe Abbildung 1). Entwicklungsländer wie Indien, Iran, Pakistan, Brasilien und Argentinien legten ehrgeizige Programme zum Bau von Kernreaktoren auf. 1980 veröffentlichte ein internationales Wissenschaftlerteam das erste globale Energieszenario unter dem Titel „Energy in a Finite World". Es projektierte eine Weltenergieversorgung, die auf Kernreaktoren und großen Solarkraftwerken in Wüstengebieten beruhte.

Weltweit sollten nach dieser Studie zur Jahrtausendwende rund 1600 Reaktoren in Betrieb sein, rund 3600 im Jahre 2020. Überschlägt man einmal spaßeshalber, wieviel Kohlendioxid diese Reaktoren bis heute vermieden hätten, kommt einiges zusammen: rund 300 Milliarden Tonnen! Das entspricht etwa dem gesamten CO_2-Ausstoß aus der Kohleverbrennung in den vergangenen drei Jahrzehnten.[i] Die „Rettung des Planeten" haben also diejenigen vermasselt, die heute am lautesten eine globale Erwärmung und „menschengemachtes" Kohlendioxid beklagen – Grüne, Umweltgruppen und Atomkraftgegner. Sie haben die Kerntechnik erfolgreich sabotiert und um Jahrzehnte zurückgeworfen. Sie haben dafür gesorgt, dass Kohle noch für Jahrzehnte unersetzlich bleibt.

---

[i] T.A. Boden et al.: „Global, Regional, and National Fossil-Fuel CO_2 Emissions", Carbon Dioxide Information Analysis Center, Oak Ridge National Laboratory, U.S. Department of Energy, Oak Ridge, Tenn., USA 2010.

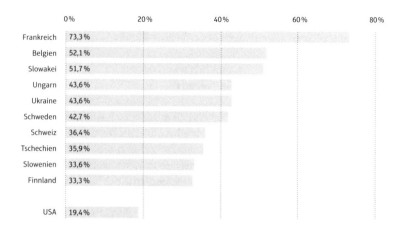

Abbildung 1: Nuklearanteil an globaler Stromerzeugung 2013[2]

Ende letzten Jahrhunderts bemühten sich kerntechnische Industrie und Kraftwerksbetreiber, Kernenergie als Technologie für „Klimaschutz" und als Alternative zur Kohle zu verkaufen. Ohne Erfolg. Das Gros der Bevölkerung hatte kein Interesse am Klima, die Grünen nicht an Kernenergie. Sie fürchten „Atomares" mehr als einen aufgeheizten Planeten. Es scheint, als gibt es beim Kampf gegen die globale Erwärmung eine „hidden agenda", einen anderen Antrieb: Unter dem Banner des Klimawandels zieht man gegen moderne Stromerzeugungstechnologien zu Felde, die die Welt reicher und nicht ärmer machen.

Wohlstandsbürger gegen Kernenergie

Die Gegner von Kohle und Kernenergie gehören zu den Menschen, die sich noch nie um ihr täglich Brot sorgen mussten. Im Gegenteil: Sie lebt gut, diese „neue Klasse der ‚Heils- und Sinnvermittler'". So bezeichnete der Soziologe Helmut Schelsky vor vier Jahrzehnten die Vorläufer der (deutschen) Grünen.[3] Sie, die Abkömmlinge der linken Studentenbewegung, waren

---

[2] IAEA: „Nuclear Power Reactors in the world", IAEA 2014.
[3] Helmut Schelsky: „Die Arbeit tun die anderen. Klassenkampf und Priesterherrschaft der Intellektuellen", Westdeutscher Verlag 1975. Der Autor schreibt im Vorspann: „Ich bin überzeugt, daß die in diesem Buch entwickelten Thesen nicht so schnell veralten, wahrscheinlich Generationen überdauern werden …" Da hat er Recht behalten.

zumeist „Wohlfahrtssöhne" (Schelsky), viele entstammten dem deutschen Bildungsbürgertum.

Heute zählen zur grünen Klientel „meist wohlversorgte ‚Postmaterialisten' im Dunstkreis des öffentlichen Dienstes"[4]. Sie sind überwiegend technik- und industriefeindlich; Kapitalismuskritik, Kritik an Großindustrie und Konzernen gehören zum Lebensstil. Gut leben, gerne leistungsfrei, mit geringem eigenem Risiko ebenso. Verwöhnt durch fünf Jahrzehnte Wohlstand, haben sie vergessen, dass (andere) Menschen dafür arbeiten. Sie haben vergessen, dass ein gutes Leben auf Industrie, auf moderner Technik und inzwischen auf viel, viel Energie beruht. Zwischen den Heils- und Sinnvermittlern und den Produzenten lebenswichtiger Güter liegen Welten.

Schelsky identifizierte damals eine „neue Religiosität" als Kraftquelle dieser nach oben strebenden Klasse. Sie bedeute eine „Reprimitivisierung" gegenüber der seit der Aufklärung vor sich gehenden Entmachtung religiös-klerikaler Herrschaftspositionen. „Ein neuer intellektueller ‚Klerus' versucht, die ‚weltlichen' Geschehnisse (…) zu seinen Gunsten in den Herrschaftsgriff zu bekommen", schrieb der Soziologe damals. Der mit dieser Religiosität einhergehende missionarische Eifer ist nicht zu übersehen, er prägt heute Themen wie Umwelt, Gender, Gentechnik, erneuerbare Energien und globale Erwärmung.

In Deutschland steht die Energiefrage seit Jahrzehnten ganz oben auf der Agenda des neuen Klerus. Es begann in den 1970er-Jahren mit der Ablehnung der Kernenergie. Überraschend, ohne wirklichen Anlass, aber mit ungeahnter Wucht schwappte damals die Antiatomkraftbewegung über das Land. Den Kern der Bewegung bildeten Mitglieder linker „progressiver" Gruppen, die sich innerhalb kurzer Zeit zu reaktionären Technikfeinden gehäutet hatten. Eine erstaunliche Wandlung. Die Ideologie lieferten amerikanische Umweltgruppen, vor allem der Sierra Club mit Amory Lovins und seine radikale Abspaltung, Friends of the Earth. Holger Strohm, damals Direktor der deutschen Sektion der „Freunde der Erde", brachte 1973 mit seinem apokalyptischen Buch „Friedlich in die Katastrophe" die nötigen Argumente „Made in USA".

1980 formulierte das neugegründete Öko-Institut Freiburg die Ziele der Bewegung: grundsätzliche Ablehnung „großtechnologisch-technokratischer Visionen" der 1960er- und 70er-Jahre (damit waren die Pläne zum Ausbau der Kernenergie gemeint), stattdessen ein „ökologisch orientiertes und mit Hilfe dezentraler Techniken" zu realisierendes Energiesystem.[5]

---

[4] Manfred Güllner, Geschäftsführer des Forsa-Instituts, im Novo-Interview: „Der unheimliche Höhenflug der Grünen", Novo online, 09.04.2013.

[5] Uwe Leprich: „Least-Cost Planning als Regulierungskonzept. Neue ökonomische Strategien zur rationellen Verwendung elektrischer Energie", Dissertation, Öko-Institut Freiburg, 1994.

Was damals „Ökofreaks" anstrebten, ist heute im Berliner Kanzleramt angekommen: Der Wissenschaftliche Beirat der Bundesregierung Globale Umweltveränderungen (WBGU) postuliert das Ende des „nuklearfossilen Komplexes" und will stattdessen ein dezentrales System erneuerbarer Energiequellen. Für Kernenergie und Kohle ist da kein Platz. Deutschland, so kommentierte der amerikanische Politologe Walter Russell Mead[6] sarkastisch, habe „im Grunde jede realistische Form der Energieversorgung für illegal erklärt, Atomkraft sowieso, aber auch Öl, Gas, Kohle".

Nukleare Mythen

Erfolgreiche Religionen, auch die säkularen, brauchen einen Teufel. Den brachte die Dämonisierung der Kernenergie. Schwer war es nicht. Da hatte es die Bomben auf Hiroshima und Nagasaki gegeben. Und der Kernreaktor war eine grundlegend neue Technologie, anders als alles, was vorher da war. Da konnten Physiker und Techniker, die wussten, wovon sie sprachen, noch so überzeugend reden. Die Prediger der Katastrophe bestimmten die öffentliche Meinung, vor allem auch Dank der „Sinnproduzenten" (Schelsky) in den Medien, bei denen das Engagement für die Sache vor Sachlichkeit kam.

Das damals in die Welt gesetzte Gebräu aus Mythen und Halbwahrheiten bestimmt bis heute die öffentliche Sicht der Kernenergie. Vor allem in Deutschland, wie die anlässlich des Nuklearunfalls von Fukushima überschwappende Hysterie belegte. Solche hartnäckigen Mythen sind etwa:

— Kernenergie ist gefährlich.
— Die Uranvorräte gehen bald zu Ende.
— Radioaktiver Abfall lässt sich nicht sicher endlagern.
— Kernenergie ist sehr gefährlich.
— Kernenergie ist teuer und hochsubventioniert.
— Schon geringe Strahlungsdosen verursachen Krebs.
— Ihre Nutzung erhöht die Gefahr von Atomkriegen.
— Kernenergie ist sowas von gefährlich.

Glauben lässt sich durch Fakten nicht erschüttern. Auch nicht die Bundeskanzlerin Angela Merkel. Sie lieferte die folgenschwerste und teuerste Fehleinschätzung der Kernenergie; sie begründete 2011 nach Fukushima die sofortige Stilllegung funktionierender Reaktoren und den beschleunigten

---

6 Walter Russell Mead, renommierter amerikanischer Intellektueller, Analyst und außenpolitischer Experte, „Tischgespräch mit Walter Russel Mead", Die Welt online, 29.12.2012.

Atomausstieg damit, dass im Falle eines Nuklearunfalls die Folgen „so verheerend und weitreichend [seien], dass sie die Risiken aller anderen Energieträger bei weitem übertreffen."

Diese Aussage ist einfach falsch. Das ist Propaganda, nicht belegt und vielfach widerlegt, aber trotzdem wirkungsvoll. Politische Parteien und Medien in Deutschland teilen weitgehend Merkels Meinung. Dadurch wird sie nicht richtiger. Im Gegenteil: Wer damit argumentiert, offenbart ein erstaunliches Maß an Faktenresistenz. Denn von allen Energiequellen, von Kohle bis Fotovoltaik, ist Kernenergie, statistisch gesehen, die sicherste Energiequelle.[7] In fünf Jahrzehnten weltweiter Kernenergienutzung ereigneten sich nur drei schwere Nuklearunfälle: Harrisburg 1979, Tschernobyl 1986 und Fukushima 2011. Aber auch diese Unfälle bestätigen die Auffassung der Physikerin im Bundeskanzleramt nicht.

Der folgenschwerste Unfall, Tschernobyl, hatte mit rund achtzig Toten die Größenordnung eines mittelschweren Unfalls in einer chemischen Fabrik. Zum Vergleich: Zwei Jahre zuvor starben im indischen Bhopal über Nacht 3000 Menschen, als eine Giftwolke aus einer Düngemittelfabrik austrat. 15.000 weitere verstarben später an den Folgen. Auch das liegt weit über möglichen Spätfolgen von Tschernobyl. Und noch vor zehn Jahren ließen in Chinas Kohlegruben über 5000 Bergleute ihr Leben. Oder die geschätzten eine Million Tote, die auf der Welt jährlich dem Verkehr zum Opfer fallen. Alles tödlicher als Tschernobyl. Diese Liste ließe sich nach Belieben fortsetzen. Statistisch nachweisbar fällt die friedliche Nutzung der Kernenergie in die Kategorie der niedrigsten zivilisatorischen Risiken.

Ohnehin hätte Tschernobyl nicht passieren müssen. Dem Reaktor fehlte das, was westliche (und inzwischen auch russische) Reaktoren haben: ein „Containment", eine massive Hülle aus Beton und Stahl. Der Reaktor in Harrisburg hatte diesen Einschluss. Deshalb gab es dort zwar eine teilweise Kernschmelze, aber keinerlei Auswirkungen auf Mensch und Umwelt. Auch in Fukushima mit vier havarierten Reaktoren und drei Kernschmelzen (für die Grünen der „Ultra-Supergau") gab es keinen Toten. Wenn dort Menschen zu Schaden kamen, dann nicht durch Strahlung, sondern durch unnötige Angst vor Strahlung.

Die Nuklearunfälle in Harrisburg und Fukushima, aber auch Tschernobyl, waren ungewollte (und sehr teure) Experimente. Sie belegen praktisch, dass die Kernspaltung technisch beherrschbar ist. Selbst bei starken Mängeln und Versäumnissen wie im japanischen Kraftwerk bleiben die gesundheitlichen Auswirkungen gering. Nicht nur die Sicherheitstechnik,

---

[7] Siehe: III. Kohle und Umwelt, Abb. 1: „Verlorene Lebensjahre für Stromerzeugungstechniken".
    Nach: O. Mayer-Spohn et. al.: „Lebenszyklusanalyse ausgewählter Stromerzeugungstechniken",
    Stand 2005, IER Universität Stuttgart 2007.

sondern auch die Gesetze von Physik und Chemie sorgen dafür, dass die Apokalypse ausbleibt. Die radioaktive Wolke, die Hunderttausende dahinrafft, gibt es nur in (deutschen) Jugendbüchern.

„Fukushima hat uns einmal mehr gezeigt", so schrieb die Grüne Claudia Roth zwei Jahre nach dem Tsunami auf Facebook, „wie unkontrollierbar und tödlich die Hochrisikotechnologie Atom ist". An der Aussage stimmt nichts. Sie bestätigt nur, dass die Zukunft dieses Landes in den Händen von Obskuranten liegt. Nach einem halben Jahrhundert an Erfahrung mit Kernreaktoren sind die immer gleichen Argumente gegen diese Technik hinfällig, irrational und unerträglich in ihrer Widerständigkeit gegenüber Tatsachen. Unmoralisch sind sie auch, denn sie machen den Menschen unbegründet Angst. Der britische Umweltaktivist George Monbiot warf nach Fukushima der grünen Bewegung vor, sie führe die Welt über die Gefahren radioaktiver Strahlung in die Irre. „Ihre Behauptungen (…) haben keine wissenschaftliche Grundlage, halten Nachfragen nicht stand und sind fürchterlich falsch."[8]

**Kein
Auslaufmodell**

Deutschland steht mit seinem radikalen Atomausstieg ziemlich allein auf weiter Flur. Die Schweizer ziehen mit, die standen allerdings schon beim Waldsterben zeitweise an Deutschlands Seite. Andernorts haben sich Regierungen, Wissenschaftler und Ingenieure Zeit gelassen. Sie haben angemessene Lehren aus dem Nuklearunfall in Fukushima gezogen. So ist auf der Webseite von KEPCO, Koreas staatlichem Energieversorger, zu lesen: „Die schlimmsten Nuklearunfälle sind nicht nur extrem unwahrscheinlich, sondern haben auch immer geringere Auswirkungen aufgrund der sich stetig weiterentwickelnden Kerntechnologie."

Auch nach Fukushima ist die Kernenergie global kein Auslaufmodell. In Korea geht die kerntechnische Entwicklung weiter, auch in anderen Ländern Asiens, die heute noch auf Kohle setzen. Die Frage, ob Kohlendioxid freigesetzt wird oder nicht, ist dabei zweitrangig. Der Zweck von Kernreaktoren (wie auch von anderen Energietechniken) ist nicht die Vermeidung von Kohlendioxid, sondern die Erzeugung von Strom. Und

---

[8] George Monbiot: „Evidence Meltdown", monbiot.com, 04.04.2011. Monbiot hat von Helen Caldicott, einer Ikone der Kernkraftgegner, wissenschaftlich fundierte („peer reviewed") Belege für 14 ihrer Horror-Behauptungen verlangt. Sie konnte keine ihrer Aussagen belegen. Sehr lesenswert ist der Briefwechsel: George Monbiot: „Interrogation of Helen Caldicott's responses", monbiot.com, 04.04.2011 und George Monbiot: „Correspondence with Helen Caldicott", monbiot.com, 04.04.2011.

das möglichst effizient und sauber. Da hat Kernenergie einiges zu bieten: Reaktoren sind sauber. Kein Rauch, kein Ruß, kein Feinstaub geht bei ihrem Betrieb in die Luft. Sie setzen weniger radioaktive Stoffe frei als Kohlekraftwerke. Sie sind kompakt, benötigen weit weniger Rohstoffe und Platz als die material- und landfressenden grünen Energien. Sie liefern billigen Strom und das zu jedem Zeitpunkt. Von allen Kraftwerken haben Kernkraftwerke die höchste Verfügbarkeit. Kernenergie ist die passende Energiequelle für urbane Gesellschaften.

Im Laufe dieses Jahrhunderts wird Kernenergie die Kohle mehr und mehr ersetzen – ohne Subvention, einfach deshalb, weil sie besser ist. Das ist Evolution. Das Bessere setzt sich durch, wenn nicht in Deutschland, dann woanders. Was die Kernbrennstoffe Uran und Thorium allen anderen voraushaben, ist ihre außergewöhnlich hohe Energiedichte. Sie übersteigt die der herkömmlichen Brennstoffe, ob nun Mais oder Holz, Erdgas oder Kohle, um mehrere Größenordnungen.

Im Kessel eines Kohlekraftwerks werden täglich etliche tausend Tonnen Kohle verfeuert (siehe Abbildung 2). Weltweit benötigen die Kraftwerke dafür pro Jahr etwa sieben Milliarden Tonnen. Das sind immense Mengen, die gefördert, gereinigt, gelagert und transportiert werden müssen. Dagegen liegt die jährliche Welturanproduktion bei nur 60.000 Tonnen. Die damit versorgten Reaktoren liefern etwa ein Viertel der Strommenge, die aus Kohlekraftwerken stammt.

Kohle	Kernenergie	Kernfusion
6000 Tonnen pro Tag	80 kg pro Tag	1,6 kg pro Tag

Abbildung 2: Brennstoffbedarf verschiedener Kraftwerkstypen[9]

9 Grafik: H. Horeis.

Der zur Bereitstellung des Brennstoffs betriebene Aufwand liegt also um etwa vier Größenordnungen unter dem, was für Kohle erforderlich ist. Entsprechend gering sind Flächenbedarf, Material- und Transportaufwand – wichtige Vorzüge bei einer wachsenden Weltbevölkerung. Auch die natürliche Umwelt wird wenig beeinträchtigt. Hohe Effizienz ist nun mal ein Freund von Mensch und Natur.

Kohle als Brücke

Kohle ist in Deutschland der wichtigste Stromerzeuger, weit wichtiger und zuverlässiger als Sonne und Wind. Dennoch ist sie heute ein Aschenputtel. Nicht einmal Vertreter der Kohleindustrie stehen uneingeschränkt hinter ihr. Kohle sei zwar nicht gut, so ihre verdruckste Meinung, aber „unverzichtbar als Brückentechnologie", … dann der Kotau „… zu den erneuerbare Energien."

Kohle als Brücke zu ineffizienten Energiequellen? Der WBGU[10] nennt es die „Große Transformation", hin zu Windrädern und Solarzellen, zu Holzpellets und Maisstrom, in eine nachhaltige Gesellschaft mit geringem Energieverbrauch. Erneuerbare Energien sollen das „nuklear-fossile Energiesystem" endgültig ablösen, und zwar schnell, möglichst bis zur Mitte des Jahrhunderts.

Es wäre eine Rolle rückwärts – zurück zu den (inzwischen technologisch aufgebrezelten) Energiequellen des vorindustriellen Zeitalters. Vaclav Smil schätzt in „Energy at the Crossroads", dass der Übergang zu nichtfossilen Energien eine Aufgabe ist, die den Übergang von Holz zu Kohle um eine Größenordnung übersteigt. Das in ein paar Jahrzehnten machen zu können und auch noch mit derart dünnen Energiequellen wie Sonne und Wind, ist Wunschdenken. Und warum überhaupt?

Unsere Vorfahren lebten über Jahrtausende gezwungenermaßen nachhaltig. Es gab nichts Besseres. Sie mussten mit der Energie auskommen, die die Sonne im Laufe der Jahreszeiten in Pflanzenmasse deponiert. Die Möglichkeit, Energie zu speichern, war begrenzt. Unter diesen Bedingungen konnten nur kleine Bevölkerungen existieren. Heute würde ein Rückfall in die Nachhaltigkeit zu einer drastischen Verringerung der Weltbevölkerung führen. Nicht wenige würden diese Entwicklung begrüßen: „Mehr als 500

---

[10] Wissenschaftlicher Beirat der Bundesregierung Globale Umweltveränderungen (WBGU): „Gesellschaftsvertrag für eine Große Transformation", WBGU 2011.

Millionen, aber weniger als eine Milliarde Menschen", so der Club of Rome 1977[11], sei die ideale nachhaltige Bevölkerungsgröße.

Wo aber bliebe dann der große Rest? Derzeit wächst die Weltbevölkerung und wird weiterwachsen. Immer mehr Menschen ziehen in Städte, elf Millionen sind es pro Jahr in Indien. Heute lebt bereits die Hälfte der Weltbevölkerung in Städten, zur Jahrhundertmitte dürften es drei Viertel sein. Urbane Gesellschaften benötigen kontinuierlich immense Mengen an Energie, vor allem Elektrizität. Die Verbrauchsdichte von New York liegt bei 55 Watt pro Quadratmeter. Wollte man die Stadt mit grüner Energie versorgen, wäre dafür die 10- bis 100-fache Stadtfläche erforderlich.

Wie man's auch dreht und wendet: Mit Wind, Sonne und Biomasse lassen sich urbane Industriegesellschaften weder aufbauen noch aufrechterhalten. Sie spielen bestenfalls eine Nebenrolle im Energietheater, keinesfalls die Hauptrolle, die ihre Anhänger ihnen zumessen. Die aufstrebenden Länder setzen heute zu Recht auf Kohle und, perspektivisch, auf Kernenergie.

Natürlicher Nachfolger
Kernenergie

Langfristig gesehen sind Kohle, Öl und Erdgas Übergangstechnologien. Ihre Vorkommen sind endlich, und irgendwann wird sich ihre Förderung immer weniger lohnen. Sorgen muss man sich deshalb heute nicht: Kohle reicht noch für Jahrhunderte, Erdöl und Erdgas, deren baldiges Ende alle Jahre wieder vorausgesagt wird, sind derzeit dank neuer Technologien so reichlich und billig vorhanden wie nie zuvor. Ohnehin wird es kein abruptes Ende geben, sondern einen evolutionären Übergang.

Eine in ihrer Einfachheit grandiose Grafik (Abbildung 3) macht den Übergang deutlich. Sie stammt aus einem Artikel[12] des amerikanischen Geologen M. King Hubbard, der in den 1950er-Jahren die Peak-Oil-Theorie verkündete. Unübersehbar ist die einzigartige Rolle der fossilen Brennstoffe. Die Kohle, zusammen mit Öl und Erdgas, beendete Jahrtausende an Energiearmut. Diese Brennstoffe führen die menschliche Zivilisation in eine Ära zuvor nicht vorstellbaren Energiereichtums – selbstverständliche Normalität in den Industrieländern heute.

Die Nutzung der fossilen Brennstoffe ist ein singuläres Ereignis in der menschlichen Geschichte und ein Glücksfall. Ein Glücksfall ist auch, dass

---

[11] Ervin Laszlo et al.: „Goals for Mankind, A Report to the Club of Rome on the New Horizons of the Global Community", Dutton 1977.
[12] M. King Hubbert: „Nuclear Energy and the Fossil Fuels", American Petroleum Institute 1956.

sie einen legitimen, natürlichen Nachfolger haben: die Kernenergie – „natürlich" deshalb, weil sie um Größenordnungen leistungsstärker ist. Damit lässt sich nicht nur das vorhandene Niveau halten. Es bleibt auch viel Luft nach oben für eine Welt, die nach der Jahrhundertmitte über zwei Milliarden Menschen mehr haben wird. Kohle wird dann immer noch eine große Rolle spielen, Kernenergie eine (hoffentlich) ebenso große. Ohnehin werden Kohle und Kernenergie noch viele Jahrzehnte nebeneinander existieren, und auch gemeinsam. So können Hochtemperaturreaktoren Wärme liefern, um etwa Kohle in Treibstoff oder Synthesegas umzuwandeln.

Nimmt die Zahl der Kernkraftwerke zu, dürfte immer weniger Kohle verfeuert werden, um Strom und Wärme zu erzeugen. Das macht Sinn, denn Kohle ist ein wichtiger Rohstoff für die chemische Produktion und die Stahlerzeugung. Wann die Dominanz der fossilen Brennstoffe zu Ende geht, ist schwer zu sagen. Vorhersagen eines baldigen Endes lagen bislang immer daneben. Letztlich ist der Zeitpunkt auch belanglos. Was zählt, ist, dass die fossile Ära mit der Nuklearenergie (Spaltung und Fusion) eine Energietechnologie hervorgebracht hat, die Energie im Überfluss und zeitlich unbegrenzt liefern kann. Sorgen machen muss man sich nur, wenn dieses „Geschenk der Natur", wie in Deutschland, schnöde zurückgewiesen wird.

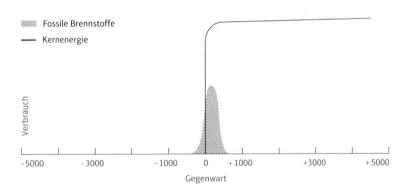

Abbildung 3: Relative Größe des möglichen Verbrauchs von fossilen Brennstoffen und Kernenergie in einer zeitlichen Perspektive von -5000 Jahren bis +5000 Jahren

HANNAN IDAIS

Plädoyer für eine freie Öffentlichkeit

**Trinkverbote in Bahnhöfen und Kaufhäusern,
Dauerpräsenz von Polizei und Sicherheitsdiensten
sowie permanente Videoüberwachung schaden
dem öffentlichen Leben**

In einem Definitionsversuch beschreibt der Philosoph Martin Hartmann die Öffentlichkeit als einen „mehr oder weniger institutionalisierten und reglementierten Kommunikationsraum, der in liberalen Demokratien die Aufgabe der normativen Kontrolle politisch relevanter Entscheidungsträger hat und durch Herausbilden einer öffentlichen Meinung Einfluss gewinnt."[1] Für den öffentlichen Raum im Wortsinne sind in Deutschland zwei Tendenzen zu beobachten: Er ist zunehmend ein eher mehr (als weniger) institutionalisierter und reglementierter Kommunikationsraum und hat beim Herausbilden einer öffentlichen Meinung an Einfluss verloren. Anders als einst von Habermas erhofft, ist die Öffentlichkeit kaum noch ein Rahmen, in dem diskutierende Privatleute politisch fungieren können.[2]

Gründe und Ursachen dafür gibt es genug, aber allen voran sind es Verbote, die das Zusammentreffen unterschiedlicher Gesellschaftsteile erschweren und so zu einer regelbefolgenden Konformität führen, die immer weniger Raum für spontanes Handeln, Diskussionen oder Zusammenkünfte bietet. Bei Habermas steht und fällt die bürgerliche Öffentlichkeit mit dem Prinzip des allgemeinen Zugangs[3], doch dieser wurde in den letzten Jahren immer mehr durch administrative Maßnahmen wie öffentliche Alkoholverbote, die Lizenzierung von Straßenmusikanten oder die Einführung von Sperrstunden beschnitten. Es scheint heutiger Politik mehr darum zu gehen, Menschen auf ein staatlich vorgegebenes „Idealverhalten" in der Öffentlichkeit zu trimmen, anstatt den öffentlichen Raum als einen Ort

---

[1] Martin Hartmann: „Öffentlichkeit" in: Ders. / Claus Offe (Hg.): „Politische Theorie und Philosophie: Öffentlichkeit", C.H. Beck 2011, S. 274–277.
[2] Oskar Negt in: Wolfgang W. Mickel (Hg.): „Handlexikon der Politikwissenschaft", Franz Ehrenfeld Verlag 1986, S. 318–321.
[3] Jürgen Habermas: „Strukturwandel der Öffentlichkeit", Hermann Luchterhand Verlag 1969.

zu stärken, an dem sich politisches Engagement durch gesellschaftliche Interaktion entfalten kann.

Trinkverbote und Sperrstunden

Vor ein paar Jahren konnte man beispielsweise in Frankfurt noch gemütlich mit Freunden am Main ein Bier trinken. Das ist heute zwar immer noch möglich, jedoch patrouilliert nun jede Stunde eine Polizeistreife, um zu kontrollieren, dass man sich nach Maß verhält. Die Gemütlichkeit eines lauen Sommerabends wird dadurch erheblich beeinträchtigt, wenn nicht sogar ganz zerstört. Da kommt die Frage auf: Ist man ein Schwerverbrecher, weil man sein Bier außerhalb der eigenen vier Wände trinkt? Für den Verkehrsverbund in Hamburg schon.[4] Prompt wurde das Trinken in den Bahnen und Bussen verboten.[5]

Andere Städte sind längst nachgezogen: Am Nürnberger Hauptbahnhof gibt es zu bestimmten Zeiten alkoholfreie Zonen.[6] Freitags, samstags und vor Feiertagen von 20 bis 6 Uhr herrscht dort in manchen Teilen absolutes Alkoholverbot. So soll Vandalismus durch Feierwütige Einhalt geboten werden, allerdings nimmt es auch die Öffentlichkeit zum Feiern. In München herrscht seit 2009 ein Alkoholverbot in Straßenbahnen, Bussen und U-Bahnen und 2011 kam die S-Bahn dazu.[7]

Noch radikaler als die Alkoholverbote, die explizit bestimmte Gruppen von der sichtbaren Öffentlichkeit ausschließen, sind Sperrstunden, zu denen Gaststätten ihren Betrieb einstellen müssen. In Regensburg beginnt diese Sperrstunde bereits um 2 Uhr.[8] Sinn und Zweck der Sperrstunden soll vor allem die Bekämpfung von Lärmbelästigung und Vandalismus sein. Es ist eher zu befürchten, dass durch solch frühe Sperrstunden Gaststättenbetreiber in ihrer Existenz gefährdet werden und das Nachtleben fader wird. Viele dieser Sanktionsmittel werden von den Ordnungsbehörden unter Berufung auf die öffentliche Sicherheit und Ordnung eingeführt. Unter dem vagen Begriff der öffentlichen Ordnung ist „die Summe derjenigen ungeschriebenen Regeln zu verstehen, deren Befolgung nach den jeweils herrschenden sozialen und ethischen Anschauungen als unentbehrliche

---

4 „Kein Bier in der Bahn. Viele Alkoholverbote im Ausland", ntv.de, 30.08.2011.

5 Ebd.

6 „Bahn verbietet Alkohol im Hauptbahnhof", SZ online, 18.10.2012.

7 Dirk Walter / Thomas Steinhardt: „Ab 11. Dezember: Alkoholverbot in der S-Bahn", merkur.de, 29.07.2014.

8 Verordnung der Stadt Regensburg über die Sperrzeit von Gaststätten in Regensburg (Sperrzeitverordnung – SpV) vom 19. Dezember 2005, regensburg.de, 19.12.2005.

Voraussetzung für ein gedeihliches Miteinander innerhalb eines bestimmten Gebiets angesehen wird".[9]

Durch die allgemeine Handlungsfreiheit ist Alkoholkonsum in der Öffentlichkeit übrigens geschützt. Natürlich gibt es Menschen – eine sehr kleine Minderheit, übrigens! –, die ihren Alkoholkonsum nicht im Griff haben und eine Gefahr für sich selbst und andere darstellen. Man kann dies jedoch nicht von allen Menschen annehmen, so wie es im Moment der Fall zu sein scheint. Solch strikte Reglementierungen, die durch die Rechtsprechung noch bestärkt werden, schaden eher einem gedeihlichen Miteinander. Sie fördern eine Spaltung der Gesellschaft in verschiedene „Wir"- und „Die"-Konstruktionen. Ein anschauliches Beispiel dafür sind abgetrennte, markierte Raucherbereiche auf Bahnsteigen. Hierbei entsteht eine klare Abtrennung zwischen Raucher und Nichtraucher. Die Raucher werden für ihr Verhalten öffentlich angeprangert und der öffentliche Raum wird zerstückelt.

Dies kann nicht der Sinn von Öffentlichkeit sein. Ähnlich ist es beim Alkoholkonsum: Man wird für sein öffentliches Verhalten stigmatisiert und es wird unterstellt, dass man herrschende ethische und soziale Anschauungen bewusst ignoriert. Der Sinn eines gedeihlichen Miteinanders sollte jedoch in der freien Entfaltung des Menschen liegen und nicht im endlosen Befolgen von Regeln, das in Verhaltenskonformität und unkritische Folgsamkeit mündet. Auch sollten einzelne Gruppen nicht einseitig stark bevorzugt werden (Anwohner vor Partygängern, Nichtraucher vor Rauchern). So muss der Frankfurter Weihnachtsmarkt um 21 Uhr seine Pforten schließen, weil diverse Anwohner sich in ihrer Nachtruhe gestört fühlen. Dies zeigt, wie es um die Öffentlichkeit steht: Jeder möchte seinen Teil für sich und ist kaum noch bereit, ihn mit anderen zu teilen. Die Mitmenschen werden immer stärker als Belästigung empfunden. Viele stellen gar nicht mehr in Frage, inwieweit solche Verbote und Regelungen Sinn ergeben. Bestimmten Verhaltensweisen wird per se ein Riegel vorgeschoben, das entspricht sicherlich nicht den Idealen einer freiheitlichen und demokratischen Gesellschaft.

---

[9] Pieroth / Schlink / Kniesel: § 8 Rn. 46 in: „Polizei- und Ordnungsrecht", 6. Aufl., C.H.Beck 2010 sowie BVerfGE 69, 315 (352) – Brokdorf-Beschluss, servat-unibe.ch, Aufruf 03.01.2016.

Verhaltenskontrolle
durch Videoüberwachung

Was ist das Erste, was man sieht, wenn man heute am Bahnsteig steht? Nein, es ist nicht die Fahrplananzeige, sondern eine Videokamera, die genau im Blick hat, was man denn so treibt, während man auf die Bahn wartet. Die Videoüberwachung kommt in einem relativ harmlosen Gewand daher: Sie soll vor potenziellen Straftätern schützen und ebendiese hemmen, doch auch der normale Bürger selbst ist gehemmt und befangen. Schließlich muss man damit rechnen, dass man an jeder Ecke beim kräftigen Nasenschnäuzen gefilmt werden könnte. Das Perfide daran: Der Bürger ist zwar gläsern, nicht aber der Beobachter. So können wir von den Menschen hinter der Kamera genau beobachtet werden. Sie sehen alle Momente, auch jene, in denen man sich unbeobachtet fühlt. Der anonyme Voyeur hat Zugriff auf alles, was Bahnfahrende so treiben, sei es ein liebendes Pärchen oder herumalbernde Teenager. Straftaten an sich werden auch nicht verhindert, allenfalls die Aufklärung könnte schneller vonstattengehen.[10]

Für das subjektive Sicherheitsgefühl einiger müssen sich viele mit einem mulmigen Gefühl des „Überwachtseins" zufriedengeben. Diese Kameras werden dann zusätzlich von Sicherheitsleuten begleitet, die jeden zurechtweisen, der es wagt, im Umkreis einer Haltestelle ein Bier zu sich zu nehmen. Sieht ja auch nicht schön aus. Gleiches gilt für das Frankfurter My-Zeil – ein eigentlich öffentliches Einkaufszentrum. Doch auch hier wachen Schwarze Sheriffs systematisch über „adäquates" öffentliches Verhalten.

Was ist
der Maßstab?

Bestimmte Menschen mit bestimmten ungern gesehenen Verhaltensweisen sollen aus dem öffentlichen Raum verbannt werden. Straßenmusik gilt solange als „kulturelle Bereicherung und belebendes Element", wenn man sie nicht sonntags aufführt oder dabei an einem bestimmten Standort verweilen will.[11] Die Stadt Nürnberg erhebt Gebühren für das Musizieren auf der Straße: „4,00 Euro pro Tag bzw. 24,00 Euro für eine zusammenhängende Woche."[12] Was zunächst sinnvoll erscheint, entpuppt sich als

---

[10] Auch in dieser Hinsicht sollte man nicht zu viel erwarten, siehe z.B.: Nicolas Ottersbach: „Kameras am Bonner Hauptbahnhof. Videotechnik am Bahnhof soll abschrecken", General-Anzeiger Bonn online, 05.01.2015.
[11] „Straßenmusik", Stadt Frankfurt online, Aufruf 03.01.2016.
[12] Liegenschaftsamt Nürnberg: „Straßenmusik/-kunst", Stadt Nürnberg online, Aufruf 03.01.2016.

selektive Regulierung: Die Stadt entscheidet, welche Elemente belebend und bereichernd sind. Es werden also wieder bestimmte Gruppen privilegiert. In Nürnberg sind das diejenigen, die bereit und in der Lage sind, Gebühren zu zahlen.

In München benötigen Straßenmusiker eine „Lizenz zum Flöten".[13] Mittels eines Castings entscheidet ein Beamter, ob der Straßenmusiker „Kunst oder Krach"[14] fabriziert. Es gibt genau fünf Lizenzen für Nachmittag und Vormittag. Straßenmusiker in München zu sein bedeutet also: Schlange stehen, den Beamten von sich überzeugen und eine Gebühr von zehn Euro entrichten. Wo bleibt bei diesem Verfahren der allgemeine Zugang? Auch hier treffen Behörden wieder eine Vorentscheidung darüber, was Kunst ist und nicht etwa die Öffentlichkeit, indem sie darüber entscheidet, wem sie im musikalischen Wettstreit ihr Kleingeld spendet. So kann und darf Öffentlichkeit nicht funktionieren.

Durch das Aushöhlen der Öffentlichkeit unter dem Primat der Eindämmung sozial unerwünschten Verhaltens schwindet auch der Raum für politischen Austausch und Experimente. Dies geht auf Kosten des Zusammenhalts innerhalb der Gesellschaft, aber auch der Möglichkeit der Gesellschaft, sich durch öffentlich ausgetragene Konflikte weiterzuentwickeln. Immer mehr verlagert sich das öffentliche Leben hinter verschlossene Türen oder in soziale Medien mit den gleichen Kontaktkreisen.

Die politischen Eliten und die Gesellschaft müssen anerkennen, dass gerade die Öffentlichkeit Raum für neue Begegnungen und Sichtweisen bieten sollte. Im Privatleben kann man selbst entscheiden, mit wem man in Kontakt treten möchte. Diese Anforderungen lassen sich jedoch nicht auf die Öffentlichkeit übertragen. Man könnte es mit einer Fernsehsendung vergleichen: Wenn es mir nicht gefällt, schalte ich weg. Ich kann aber nicht von vorneherein verlangen, dass etwas nicht gesendet wird. Wenn in der Öffentlichkeit kein Platz mehr für Kontroversen und buntes Auftreten bleibt, wo dann?

Eine freie Gesellschaft entsteht und entfaltet sich niemals hinter verschlossenen Türen oder durch Verbots- und Regulierungswahn. Wieder Habermas: „Eine Öffentlichkeit von der angebbare Gruppen eo ipso ausgeschlossen wären, ist nicht etwa nur unvollständig, sie ist viel mehr gar keine Öffentlichkeit."[15] Dies beschreibt den momentanen Ist-Zustand. Wir sollten darauf hinarbeiten, die Öffentlichkeit wieder zu einem allgemein zugänglichen Raum zu machen, den man frei gestalten kann.

---

13 Laura Hertreiter: „Lizenz zum Flöten", SZ online, 19.09.2012.
14 Ebd.
15 Habermas (s. Anm. 3).

Interview mit IBRAHIM NEHME

„Ich sehe die Arabellion als Wendepunkt"

Das libanesische Magazin The Outpost trägt die Impulse des arabischen Frühlings weiter. Der Herausgeber erzählt von den Herausforderungen der arabischen Welt

LENA WILDE: *Aus welchem Impuls heraus ist The Outpost gegründet worden?*

IBRAHIM NEHME: Die Idee entstand 2011 zur Zeit des Arabischen Frühlings. The Outpost sollte diese positive Stimmung des Wandels fortsetzen. Der Zustand der Printmedien im Land war zu dieser Zeit wirklich deprimierend und ich hatte das Gefühl, etwas dagegen tun zu müssen. Der Arabische Frühling hat eine großartige, inspirierende Energie in der gesamten Region freigesetzt, so etwas habe ich noch nie zuvor erlebt. Tausende junge Menschen wollten mehr Einfluss auf ihre eigene Zukunft nehmen. Sie glaubten an den Wandel, obwohl sie gleichzeitig immer noch von viel Trostlosigkeit umgeben waren.

Habt ihr mediale Vorbilder in der arabischen oder der westlichen Welt?

Vorbilder ist zu viel gesagt. Mich inspirieren verschiedene Magazine. Zum Beispiel Harold Hayes und sein Esquire Magazin aus den 60er-Jahren sowie die Bewegung des erzählenden Journalismus, die darauf folgte. In der arabischen Welt holen wir uns Inspiration durch viele kleinere Zeitschriften, einige davon sind auch in den 60er-Jahren entstanden. Sie zeichnen sich dadurch aus, dass sie an die Vorstellungskraft gerade junger Menschen appellieren und an den bestehenden Dingen rütteln. Das Magazin Souffles gehört dazu, es wurde in Marokko herausgegeben.

Wie werdet ihr von den Medien und dem Publikum
wahrgenommen?

Von anderen libanesischen Medienmachern werden wir respektiert, obwohl The Outpost so etwas wie eine publizistische Anomalie auf dem Zeitschriftenmarkt darstellt. Die meisten Magazine hier sind hoch kommerziell und in einer ganz anderen Welt unterwegs. Die Reaktionen der Leser waren bisher großartig. Offenbar inspiriert unser Magazin die Menschen auf unterschiedliche Weise, das ist erstaunlich. Besonders stolz sind viele libanesische Leser auch darauf, dass das Magazin international erfolgreich ist und wahrgenommen wird.

Welche Lesergruppen interessieren sich für euer Magazin?

Das Interesse an unabhängigen Medien, vor allem an unabhängigen Printmedien, nimmt stark zu. Das ist aber ein globales Phänomen und nicht auf den Libanon beschränkt. Für unser Magazin interessieren sich vor allem junge Araber, Magazin-Kenner aus der ganzen Welt und auch im Westen werden wir aufmerksam gelesen. Die westlichen Leser interessieren sich für eine andere Erzählung über die arabische Welt als jene, die sie in ihren heimischen Medien zu lesen bekommen. Die meisten Erzählungen über die arabische Welt handeln von der Unmöglichkeit, dass die Dinge besser werden. Wir fokussieren uns aber genau auf die Chancen und Möglichkeiten des Wandels.

Wie ist es um die Pressefreiheit im Libanon bestellt?

Ich persönlich habe noch keine Einschränkungen erlebt. Im Libanon existiert durchaus ein gewisses Maß an Pressefreiheit. Auf der Rangliste der Pressefreiheit kommt das Land auf Rang 98. Das ist nicht sehr weit vorne, aber immer noch knapp vor zum Beispiel Israel. Hier in der Region ist der Libanon ein Land, in dem die Pressefreiheit einen hohen Stellenwert genießt. Es ist allerdings immer noch so, dass man für bestimmte Behauptungen durchaus im Gefängnis landen kann, wenn die Behörden der Meinung sind, dass dadurch die nationale Ordnung gestört wird. Wir haben aber auch schon über kontroverse Themen geschrieben, etwa über Atheismus oder Homosexualität. Wir testen unsere Grenzen immer wieder neu aus. Vermutlich gibt uns die Tatsache, dass wir in Englisch publizieren und ein internationales Publikum erreichen, mehr Freiheiten zu schreiben, was wir wollen. Und wir sind auch kreativ darin, wie wir bestimmte Dinge ausdrücken, sodass wir wohl auch deshalb noch keine Schwierigkeiten bekommen haben.

Wie hat sich das gesellschaftliche Klima seit der „Arabellion" verändert?

Es ist leider nicht zu leugnen, dass aus dem hoffnungsvollen Frühling ein langer Winter wurde. Aber dennoch sehe ich die Arabellion als Wendepunkt, denn es gibt keinen Weg zurück in die Zeit davor. Die Gesellschaften hier wurden in ihren Grundfesten erschüttert und das kann man immer noch spüren. Junge Menschen sprechen viel offener ihre Ängste und Träume aus, trotz aller Niederlagen, die Meinungsfreiheit und liberales Denken hier immer noch erleiden müssen.

Gibt es einen Generationenkonflikt zwischen religiösen und säkularen Kräften?

Es ist mehr ein politisches Spiel als ein Generationenkonflikt. Es beruht darauf, dass Politiker Überzeugungen erschaffen haben, die Menschen in religiöse Fanatiker verwandeln, indem sie ihre Religion als Identität begreifen. Daraus entsteht dann eine Feindschaft allen gegenüber, die sich von dieser Religion unterscheiden. Diese Politik hat einzig das Ziel, Chaos in der Region zu erzeugen.

Welche Rolle spielen die Medien bei diesem Spiel?

Das hängt davon ab, welche Medien man betrachtet. Die Medien, die dem Staat oder der mächtigen Klasse gehören, haben ein Interesse daran, die Kluft zwischen den Religiösen und den Säkularen zu vertiefen. Andere Medien, dazu zählen auch wir uns, setzen auf säkulare Erzählungen und wollen berichten, was wirklich los ist.

Welche Botschaften willst du an das arabische Publikum richten?

Botschaften der Hoffnung, ein positives Selbstverständnis und den Glauben, dass Veränderungen möglich sind. Veränderungen beginnen von Innen, bei jedem selbst, und breiten sich dann von dort aus.

Derzeit fliehen viele Menschen aus der arabischen Welt in den Westen. Sehen sie keine Chance mehr, ihre Heimat zu verbessern?

Wie können sie eine Chance darauf sehen, wenn regional oder international geplante Angriffe ihre Städte dem Erdboden gleichmachen? Das tötet Millionen, traumatisiert die Überlebenden und lähmt ihre Zukunftshoffnung. Es ist einfach unrealistisch, dass die Menschen in der jetzigen Situation in ihren Heimatländern bleiben und die Situation verbessern können, denn sie fühlen sich völlig machtlos dem gegenüber, was dort passiert.

Wir müssen zur Kenntnis nehmen, dass ein großer Teil der Weltpolitik durch einige wenige mächtige Länder kontrolliert wird und dass sich ihre Politik, ob absichtlich oder nicht, zerstörerisch auf viele Gesellschaften auswirkt. Die Verbreitung des IS ist eine Folge davon, auch erleichtert durch Saudi-Arabien, einem großen amerikanischen Verbündeten.

Welche Möglichkeiten haben die Flüchtlinge denn in der arabischen Welt?

Jordanien und Libanon ersticken derzeit unter dem Gewicht der Flüchtlinge. Der Libanon, ein Land mit 4,5 Millionen Einwohnern, hat nun mehr als 1,5 Millionen syrische Flüchtlinge aufgenommen. Ich weiß nicht, warum Saudi-Arabien, Katar, die Vereinigten Arabischen Emirate und die übrigen Golfstaaten bisher keine Flüchtlinge aufnehmen. Es ist eine Schande, dass sie es nicht tun.

Erschwert es den Wandel in der arabischen Welt, wenn gerade die Unzufriedenen fortgehen?

Ja, aber das Problem ist nicht neu. Die Abwanderung von Fachkräften geschieht seit Jahrzehnten aufgrund der Missstände in den arabischen Gesellschaften. Das wirkt sich natürlich auf ihre Fähigkeiten zur positiven Veränderung aus. Aber ich bin sehr zuversichtlich, dass viele hoffnungsvolle Menschen in der Region bleiben werden und für den gesellschaftlichen Wandel kämpfen.

Ibrahim, vielen Dank für das Gespräch!

Das Interview führte die Autorin und Journalistin Lena Wilde.

JAMES WOUDHUYSEN, MARK BIRBECK

Das Internet der Befürchtungen

**Das Internet der Dinge hat viel
zu bieten. Unsere Ansprüche müssen wir
jedoch höher ansetzen**

Im Februar 2016 konnte der britische Hersteller von Landwirtschafts- und Baumaschinen, JCB, gemeinsam mit der indischen IT-Firma Wipro Ltd auf den Farmen und Baustellen Indiens einen großen Erfolg verbuchen. Gemeinsam entwickelten sie Livelink, ein telematisches System, das durch Cloud-basierte Technologie in der Lage ist, 10.000 Fahrzeuge, wie Bagger und Aushubmaschinen, zu vernetzen.

Livelink „gibt JCB die Möglichkeit, durchgehend den Zustand und die Leistung ihrer Aktivposten im Feld zu überwachen. Durch die Vorhersagen der Plattform ist es allen beteiligten Akteuren möglich, die Betriebsbereitschaft der Aktivposten sicherzustellen, bzw. den sich daraus ableitenden Profit zu maximieren. Die Eigenschaft des sogenannten Geo-Fencing verhindert darüber hinaus den Missbrauch oder Diebstahl der Aktivposten, während es dem Besitzer die Möglichkeit bietet, dessen vertragsmäßige Nutzung durchzusetzen."[1]

In Livelink zeigen sich vier Schlüsseleigenschaften, die dem Internet der Dinge (Internet of Things, IoT) zugrunde liegen. Zum Ersten können durch internetverbundene Cloudtechnologie Sensoren den Zustand der Geräte erkennen, was es Firmen ermöglicht, ihre Aktivposten stärker auszuquetschen. Zweitens besteht durch das IoT die Möglichkeit, die künftige Zuverlässigkeit von Maschinen und Komponenten vorherzusagen und somit deren Instandhaltung besser zu gewährleisten. Dabei ist es zweitrangig, ob es sich um JCB-Fahrzeuge im Feld, Turbinen und Motoren in Aufladestationen oder Leitungen für Öl und Gas handelt. Drittens kann das IoT auf „Bedrohungen der Eigentumsrechte von Vermögenswerten und Beständen reagieren, sofern diese nicht nur physischer Art sind, sondern

---

[1] Subhashini Pattabhiraman: „Wipro's Cloud-Based IoT Platform Helps Connect Over 10,000 JCB India Construction Equipment Machines", Business Wire online, 01.01.2016.

auch an Datenströme, an deren Sicherheit und an Datenschutz gebunden sind und an ihren Wert als intellektuelles Eigentum."

Zuletzt geht es beim IoT nicht nur um übliche IT-Standards[2], sondern auch um das Einhalten vertraglicher Übereinkünfte und gesetzlicher Regelungen. Die Europäische Kommission möchte, was mal wieder typisch ist, bis Mitte 2016 erklären, wie sie gedenkt, das IoT hinsichtlich des Datenschutzes zu regulieren.[3]

Die gute Nachricht

Tatsächlich verfügt das IoT über weit mehr Potential als die vier dargelegten Aspekte. Beispielsweise ließen sich nicht nur Fernmessungen durchführen. Es bestünde das Potential, ferngesteuerte Stellantriebe einzuführen, die in der Lage sind, den physischen Zustand eines Geräts zu verändern. Zum Beispiel könnte in der Zukunft die Form einer JCB-Baggerschaufel modifiziert werden. Darüber hinaus kann das IoT wichtige Transportapplikationen stellen, die sich, wie das JCB-Beispiel zeigt, nicht nur im Bereich in und zwischen Städten als nützlich erweisen, sondern auch in der Landwirtschaft, der Rohstoffindustrie, Manufaktur und Schiffsüberführung.

Früher war IT dazu gedacht, Wirklichkeit modellhaft abzubilden. Im Zeitalter des IoT kann IT in die Wirklichkeit integriert werden. Sind unsere existierenden Modelle von IT und Wirklichkeit tatsächlich das Beste, was sich aus einer Welt rausholen lässt, die im Begriff ist, vollkommen mit Warn – und Sicherheitshinweisen überzogen zu werden? Das IoT ist eine gute Neuigkeit für die Suche nach einer Antwort auf diese Frage.

In seinem 144-seitigen Bericht vom Juni 2015[4] verweist das McKinsey Global Institute (MGI) auf Innovationsimpulse, die das IoT auslösen könnte. Der Bericht besagt, dass entsprechende Sensoren Unternehmen nicht nur dabei behilflich sein können, die Leistung von Maschinen zu erhöhen, sondern auch die Maschinen selbst umzubauen, damit sie noch mehr Aufgaben erledigen können. Innerhalb des Bereichs der Rohstoffindustrie macht das MGI eine neue Kategorie aus, das es IoT-fähige Forschung und Entwicklung nennt. Auch wenn diese sich als nicht mehr als die bloße Entwicklung neuer Komponenten herausstellt, die „spezielle Funktionsstörungen und ungenutzte Eigenschaften" vermeiden soll.

[2] Dominique Guinard: „The Politics of the Internet of Things", Tech Crunch online, 25.02.2016.
[3] Jorge Valero: „The commission to unveil plan for Internet of Things by mid 2016", EurActive online, 27.11.2015.
[4] McKinsey Global Institute: „Unlocking the potential of the Internet of Things", McKinsey & Company online, 01.06.2015.

Die schlechte
Nachricht

Tatsächlich ist es weniger angebracht, das Internet der Dinge zu überschätzen, als es zu unterschätzen. Trotz seiner guten Aspekte geht es beim IoT nicht darum, mehr neue Dinge zu tun und in echte Veränderungen zu investieren, sondern darum, weniger zu tun, ohne viel zu investieren, und darum, Fehler zu vermeiden.

Bei all dem Hype um das IoT gibt es in Wahrheit wenig Grund, optimistisch zu sein. Es geht mehr darum, Geld zu sparen, Vorsorgemaßnahmen zu ergreifen und Risiken zu reduzieren. Unter dem Stichwort IoT lassen sich die begrenzten Ambitionen und nervösen Zurückhaltungen subsumieren, die die heutige Low-Investment-Ökonomie beherrschen. Diese möchte nämlich nicht groß und schön sein, sondern billiger, sicherer und grüner. Im Transport sowie im wichtigen Bereich der „intelligenten" Städte soll das IoT mittels Verkehrskontrolle einen problemfreien Ausgleich zwischen Nachfrage und Angebot sicherstellen, Verluste in der Strom- und Wasserversorgung begrenzen und im Allgemeinen den Bedarf klein halten. Somit verleiht das IoT im Jahre 2016 der IT, dem Transportwesen und den modernen Städten einen utopischen und reaktionären Ansatz, den es schon seit 40 Jahren gibt.[5]

Das Investmentproblem besteht nicht, wie das MGI es andeutet, darin, dass eine Verzögerung zwischen dem Investment ins IoT und dem damit erzielten Produktionsanstieg entsteht. Es besteht vielmehr darin, dass die Investitionen, die benötigt werden, um den Nutzen der alternden physischen Systeme („Altlast") mittels IT zu steigern, sich jenseits dessen befinden, was große, westliche Unternehmen zu zahlen gewillt sind. Aus diesem Grund reitet das MGI auf den Kosten des IoT herum, die noch weiter sinken müssten: Kosten von Sensoren, RFID-Transponder, Batterien, Kurz- und Langstreckenkommunikationsverbindungen, Depots, Datenanalyse und Datenvisualisierung.

Aus dem gleichen Grund gibt ein Bericht des Economist an, dass es noch unklar ist, wie lange die Transformation in der Herstellung durch das IoT noch brauchen wird (angedeutet werden 20 bis 30 Jahre)[6]. Aus eben jenem Grund sagen die Prognostiker des IDC: „Ohne entsprechende Infrastruktur, ausreichende Funktionsstandards und Personal zum Management und zur Analyse des Zustroms von IoT-Technologie, ohne das alles wird das Wachstum

---

5 James Woudhuysen: „Transport: Breaking through the Impasse", Spiked online, 29.10.2014.
6 The Economist Intelligence Unit: „The hyperconnected economy", The Economist online, 2014.

verlangsamen, während Unternehmen die Installationen abwürgen"[7]. Sollten Breitband, GSM und Wi-Fi in Europa weiterhin über weite Flächen hinweg schwächeln, so wird das IoT dasselbe Schicksal ereilen.

Das IoT verbreitet sich nicht konsistent in den westlichen Volkswirtschaften. Will der Kapitalismus endlich seine alternde, an abgenutzte IT gebundene Dingwelt neu organisieren, so ist dafür eine entsprechende Investition unabdingbar.

Möchte man die Datensicherheit solcher Gegenstände erhöhen, muss letzten Endes ohnehin deren physische Sicherheit verbessert werden. Hinzu kommt noch Big Data – die gesammelten Daten nehmen durch das Internet der Dinge zu, da diese beiden Faktoren schließlich Hand in Hand gehen. Damit man diese Datenmassen verwerten kann, müssen Datenanalysten engagiert werden. Diese zu finden ist keine Kleinigkeit.[8] Bei alledem muss bedacht werden, dass es nur darum geht, bereits bestehende Technik mit dem Internet der Dinge zu vernetzen. Derweil könnte es einfacher sein, das Internet der Dinge in Innovationen einzubauen, als bestehende Technik mit dem IoT zu versehen.

Die für das IoT notwendigen beruflichen Skills sind ebenfalls nicht ganz jene, die dem Harvard-Managementguru Michael Porter vorschweben. Im Harvard Business Review vom November 2014[9] und Oktober 2015[10] beschreibt Porter mit Hilfe des Softwareunternehmers James Heppelman das IoT in voller Länge. Beide argumentieren, dass sich durch das IoT fachliche Skills verschieben werden „... vom mechanischen Ingenieurswesen hin zum Softwareengineering, vom Verkauf von Produkten hin zum Verkauf von Dienstleistungen und von der Reparatur von Produkten hin zum Managen der Produktlaufzeit. Hersteller werden Experten für Applikationsingenieurstechnik, für Benutzerschnittstellenentwicklung, für Systemintegration anheuern müssen und am wichtigsten: Datenanalysten, die fähig sind, automatisierte Analysen zu entwickeln und zu betreiben, die dabei helfen, digitale Daten in physische Aktionen zu übersetzen." Darüber hinaus, so die Autoren, müsse IT im Bereich Forschung und Entwicklung eine zentralere Rolle erhalten.

Es scheint für die Menschheit weniger die Zeit gekommen, die physische Welt sowie deren Erforschung und Entwicklung einmal mehr einem Tadel der IT auszuliefern, als für IT-Vertreter zu lernen, wie mit dem Gebiet

---

[7] Denise Lund et al.: „Worldwide and regional Internet of Things (IoT) 2014-2020 Forecast", IDC online, 01.04.2014.
[8] „MIT SMR's Report on Data Analytics 2016", MIT Sloan Management Review online, 2016.
[9] Michael Porter: „How smart connected products are transforming competition", Harvard Business Review online, 01.11.2014.
[10] Ebd.

der handfesten Dinge und deren Erforschung und Entwicklung umzugehen ist. Im Westen hat sich Innovation und Fortschritt jahrelang auf den IT-Sektor beschränkt. Das Internet der Dinge markiert eine Rückkehr der IT von virtuellen Welten hin zu einer handfesteren und viel umfassenderen Realität. Jetzt, wo mehr im Kapitalismus geschieht, möchte das IoT nicht wirklich etwas mit den tatsächlichen Dingen zu tun haben. Denn richtige Gegenstände sind sehr viel weniger fügsam und profitabel als die Welt der Elektronen und Softwareupdates. Man bedenke nur für einen Moment die Deckungslücke im Angebot von Energie, Transport und Wohnfläche heutzutage.

Derzeit präferiert der Kapitalismus das Internet der Dinge gegenüber den Dingen. Passen wir nicht auf, so wird das Internet der Dinge das Internet der Sparsamkeit und der Besorgnis. Nicht ohne Grund enthält das MGI-Gutachten ganze 23 Verweise auf das IoT als Versicherung. Martin Wolf, Mitherausgeber und Chef-Kommentator auf den Wirtschaftsseiten der Financial Times hat die Versicherungsbranche als eine Industrie hervorgehoben, deren technologische Verwandlung durch Big Data – und durch das IoT – wohl „die größten Auswirkungen" erzielen wird.

Verbraucher-
anwendungen

Die mediale Berichterstattung zum Thema IoT verläuft bis dato nur schleppend. Der Kühlschrank, der Essen aus dem Supermarkt bestellt, ist zum häuslichen Heizsystem von Googles Nest geworden, das das Haus beheizt, bevor man an einem Winterabend heimkommt. Und doch sind „smarte" Zähler, die Gas und Strom kontrollieren, nicht bloß ein Medienklischee (auch wenn der Begriff „smart" Kritik einstrecken musste[11]), sondern wurden physisch in Millionen von Häusern auf der Welt installiert. Im Vereinigten Königreich konnten Verbraucher tatsächlich kaum von solchen Zählern profitieren[12].

Dennoch werden sich IoT-Verbraucheranwendungen im Vergleich zu solchen für Unternehmen oder den öffentlichen Sektor als weniger notwendig erweisen.[13] Und obgleich das MGI bei der Ausweitung der Kategorie der „Dinge" auf den Menschen irrt, so hat es Recht, das finanzielle Potential des IoT für Anwender und Gesundheitsdienstleister recht hoch einzuschätzen, etwa hinsichtlich der Überwachung von Sport, „Wohlbefinden" und so weiter. Das Aufkommen digitaler Therapien, die nicht nur Ihren Puls

[11] James Woudhuysen: „Innovation in Energy", Woudhuysen.com, 2012.
[12] Stephen D. Thomas: „Not Too Smart an Innovation: Britain's Plans to Switch Consumers to Smart Electricity and Gas Meters" in: Energy & Environment Oktober 2012, 23, S. 1057–1074.
[13] Carrie MacGillivray: „Worldwide Internet of Things Forecast", IDC online, 01.05.2015.

messen, sondern auch Ihre geistigen Kapazitäten, sind Belege dafür, dass sich der Einsatz des IoT für Endverbrauchergeräte oftmals am Rande des Unsinnigen bewegen wird, auch wenn sich manche Anwendungen als recht vernünftig erweisen könnten.

Aber was sind die eigentlichen Aufgaben des IoT? Das MGI macht viel aus Gesundheits- und Sicherheitssystemen im Bereich der Rohstoffindustrie sowie der Konstruktion und Herstellung und in Städten, und es ist schwierig, dem allzu sehr zu widersprechen. Auf dem Cover des MGI-Berichts wird „Kompatibilität zwischen mehreren IoT-Systemen" hervorgehoben, ebenso „Gesundheitsversorgungs-Produkte für Verbraucher", die das Befolgen medizinischer Anweisungen erleichtern, die Kosten der Behandlung chronischer Erkrankungen wie Diabetes reduzieren und die Zahl der Krankenhauseinlieferungen begrenzen. Der McKinsey-Bericht setzt den Schwerpunkt auf das Thema Gesundheit. Seltsamerweise wird darin übermäßig von den Einsparungen geschwärmt, die IoT durch die Nachverfolgung gefälschter Pharmazeutika mit sich bringen könnte.

Voraussagende Instandhaltung

Und doch bietet das MGI etwas Anderes an. Es zeigt auf dem Cover die voraussagende Instandhaltung – also den Schritt von „Reparieren und Ersetzen" zu „Voraussagen und Verhindern". In Fabriken, Datenzentren, in der Landwirtschaft und in Krankenhäusern könnte dem Bericht nach eine solche Technologie die Instandhaltungskosten um 10 bis 14 Prozent senken, die Ausfallzeit sogar um bis zu 50 Prozent.

Darüber hinaus könnte IoT-basierte Präventionstechnologie in solchen Umgebungen noch etwas Anderes bewirken. Durch die Verlängerung der Lebenszeit von wichtigen Geräten könnten sich „die Kapitalinvestitionen um drei bis fünf Prozent verringern". Da haben wir es also: „Durch das Vorwegnehmen künftiger Risiken mit Maschinen kann das IoT potentiell notwendige Investitionskosten verzögern."

Anders ausgedrückt könnte das IoT durchaus zur Abwärtsdynamik der Investitionskrise beitragen, die die westliche Welt in den letzten Jahren heimgesucht hat. Das Ausmaß dieser Krise ist in Amerika und Großbritannien wohlbekannt. Richten wir für einen Moment unseren Fokus auf Deutschland: Hier ist der Investitionsaufwand üblicherweise recht hoch und seit 2010 ist das IoT – in Deutschland besser bekannt als „Industrie 4.0" – Gegenstand der Politik.[14] Man betrachte nur das Nettogrundkapital pro Kopf in Deutschland.

---

[14] Bundesministerium für Bildung und Forschung: „Ideas. Innovation. Prosperity", bmbf.de, 01.01.2010.

1991	1995	2000	2005	2010	2015
148,9	168	176,3	187,7	187,4	185,9

Tabelle 1: Deutsche Kapitalintensität: Nettogrundkapital pro Arbeitnehmer in 1000 Euro[15]

Es wird deutlich, dass nach einer explosionsartigen Investitionswelle infolge der Wiedervereinigung die Gesamtkapitalausstattung der deutschen Wirtschaft in den letzten zehn Jahren um eine kleine, aber signifikante Prozentzahl zurückgegangen ist. Ähnlich verhält es sich beim Nettoanlagenkapital.

1991	1995	2000	2005	2010	2015
165,2	140,3	138,6	48,8	41,7	66,2

Tabelle 2: Deutsches Nettoanlagenkapital in Milliarden[16]

Waren Kapitalanlagen für Jahrzehnte die Stütze der deutschen Wirtschaft, spielen sie heute nicht mehr die Rolle von einst. Diese Tatsache könnte sogar bei Kanzlerin Merkels Entscheidung von 2015 eine Rolle gespielt haben, mehr Arbeitsmigration zuzulassen. Wie dem auch sei: Nun scheinen sich deutsche und andere Industrien auf das IoT zu verlassen, um den Ersatz abgenutzter Bestände aufzuschieben.

Auch das Wunder der voraussagenden Instandhaltung sollte noch einmal aus einem anderen Blickwinkel beleuchtet werden. Die Kosten jährlicher Instandhaltung von Betriebsanlagen liegen üblicherweise bei sechs bis sieben Prozent[17]. Zehn- bis vierzigprozentige Kosteneinsparungen durch voraussagende Instandhaltung werden im besten Falle drei Prozent der Kosten einsparen, die durch das Ersetzen der Investitionsgüter verursacht werden. Das ist es, was IoT-Enthusiasten besonders erfreut: Die Produktivität in der Herstellung nicht durch dramatische Investitionen in Maschinen, Werkzeug, Roboter und dergleichen anheben zu müssen und auch noch bei der Reparatur alter Maschinenanlagen knausern zu können. Wie innovativ!

---

[15] European Commission, Economic and Financial Affairs, AMECO database. Aufruf 28.04.2016.
[16] Ebd.
[17] „Reducing operations & maintenance costs", PlantWeb, 01.09.2003.

Operative Optimierung –
mehr nicht?

Im Bereich der Fabriken, Datenzentren, Agrarbetriebe und Krankenhäuser sieht das MGI tatsächlich einen größeren jährlichen ökonomischen Einfluss durch „operative Optimierung" voraus als durch voraussagende Instandhaltung. Inklusive dem „Wert, der durch Kunden und Konsumenten geschaffen wird" (was auch immer das sein soll), berechnet das MGI zwischen 633 bis 1766 Milliarden US-Dollar durch Optimierung, sowie 240 bis 627 Milliarden US-Dollar durch voraussagende Instandhaltung für das Jahr 2025. Aber wie sehr trägt Operationsoptimierung tatsächlich zur Steigerung der Produktivität bei? Es lohnt sich, die Ausführungen im Bericht zu dieser Sache in Gänze zu zitieren:

„Durch das IoT können Hersteller zu jedem Zeitpunkt einen umfassenden Einblick in den Produktionsprozess bekommen und dabei Anpassungen in Echtzeit vornehmen, um einen ununterbrochenen Produktionsverlauf und unbeschädigte Waren sicherzustellen. Dies bietet die Möglichkeit, den fließenden Prozess zu überwachen und Engpässe sofort zu erkennen. Darüber hinaus wird die Gefahr durch menschliches Fehlverhalten minimiert. General Motors nutzt beispielsweise Sensoren zur Überwachung des Feuchtigkeitsgehalts zwecks Optimierung der Lackierung. Erweisen sich die Bedingungen als ungeeignet, kann dieses Teil an eine andere Stelle der Produktionsstätte verlegt werden. Hierdurch werden Neulackierungen vermieden und die Produktionszeit verbessert. Bei den Lackierern von Harley Davidson wird ähnlich gearbeitet: Die Geschwindigkeit der Ventilation wird automatisch an wechselnde Bedingungen angepasst, um einen perfekten Anstrich sicherzustellen. (…) In der Landwirtschaft rechnen wir damit, dass die IoT-Technologie die Gewinne um bis zu 25 Prozent erhöhen kann. Dies geschieht beispielsweise durch den Gebrauch von Sensorendaten, um eine Pflanzmaschine auf der Grundlage von Informationen über die Bodenkonditionen an einem bestimmten Ort im Feld in genau der richtigen Tiefe arbeiten zu lassen."

Die beschriebenen Vorteile überzeugen in der Agrarindustrie bei weitem mehr (um 25 Prozent höhere Gewinne) als in der Lackierung von Autos und Motorrädern. Tatsächlich sind die „Produktivitätsauswirkungen durch IT-Innovationen alles andere als konsistent", weder zeitlich noch räumlich, noch über verschiedene Sektoren hinweg. In diesem Zusammenhang erweist sich der Glaube des MGI, IoT könne die Produktivität in Fabriken, Datenzentren, Farmen und Krankenhäusern um zehn bis 25 Prozent erhöhen, als sehr optimistisch.

Dass sich in einzelnen Fällen große Verbesserungen durch IoT-Technologie erzielen lassen, lässt sich kaum bestreiten. In Rio Tinto im westlichen Australien arbeiten 69 führerlose Lastwagen daran, Eisenerz aus einer Miene zu verfrachten, die von einem Rechenzentrum im 1000 Kilometer entfernten Perth überwacht werden.[18] Ohne Zweifel hat das IoT es geschafft, sowohl die Produktivität als auch die Sicherheit der Arbeiter zu erhöhen – auch wenn letzteres durch den kompletten Verzicht auf Arbeitskräfte im Produktionsprozess zustande kommt.

Im Falle von Rio Tinto konnte durch die Automatisierung der Lastwagen nicht nur der Bestand verkleinert werden, sondern auch (Überraschung!) der Kostenaufwand. Es lohnt zu fragen, ob die Möglichkeiten der IoT-Technologie nicht größer sind: Kann das Internet der Dinge einen eindeutigen Fortschritt in der Produktivität erzielen und kann es dies in allen modernen Volkswirtschaften tun?

Porter selbst gibt sich unbekümmert und optimistisch, was den allgemeinen Effekt von IT auf die Produktivität angeht. Er glaubt, dass Corporate Computing in den 1960ern und 1970ern sowie Corporate Networking, sprich die Ausweitung von Netzwerktechnologie wie dem Internet, in den 1980ern und 1990ern erst „den großen Produktionsschub in den USA ausgelöst haben". Nun, in einer dritten Welle, könnte der Produktivitätszuwachs durch die IoT-Technik höher als je zuvor sein. Porter ist sich jedoch des Rückgangs in der US-Produktivität scheinbar nicht bewusst. In einem berühmten Dokument, das im Jahr 2012[19] von der Northwestern-Universität veröffentlicht wurde, konnte Professor Bob Gordon aufzeigen, wie die amerikanische Produktivität seit den 1970ern nicht nur stagniert, sondern sogar zurückgegangen ist. Selbst die Einführung des PCs konnte diesen Rückgang und den Trend nachlassender Produktivität in den 1980ern und frühen 1990ern nicht aufhalten. Erst die Erfindung des Internets im Jahre 1989 und sein Aufgreifen durch ausgewählte IT-Firmen, Einzelhändler und Finanzdienstleister konnte in der zweiten Hälfte der 1990er der Produktivität in den Vereinigten Staaten wieder etwas Aufschwung verleihen.

Nachdem die Ertragsfähigkeit der Staaten, mit hoher Wahrscheinlichkeit mithilfe von IT, in den Jahren 1996 bis 2004 wiederbelebt werden konnte, kam es in den USA wieder zu einem Rückfall. Europa schien während dieser Periode keine nennenswerte Produktivitätssteigerung durch IT erfahren zu haben. Der britische Ökonom Phil Mullan attestierte der internationalen Wirtschaft sogar, dass „die Produktivität insgesamt nicht mehr

---

[18] „Rio Tinto shifts driverless trucks in Australia", Financial Times online, 19.10.2015.
[19] Robert J. Gordon: „Is U.S. economic growth over? Faltering innovation confronts the six headwinds", National Bureau of economic research online, 01.08.2012.

wächst, und das nicht erst seit dem Finanzcrash von 2008, sondern an den meisten Orten seit den frühen 2000ern oder schon davor. Das führte zu Diskussionen über das Rätsel der Produktivitätskrise in der gesamten westlichen Welt."

Da verwundert es nicht, dass das MGI mit einer ambivalenten Rhetorik über den Produktivitätseinfluss von IoT spricht. So beklagt es: „Organisationen, die sich der IoT-Technologie bedienen, benötigen bessere Mittel und Methoden zur Extraktion von Erkenntnissen und Informationen aus den IoT-Datensätzen, von denen die meisten heute nicht genutzt werden. Es wird dauern, bis Unternehmen Systeme entwickeln, die in der Lage sind, den Wert von IoT zu maximieren und darüber hinaus ist Zeit nötig, um Innovationen im Management und organisatorische Veränderungen zu erzielen und zu implementieren."

Für eine Firma ist es ein Haufen Arbeit, IoT in seine traditionellen Anlagen zu integrieren. Ein Beispiel wären Bohrinseln mit bis zu 30.000 Sensoren, von deren erfassten Daten laut MGI im Moment nur ein Prozent ausgewertet werden können. Eine gemeinsame Plattform zu entwerfen, die allen beteiligten Firmen zugänglich ist, stellt eine noch größere Aufgabe dar. Selbst auf einem so begrenzten Gebiet variieren die Möglichkeiten stark. Ist die IoT-Technologie erst einmal in einem größeren Komplex, wie einer Stadt beispielsweise, installiert, so sieht das MGI berechtigterweise immer noch das Problem der Interoperabilität zwischen verschiedenen Systemen. Wie schwierig wird es dann etwa in Städten sein, Daten von verschiedenen Anbietern und Industrien zu integrieren und sie nutzbar zu machen?

Alles in allem wird die Operationsoptimierung nicht zu Quantensprüngen innerhalb der Produktionsleistung führen. Nicht selten stellt sich „Optimierung" als einfache Verwertung des Bestands oder Kürzung des Inventars heraus. Folglich sind die Produktivitätssteigerungen des Internets der Dinge sehr variabel. Aus diesem Grund werden IoT-Anwender mit höherer Wahrscheinlichkeit die Kosten scheuen, um die ganzen Daten nutzbar zu machen.

Eine neue Ära des Wettbewerbs?

Sieht man sich verschiedene Sektoren genauer an, so ist man gewillt, dem MGI zuzustimmen, dass es vor allem Fabriken, Datenzentren, Agrarbetriebe und Krankenhäuser sind, die durch das IoT die größten Gewinne erzielen werden. Darauf folgen an zweiter Stelle Städte, die eine politisch korrektere Agenda verfolgen als die Industrie – man denke nur an Themen wie öffentliche Sicherheit und Gesundheit, Verkehrskontrolle, Management von Ressourcen und ähnliches. Das MGI scheint nicht zu realisieren, dass sogenannte „smarte Städte" Gegenstand heftiger Kritik sind und das selbst bei ihren Befürwortern[20].

In anderen Bereichen, wie der Rohstoffindustrie, dem Einzelhandel oder dem Transportwesen, gibt es, so glaubt das MGI, hohe Gewinne zu erzielen. Sollte dieser Fall eintreten, so wird das IoT, ganz nach Gangart von Amazon, sich als Kraft der Deflation erweisen. Und doch sind weder Produktivität noch Deflation Themen, die die IoT-Experten bislang umtreiben. Trotz alledem hält das MGI starr an seiner Überzeug fest, das IoT werde ein Antrieb für neue Geschäftsmodelle sein und den Wettbewerb fundamental verändern:

„Durch die Möglichkeit, Maschinen auf den Kundenstandorten zu überwachen, können industrielle Hersteller sich vom Verkauf von Kapitalgütern auf den Verkauf ihrer Produkte als Dienstleistungen verlagern. Sensordaten werden dem Hersteller mitteilen können, wie sehr die Maschine genutzt wird und ihm so die Möglichkeit geben, einen Preis für das tatsächliche Benutzen der Maschine zu berechnen. Dienstleistung und Instandhaltung könnten in Stundenraten abgerechnet werden. Dem Service könnten so auch periodische Upgrades (Software-Downloads beispielsweise) beigelegt werden. Durch diesen Ansatz könnten Anbieter eine intimere Bindung zu Kunden bekommen, die für die Konkurrenz nur schwer zu durchtrennen wäre."

Ähnliches möchte uns Porter erzählen, der behauptet, das Internet der Dinge habe eine „neue Ära" des Wettbewerbs „entfesselt" (ein Wort, das man nie recht dingfest machen kann). Es werde die Grenzen, nicht nur zwischen Unternehmen, sondern zwischen ganzen Industriezweigen, fundamental verändern. Laut Porter müssen sich Firmen wegen des IoT zehn neuen strategischen Herausforderungen stellen. Zum Beispiel: Was soll in smarte Produkte gesteckt werden, was in die Cloud? Sollte man IoT-Kapazitäten kaufen bzw. erstellen? Welche Daten sollten erfasst, welche verkauft werden? Soll man auf Distributionskanäle setzen oder die Produkte direkt verkaufen? Und sollte das Angebot des Unternehmens erweitert werden?

Das alles klingt ganz bezaubernd und die Entscheidungen sind auch höchst strategisch. Doch die Besessenheit von neuen Geschäftsmodellen – verschiedene Arten, an das Geld der Kunden heranzukommen – hat eine lange und fragwürdige Geschichte[21]. Überoptimistische Prognosen zu IT

[20] James Woudhuysen: „Sheffield=UP", London South Bank University online, 01.09.2015.
[21] The Big Potatoes: „Principles not Models", bigpotatoes.org, 01.03.2010.

und wie sie die Grenzen des Wettbewerbs neu kartieren wird, sind ebenfalls ein alter Hut.

Im Jahr 1992 publizierten William Davidow and Michael Malone einen Bestseller zum Thema Management in den USA, „The Virtual Corporation". Sie argumentierten, Firmen könnten von nun an IT benutzen, um Ressourcen von außerhalb hinzuzuziehen und somit größer erscheinen, als sie es eigentlich sind[22]. In Wirklichkeit war das virtuelle Unternehmen nicht häufig anzutreffen. IT hat mit Sicherheit dazu beigetragen, Phänomene wie Globalisierung, Outsourcing und sogar Teamwork voranzutreiben, erfunden hat sie diese allerdings nicht. Wir können davon ausgehen, dass China den Wettbewerb zwischen amerikanischen Unternehmen mehr befeuert hat und dies noch weiter tun wird, als es das IoT je könnte.

Es ist noch gar nicht lange her, da wurde Mobiltelefonen das Schlüsselpotential zugeschrieben, osteuropäische und afrikanische Volkswirtschaften zu verändern und den arabischen Frühling voranzutreiben. Heute stürzen sich die Medien auf vernetzte Kochtöpfe – realweltliche Installationen im Produktionsbereich wirken häufig noch recht primitiv. Internetgurus ziehen nichtsdestotrotz ihre Kreise um den Gedanken, diese IT-Welle verändere mit Sicherheit alles.

Die Realität zeichnet ein eher nüchternes Bild. China (in Fabriken) und Indien (in der Logistik) werden mit hoher Wahrscheinlichkeit mehr Produktivitätsgewinne durch IoT erzielen als der Westen, weil sie es von Anfang an einsetzen können. Das MGI fügt hinzu, dass Länder, die reich an Öl und Gas sind, wobei diese zu den wichtigen Early Adopters in Sachen IoT gehören, wohl auch in Zukunft am meisten davon profitieren werden. Das IoT wird trotzdem nicht die Wertschöpfung revolutionieren, ebenso wenig, wie es 3D-Drucker, Roboter, Drohnen oder virtuelle Realitäten tun werden.

Richtige Prioritätensetzung

Für IT-Anbieter, Cyber-Sicherheitsfreaks und Computerexperten ist das Internet der Dinge zum Gipfel des Internets an sich geworden – und nicht einfach eine nützliche Applikation. Nicht nur Wipro in Indien oder Huawei in China, sondern auch amerikanische Unternehmen wie Amazon Web Services, At&T, Cisco, Facebook, GE, Google, HP, IBM, Intel, Microsoft, Oracle

---

[22] James Woudhuysen: „Management speak in IT", woudhuysen.com, 01.12.2002.

und Qualcomm setzen viel auf IoT. Große deutsche Firmen wie Robert Bosch[23] und SAP[24] tun es ihnen gleich.

Das Problem hierbei ist nicht, dass die Industrie sich mal wieder bemüht, der nächsten Zeit- und Geldverschwendung in Sachen IT hinterherzujagen. Die Problematik liegt viel eher darin, dass Experten Elektronen und Gegenstände an die Spitze ihrer Prioritätenliste setzen und somit dazu neigen, die Menschheit und ihre kreativen Kräfte zu unterschätzen. Vier breite Anwendungsmöglichkeiten des Internets zeigen seine humanistischen und weniger humanistischen Aspekte auf:

— Das digitale Ich: Daten über uns selbst zu sammeln, von Selfies über Gesundheitsupdates bis hin zu elektronischen Tagebüchern, hat nicht viel mit dem IoT zu tun. Auch wenn es tatsächlich einige medizinische Vorzüge haben könnte, scheint hier eher eine narzisstische Ader des Menschen zu pochen.

— Das Internet der Dinge in Häusern und Autos: Beim Kochen, Wäschewaschen, dem Personentransport und eventuell sogar in der Kinderbetreuung könnte das IoT Familien Zeit und Geld einsparen.

— Industrie 4.0: Das industrielle Internet der Dinge ist zu einem eigenen Begriff geworden[25]. In der Praxis kann es, wie wir gesehen haben, unter den richtigen Umständen die Produktivität erhöhen. „Industriell" bedeutet in diesem Zusammenhang alles – auch Dienstleistungen –, was in großem Ausmaß geliefert wird.

— Das Internet der Gedanken (Internet of Minds, IoM): Durch das Internet der Dinge könnten die kreativsten Köpfe der Welt Ideen austauschen und testen und somit besser und schneller Durchbrüche und Innovationen erzielen.

Diese Auflistung ist nicht vollständig, aber sie zeigt einige urbane Anwendungen des Internets der Dinge auf. Wichtig sind vor allem Punkt zwei bis vier sowie weniger selbstverliebte und vernünftigere Aspekte des ersten Punktes. Dieses Schema zeigt vor allem, wie IoM in Zukunft aussehen mag. Die Entdeckung und Bestätigung von Gravitationswellen im Jahr 2016 ist größtenteils der Zusammenarbeit vieler verschiedener Wissenschaftler aus der Kollaboration des Laser Interferometer Gravitationswellen

[23] Christopher Alessi: „Robert Bosch launches own cloud for internet of things", The Wall Street Journal online, 09.03.2016.
[24] The Economist Intelligence Unit: „The hyperconnected economy", The Economist online, 2014.
[25] „Driving unconventionell growth through the industrial internet of things", accenture technology online, Aufruf 28.04.2016.

Observatorium (LIGO) zu verdanken. Es ist bis dato einer der größten Erfolge des Internets der Dinge.

Was gibt es über diese vier Anwendungsmöglichkeiten hinaus? Zu diesem Zeitpunkt sortiert der Kapitalismus seine Prioritäten in der falschen Reihenfolge. Das heißt, Punkt eins erfährt die meiste Zuwendung, während Punkt zwei bis vier als immer weniger wichtig angesehen werden. Das ist äußerst bedauernswert.

Um das IoM voranzutreiben, sollte das Word Wide Web wieder dahin zurückkehren, wofür es einst vorgesehen war. Tim Berners-Lee beschrieb 1989 diese Vision während seiner Zeit in der Europäischen Organisation für Nuklearforschung (CERN), die im Begriff war, den Großen Hadronen-Speicherring zu bauen – „die größte Maschine der Welt"[26]. Ist eine Abschweifung zu jener Vision ein reiner Fall von Nostalgie? Amazon Prime oder Netflix hat Berners-Lee jedenfalls nie erwähnt. Es geht auch nicht darum, einfach nur seine Vision immer wieder runterzuleiern, sondern zu verstehen, dass diese noch nicht vollkommen in Erfüllung gegangen ist.

1989 gab Berners-Lee seinem Boss einen Entwurf über das „Management von grundsätzlichen Informationen über Beschleuniger und Experimente im CERN".[27] Darin beklagte er die hohe Fluktuation von Arbeitspersonal im CERN: „Wenn die typische Aufenthaltsdauer nur zwei Jahre beträgt, geht ständig Wissen verloren. Die Einführung von neuem Personal erfordert einen großen Teil ihrer Zeit und der Zeit anderer, bevor die neuen Mitarbeiter überhaupt wissen, was vor sich geht. Technische Details früherer Projekte gehen manchmal für immer verloren oder können nur durch aufwändige Detektivarbeit im Notfall rekonstruiert werden. Oftmals ist die relevante Information irgendwo aufgezeichnet und kann nur nicht gefunden werden."

Berners-Lees Lösung hierfür war ein verteiltes Hypertextsystem. Ohne ihn gäbe es heute keinen Großen Hadronen-Speicherring, der subatomare Partikel untersucht und an den Grenzen des wissenschaftlichen Wissens operiert.[28] In seiner ursprünglichen Phase verband das Internet Köpfe – menschliche Wesen, die Forschung betreiben, und nicht Dinge. Die Idee war, dass man Wissen teilen und somit tiefgründiger machen kann.

Das ist der Geist, der wieder aufgegriffen werden muss. Die Anwendungsmöglichkeiten für Konsumenten, Punkte eins und zwei, sind in Ordnung, aber wir dürfen es uns selbst nicht erlauben, uns vom Internet der glänzenden Dinge ablenken zu lassen. Im Gegensatz dazu können wir mit

---

26 „The Large Hardron Collider", Cern online, Aufruf 28.04.2016.
27 Tim Berners-Lee: „Information Management: A Proposal", w3.org., 01.03.1989.
28 Fiona MacDonald: „New LHC results suggest there's a flaw in the standard model of physics",
   Science Alert online, 10.03.2016.

dem IoM Forscher verschiedenster Disziplinen miteinander in Verbindung setzen und Daten austauschen – von photoelektrischen Panels bis hin zu Therapiemöglichkeiten gegen Krebs.

Die Astronomie hat beispielsweise durchaus Gewinne damit erzielen können, der Öffentlichkeit Einblick in ihre Forschung zu gewähren[29]. Was steht für das Crowd-Sourcing als nächstes an? Ausschau halten sollte man sowohl nach Entschlüsselungen antiker Sprachen[30] als auch nach Archäologie durch Satelliten[31].

Man muss jedoch anmerken, dass die Bemühungen in Sachen Crowd-Sourcing und Wissensteilung nicht mal annähernd dort sind, wo sie sein könnten. Unterfangen, wie kürzlich das von über 30 Organisationen, Wissen über das Zika-Virus zu teilen, sind nur kleine Schritte in die richtige Richtung[32]. Mit einem echten IoM könnten Forscher, Wissenschaftler sowie die Öffentlichkeit unabhängig von Herkunft oder Fachbereich eine Arbeitsverdopplung vermeiden und die Vorzüge des menschlichen Geistes bei einer kollektiven Aktivität nutzen.

Dinge hingegen sind nicht in der Lage, etwas zu wissen. Nur der menschliche Verstand ist das. Sicher müsste auch in die Forschung, die Teil des IoM ist, investiert werden, und zwar sowohl zu seinem eigenen Wohl als auch in der Hoffnung, dass die IoM-Forschung manchmal einen Beitrag zu Innovationen leisten kann, die die Welt verbessern.

Zu den Innovationen, die das IoM hervorbringen mag, könnte man eine Lösung des großen Problems zählen: sein Potential, ob real oder im Moment eher eingebildet, die Vorteile für die Produktivität zu liefern, die die Welt so dringend braucht.

[29] Adam Hadhazy: „Crowdsourcing the Universe: How Citizen Scientists are Driving Discovery", Space.com, 14.01.2016.

[30] Sean Coughlan: „Breakthrough in worlds oldest undecyphered writing", BBC News online, 25.10.2012.

[31] Ralph Blumenthal: „Sarah Parcak to use TED prize money for crowdsourcing on archeological site", The New York Times online, 16.02.2016.

[32] George Dvorsky: „Leading Scientists Institutions to Agree to Share Zika Research Data", Gizmodo.com, 10.02.2016.

Autoren in dieser Ausgabe

ROBERT BENKENS

SABINE BEPPLER-SPAHL

MARK BIRBECK

TIM BLACK

ALADIN EL MAFAALANI (INTERVIEW)

MONIKA FROMMEL

FRANK FUREDI

CARLOS A. GEBAUER

BENEDIKT HERBER

HEINZ HOREIS

MICK HUME

HANNAN IDAIS

RALPH JANIK

CHRISTOPH LÖVENICH

JOHN LOTT (INTERVIEW)

KENAN MALIK

HORST MEIER

HERFRIED MÜNKLER (INTERVIEW)

IBRAHIM NEHME (INTERVIEW)

BRENDAN O'NEILL

TOM G. PALMER (INTERVIEW)

JOHANNES RICHARDT

KAI ROGUSCH

CIGDEM TOPRAK (INTERVIEW)

KATJA TRIEBEL (INTERVIEW)

HANSJÖRG WALTHER

OLIVER WEBER

JAMES WOUDHUYSEN

KOLJA ZYDATISS

ROBERT BENKENS

Robert Benkens hat Germanistik und Politik-Wirtschaft studiert. Er ist Novo-Redakteur.

SABINE BEPPLER-SPAHL

Sabine Beppler-Spahl ist Novo-Redakteurin und Vorsitzende des Think-Tanks Freiblickinstitut e.V. (freiblickinstitut.de). Sie ist Diplom-Volkswirtin und lebt in Berlin.

MARK BIRBECK

Mark Birbeck berät Unternehmen hinsichtlich der Semantik des Internets und Big Data. Er lebt in London.

TIM BLACK

Tim Black ist stellvertretender Chefredakteur des britischen Novo-Partnermagazins Spiked.

ALADIN EL-MAFAALANI

Professor Aladin El-Mafaalani lehrt und forscht an der FH Münster zu den Themen Migration, Integration, Bildung und Jugend.

MONIKA FROMMEL

Die Strafrechtsprofessorin Dr. Monika Frommel war bis zu ihrer Emeritierung 2011 Direktorin des Instituts für Sanktionenrecht und Kriminologie an der Universität Kiel.

FRANK FUREDI

Professor Frank Furedi ist Soziologe, Autor und Kommentator. Zuletzt veröffentlichte er *Authority: A Socio-*

logical History (2013, Cambridge University Press), *First World War: Still No End In Sight* (2014, Bloomsbury) und *Power of Reading: From Socrates to Twitter* (2015, Bloomsbury).

CARLOS A. GEBAUER

Carlos A. Gebauer arbeitet als Rechtsanwalt in Düsseldorf, ist zugleich Richter am Anwaltsgericht und publiziert darüber hinaus regelmäßig als Kolumnist in der *Wirtschaftswoche* und in *eigentümlich frei*. Seine Bücher *Warum wir alle reich sein könnten und wie unsere Politik das verhindert* und *Der Gesundheitsaffront: Plädoyers für die Entpolitisierung unserer Gesundheit und gegen die staatliche Industrialisierung der Medizin* erschienen im Lichtschlag Buchverlag.

BENEDIKT HERBER

Benedikt Herber studiert Politikwissenschaft und Volkswirtschaftslehre an der Ludwig-Maximilians-Universität in München und ist als wissenschaftliche Hilfskraft am Lehrstuhl für Vergleichende Politikwissenschaft am Geschwister-Scholl-Institut tätig.

HEINZ HOREIS

Heinz Horeis arbeitete als Lehrer für Physik und Mathematik, Programmierer und EDV-Dozent, bevor er sich dem Wissenschaftsjournalismus zuwandte. Er schreibt u.a. regelmäßig für Novo, *Bild der Wissen-*

schaft und berichtet seit 1990 für das Yazawa Science Office in Tokio über wissenschaftlich-technologische Entwicklungen in Europa und den USA. Bislang hat er an über dreißig vom Yazawa Science Office veröffentlichten Büchern mitgearbeitet. Er ist Mitautor des jüngst in Japan erschienenen Buches *Understanding Radioactivity and Radiation* sowie weiterer Bücher zu den Themen Kernenergie, Energierohstoffe und fortgeschrittene Energietechnologien.

MICK HUME

Mick Hume ist „Editor-at-large" des britischen Novo-Partnermagazins Spiked. Zuletzt erschien sein Buch *Trigger Warning: Is the Fear of Being Offensive Killing Free Speech?* (2015, Harpercollins Publishers).

HANNAN IDAIS

Hannan Laura Idais lebt in Frankfurt am Main. Hier studiert sie zudem Politikwissenschaften an der Johann-Wolfgang von Goethe Universität.

RALPH JANIK

Ralph Janik ist Universitätsassistent an der Abteilung für Völkerrecht und Internationale Beziehungen der Universität Wien.

CHRISTOPH LÖVENICH

Christoph Lövenich ist Novo-Redakteur und wohnt in Bonn.

JOHN LOTT

John Lott ist Ökonom und Buchautor (u.a. von *More Guns, Less Crime*). Das Interview mit ihm führte die US-amerikanische Journalist und Autor Ari Armstrong, auf dessen Blog es zuerst erschien.

KENAN MALIK

Kenan Malik ist Kommentator, Rundfunksprecher und Schriftsteller. Er ist ein Fellow der Royal Society of Arts. Zuletzt erschien von ihm *The Quest for a Moral Compass* (2014, Atlantic Books).

HORST MEIER

Horst Meier ist Autor und Jurist (horst-meier-autor.de). Im März 2015 erschien im Berliner Wissenschafts-Verlag sein Buch *Verbot der NPD – ein deutsches Staatstheater in zwei Akten* (mit Gastbeiträgen u.a. von Hans Magnus Enzensberger, Eckhard Jesse, Wolfgang Kraushaar, Claus Leggewie und Volker Neumann sowie Fotos, Anhang und einem Gespräch mit Bernhard Schlink). Sein Text erschien zuerst im Merkur 708 (Mai 2008) und wurde nachgedruckt in dem Essayband *Protestfreie Zonen?* (BWV 2012).

HERFRIED MÜNKLER

Herfried Münkler ist deutscher Politikwissenschaftler mit dem Schwerpunkt Politische Theorie und Ideengeschichte. Er lehrt als ordentlicher Professor an der Humboldt-Universität zu Berlin und gehört zu den führenden Wissenschaftlern seines Fachs in Deutschland. Zuletzt von ihm erschienen: *Kriegssplitter. Die Evolution der Gewalt im 20. Und 21. Jahrhundert* (Rowohlt, 2015). Das Interview mit ihm ist zuerst im März 2016 in der Ausgabe 1034 des *Schweizer Monats* erschienen.

IBRAHIM NEHME

Ibrahim Nehme ist der Herausgeber von The Outpost (the-outpost.com), ein politisches Magazin aus Beirut.

BRENAN O'NEILL

Brendan O'Neill ist Chefredakteur des britischen Novo-Partnermagazins *Spiked*.

TOM G. PALMER

Dr. Tom G. Palmer ist ein US-amerikanischer Publizist und politischer Aktivist. Er ist Senior Fellow am Cato Institute und Vice President der Atlas Economic Research Foundation.

JOHANNES RICHARDT

Johannes Richardt ist Novo-Redaktionsleiter.

KAI ROGUSCH

Kai Rogusch ist Jurist und Novo-Redakteur. Er lebt in Frankfurt am Main.

CIGDEM TOPRAK

Cigdem Toprak ist eine deutsch-türkische Journalistin und Autorin. Sie schreibt über Kultur, Immigration, Identität und Minderheiten-politik in Deutschland und der Türkei.

KATJA TRIEBEL

Katja Triebel ist Geschäftsführerin der Triebel Jagd- und Sportwaffen GmbH in Berlin und Waffenrechts-Aktivistin. Sie betreibt einen Blog zum Thema legaler Waffenbesitz: legalwaffenbesitzer.wordpress.com.

HANSJÖRG WALTHER

Dr. Hansjörg Walther studierte Mathematik und war lange Zeit in der Finanzbranche tätig. Aktuell baut er seinen Verlag Libera Media (libera-media.de) auf.

OLIVER WEBER

Parallel zu seinem Abitur schreibt Oliver Weber als Autor und freier Journalist über Themen aus Politik, Wirtschaft und Kultur. Gerade als Schüler steht der Blick auf die Zukunft der Republik im Zentrum seiner Überlegungen.

JAMES WOUDHUYSEN

James Woudhuysen ist Gastprofessor an der London South Bank University. Seine Website findet sich unter woudhuysen.com.

KOLJA ZYDATISS

Kolja Zydatiss ist Novo-Redakteur. Er lebt in Berlin und absolviert – nach erfolgreichem Abschluss in Psychologie und Neurowissenschaft – ein Zweitstudium in Statistik. Zuvor war er in der klinischen Forschung tätig.

Impressum

Novo Argumente für den Fortschritt

Novo Argumente Verlag GmbH,
Brönnerstraße 17
60313 Frankfurt/Main, Deutschland
info@novo-argumente.com
www.novo-argumente.com

St-Nr.: 47 240 40 642 – FA Frankfurt/Main
Ust-IdNr.: DE259725176
Amtsgericht Frankfurt/M. HRB 83086

Redaktion
T +49 (0) 69 260 185-33
F +49 (0) 69 260 185-34
redaktion@novo-argumente.com

Leserservice
WALTER ECKHARD
T +49 (0) 69 260 185-35
F +49 (0) 69 260 185-34
leserservice@novo-argumente.com

Geschäftsführer
ALEXANDER HORN

Redaktionsleiter
JOHANNES RICHARDT
johannes.richardt@novo-argumente.com

Redaktion und Administration
ROBERT BENKENS, SABINE BEPPLER-SPAHL,
RENÉ CHRISTOPH EICHLER, ERIK LINDHORST,
CHRISTOPH LÖVENICH, ANDREAS MÜLLER,
SABINE REUL, KAI ROGUSCH, HANNELORE
SCHMID, THILO SPAHL, KOLJA ZYDATISS

Interviewer
STEFAN LAURIN, Bochum
MICHAEL WIEDERSTEIN, Zürich
LENA WILDE, Köln

Übersetzer
MAREIKE KÖNIG, Mannheim
MATTHIAS RAUSCH, Trier
FRANZISKA REIF, Leipzig

Korrektorat
TOBIAS PRÜWER, Leipzig
FRANZISKA REIF, Leipzig

Design
ELENA REINIGER, Frankfurt/Main
info@elenareiniger.de
www.elenareiniger.de

Digitalausgabe
ERIK LINDHORST

Schriften
Aptifer Sans und Aptifer Slab,
Linotype GmbH
www.linotype.com

Druck
orthdruk, Bialystok
www.orthdruk.pl

Internetdienste
Hock & Heckelmann Design GbR,
LUTZ HECKELMANN, www.hhdesign.de
YASMIN BÖHNKE, Reinheim

Anzeigenpreisliste
Auf Anfrage

Rechte

Preise und Bezugsregeln

Novo ist als Print- und Digitalausgabe (in den Formaten PDF, E-Pub und Mobi) erhältlich. Preise: Einzelheft im Laden: 19,80 Euro. Direktbestellung Verlag: 19,80 Euro (Printausgabe zzgl. Versand-kosten: Inland: 2,20 Euro, Ausland: 4,20 Euro). Jahresabonnement (zwei Ausgaben: Print oder Digital): 37,80 Euro (Ausland: zzgl. 5,20 Euro Versandkosten für Printabonnement). Komplettabonnement (zwei Print- und Digitalausgaben pro Jahr): 43 Euro (Ausland zzgl. 5,20 Euro Versandkosten). Schüler- und Studentenabonnement (Print oder Digital): 28,50 Euro (Ausland: zzgl. 5,20 Euro Versandkosten für Printabonnement). Abonnements verlängern sich automatisch um ein Jahr, wenn sie nicht rechtzeitig sechs Wochen vor Ablauf des Bezugsjahres gekündigt werden. Ein Probeabonnement wird in ein Jahresabonnement umgewandelt, wenn es nicht 14 Tage nach Erhalt des zweiten Heftes gekündigt wird (Poststempel gilt).

Bankverbindung

Novo Argumente Verlag GmbH
Konto 2319 101 00
Deutsche Bank Frankfurt
BLZ 500 700 24
BIC DEUTDEDBFRA
IBAN DE97 5007 0024 0231 9101 00

ISSN 0942–7244
ISBN 978-3-944610-24-5 (Printausgabe)
ISBN 978-3-944610-25-2 (PDF-Ausgabe)
ISBN 978-3-944610-26-9 (E-Pub-Ausgabe)
ISBN 978-3-944610-27-6 (Mobi-Ausgabe)